泰 国
THAILAND

（英国）罗伯特·库泊
南萨帕·库泊 著
王佳灵 译

北京·旅游教育出版社

北京市版权局著作权合同登记章图字：01-2013-8159
策　　划：丁海秀　李荣强
责任编辑：李荣强
图片提供：微图网、中国图库、壹图网

图书在版编目（CIP）数据

泰国／（英）库泊，（英）库泊著；王佳灵译. --
北京：旅游教育出版社，2015.4
（文化震撼之旅）
ISBN 978-7-5637-3105-3

Ⅰ.①泰…　Ⅱ.①库…②王…　Ⅲ.①泰国—概况
Ⅳ.①K933.6

中国版本图书馆CIP数据核字（2015）第011356号

"Copyright © 2012 Marshall Cavendish International (Asia) Pte Ltd. All rights reserved. No part of this publication may be reproduced or transmitted in any form or by any means, or stored in any retrieval system of any nature without the prior written permission of Marshall Cavendish International (Asia) Pte Ltd."

文化震撼之旅

泰　国

（英国）罗伯特·库泊　南萨帕·库泊　著
王佳灵　译

出版单位：	旅游教育出版社
地　　址：	北京市朝阳区定福庄南里1号
邮　　编：	100024
发行电话：	（010）65778403　65728372
	65767462（传真）
本社网址：	www.tepcb.com
E-mail：	tepfx@163.com
排版单位：	北京旅教文化传播有限公司
印刷单位：	北京嘉业印刷厂
经销单位：	新华书店
开　　本：	720毫米×1000毫米　1/16
印　　张：	17.25
字　　数：	241千字
版　　次：	2015年4月第1版
印　　次：	2015年4月第1次印刷
定　　价：	58.00元

（图书如有装订差错请与发行部联系）

感受 文化震撼

任何人一旦离开自己熟悉的舒适环境，骤然进入陌生的环境，就会感到迷失了方向，这种迷惑的状态就是文化震撼。"文化震撼之旅"是一套信息可靠的著名丛书。几十年来，一直都有助于移居国外或长期访问居留者减轻初到一个新国家（地区）所感到的文化震撼的冲击力。

这套丛书的作者都曾经在相关的国家（地区）生活过，并且亲身体验过文化震撼。他们和大家分享一切必要的信息，以便大家能更有效地解决种种迷惑。丛书的写作风格简单易懂，话题广泛，能够给读者足够多的忠告、提示与建议，以使他们能够重新尽可能正常地生活。

每册书结构一致。首先介绍不同的游客对某个城市或者国家（地区）的第一印象。要想了解一种文化，就必须首先了解其人民——他们来自何处，是什么身份，遵循什么价值观和传统，以及他们的风俗习惯和社交礼仪怎样？这些构成了书的前半部分。

接下来是各种实用的生活常识——告诉您如何最为舒适地定居下来。作者带领读者，先是了解如何寻找住处，如何把水、电、气、通信等各项设施开通，继而了解如何给孩子注册入学，以及如何保持健康生活。当然，还不仅这些。一旦解决了和基本生活有关的问题，就要出去尝试当地的饮食，享受更多的文化生活，并且到其他地区旅游。然后，在更深入地了解经济生活之前，还要透彻地掌握该国（地区）的语言。

在最后一章，作者先给出一些方方面面的基本信息，再测验读者对该国（地区）风俗习惯与社交礼节了解掌握的程度。为了方便读者，还列出了实用性的词汇与短语、综合全面的信息资源指南和查询更多信息的参考书目。

大王宫

CONTENTS 目录

文化震撼之旅 / 泰国

前言	……………………………	I
鸣谢	……………………………	V
题献	……………………………	VI

第一章
第一印象

厌恶与欣喜……………………………3
初到泰国,置身于一个完全陌生的国度时,有些人感到震惊,感到厌恶……而有些人却狂热地爱上了这种文化差异……

回到童年时代…………………………7
来到一个新地方……一切似乎都没有规律可循,他无法预知接下来要发生什么,他又会有什么样的感受。他又变成了一个孩子。

反应……………………………………8
为了保持心智的健全,游客们通常以四种方式来应对文化震撼:逃避、面对、封闭、融合。

消除障碍………………………………10
消除社会障碍不是一件简单的事。如果你在泰国工作,你就会像人们所希望的那样,遵守所谓的移民文化。

学习文化………………………………11
千万不要对文化震撼的反弹过于沮丧,因为这只是学习过程的一部分。

细数代价………………………………12
对大多数外国游客来说,曼谷是他们对泰国的第一印象……忽视曼谷就是忽视泰国文化重要的一部分。

第二章
国土、历史和宗教

地理……………………………………16
稍加想象,它的形状好似大象的头……曼谷位于永远饥饿的象嘴处。

文化震撼之旅/泰国

目录 CONTENTS

气候 …………………………………… 16
泰国有两季：干季和湿季。中部和南部终年闷热……

生态 …………………………………… 17
泰国早期的发展是以它的森林和动植物为代价的……近年来，泰国人和游客的环保意识普遍提高。

历史 …………………………………… 19
泰国人因泰国从未沦为殖民地，十分自豪。

宗教 …………………………………… 23
在泰国寺庙里或对僧侣有不敬举止是大忌。

僧侣 …………………………………… 25
僧侣与信徒相比，优越性是显而易见的……信徒要在僧侣之后用餐，走在僧侣后面，连座位都要比僧侣的低。

神符 …………………………………… 28
佛像是佛教最著名的神符之一，受到泰国人的顶礼膜拜。

经济 …………………………………… 31
虽然经历了经济的滑坡和自然灾害，但泰国仍然以最快的速度脱贫致富。

第三章 人民

人口与分布 …………………………… 36
2013年泰国的人口为6704万，超过1/3的人口住在城市。

多民族的融合 ………………………… 37
华人普遍与泰国人通婚，以至于你很难找出一个祖上没有华人的泰国家庭。

价值观和传统 ………………………… 38
泰国人传统未改，而价值观却已与传统有异……

泰式观点 ……………………………… 40
泰国是世界上最虔诚地信奉佛教的国家之一，但许多泰国人每天都在违背这些戒律。

CONTENTS 目录

家庭 …… 44
长久以来家庭造就了泰国人，不管他离家有多远，他终生与他的家庭精神相通。

权威 …… 47
这个未知的世界危险重重，你必须顺从，所以和外界打交道的最佳方式是表现出顺从、谦恭、有礼和尊重……

平等 …… 47
泰国几乎没有平等，对有些人来说尤其如此。

资历 …… 48
地位和资历是泰国生活中不可或缺的一部分，泰国人对此坚信不疑。

几个世纪的尊重 …… 49
泰国人的最大魅力是他们的合十礼、微笑和体贴，这些来源于几个世纪的地位不平等的人们之间的相互尊重。

了解泰国的社会结构 …… 49
国王、王室和僧侣（还有佛像）身居高位，地位显赫，是泰国社会道德的化身。

成功 …… 52
泰国各阶层都抵制不着边际的梦想，他们认为成功来自于日常的努力……

机会 …… 53
泰国人相信"善有善报，恶有恶报"的因果报应，热衷于眼前的满足而对长期投资不感兴趣……

改变未来 …… 54
泰国人通常贿赂上帝和神灵护佑他们赌博大赢、金榜题名、升官发财、就业顺利……

目录 CONTENTS

守时 ······ 55
如果需要的话，泰国人可以很守时……但多数时候大可不必守时，尤其是在农业化的社会。

金钱 ······ 57
泰国人自认为慷慨、隐忍而且容易满足，他们没有世俗的野心，不喜欢竞争。

暴力 ······ 57
泰国人憎恨各种形式的暴力，身体的、语言的、精神的，不论什么原因。

神灵 ······ 60
受到信赖的神灵被看成是家庭的一员，供奉在家里，通常被叫作佑宅之神。

第四章 和谐相处

肢体语言 ······ 66
虽然泰国人不像法国人或意大利人那样喜欢挥动手臂，但他们一样有很多肢体语言……

合十礼 ······ 67
在一切加强泰国社会结构的活动中，行合十礼是最重要的一部分。

微笑 ······ 70
在泰国，微笑是生活的一部分……微笑使你无比美丽、青春焕发。

头与脚 ······ 73
不要用你的脚来指东西。对泰国人最大的侮辱就是用脚指他的头。

前与后 ······ 75
高度规则也扩展到地位不同的人之间，要保持空间距离，地位高者在前，地位低者在后。

CONTENTS 目录

须发·····················76
头发既然长在头顶，所以十分神圣。

手·······················76
要尽量少用手，手要规规矩矩地放在身体两侧。

声音·····················78
对泰国人来说，高声是一种潜在的危险。

眼睛·····················79
泰国人每天用眼睛和眉毛进行大量交流……直视是泰国人迷人微笑的一部分。

外表·····················80
尽管大人物可以随意着装，小人物却不能随便穿衣。

谈话·····················82
你最大的问题是语言障碍，只有学会泰语，才能和大多数泰国人交流。

登门拜访·················88
去泰国人家里拜访时……你要把鞋子脱在门外……不要踩踏门槛。

交友·····················91
泰国人彬彬有礼、言语悦人、态度友善，但无法发展持久深厚的友谊。

异性交往·················92
如果你娶了一位泰国女孩，就意味着你娶了整个家庭。

不适应···················98
你可以完全融入其中，你可以部分投入，你也可以只作壁上观……

目录 CONTENTS

第五章
实际问题

签证 ·················· 100
如果你要来泰国工作……你可以申请有效期 90 天且可延长的非移民签证或非移民商务签证。

完税 ·················· 102
任何没有特权的人只要在泰国取得收入，必须得到完税证明。

电力 ·················· 103
如果你连续用空调或用大冰箱，电费会很贵。

煤气 ·················· 103
许多住宅都提供罐装煤气和烹饪设备。

电话、电视和因特网 ·················· 103
如果你买泰国生产的电视，物美价廉，而且可享受有线服务费的优惠。

水 ·················· 104
不要饮用未经处理或未烧开的自来水……

住宿 ·················· 104
曼谷的住宿房源众多，租金合理，你可以很快找到住处。

用人（家政服务） ·················· 109
除了熟人介绍之外，雇女佣的最佳渠道是通过外国人的组织……

蒲枷 ·················· 111
在你的新房子里可能有一间小屋，不能算是卧室或别的，那就是叫作蒲枷的房间……

传统厕所和洗浴 ·················· 111
在泰国上厕所，你最好记住这些使用厕所的指令……

家庭宠物 ·················· 112
带猫狗等宠物进入泰国不算麻烦，但把它们带回自己的国家却要大费周折。

CONTENTS 目录

文化震撼之旅/泰国

学校 ·· 113
多数在泰国的外国孩子会进入国际学校就读。

出生、结婚和死亡 ·· 115
很多外国人和泰国人结婚，几乎所有的婚姻都是外国男人娶泰国女人。

金钱事务 ·· 117
国际信用卡普遍接受，但要收取 3.5% 的费用。

购物 ·· 120
到泰国来不必带太多东西，但脚大的人要带够鞋子。

健康和医院 ·· 122
泰国大部分地区一年之中绝大部分时间都很热，细菌喜热，所以要保持你的身体、衣物和床单都干爽⋯⋯

交通 ·· 125
在曼谷过马路不像在河内那样生死攸关——泰国人会开车绕过你，而不会撞到你⋯⋯

第六章 食在泰国

口腹之乐 ·· 136
泰国美食闻名世界，曼谷以有来自世界各地的美食为荣，而且价格只有在原来国家的几分之一。

泰国膳食 ·· 137
泰国餐厅的老板肯定是世界上最宽容的⋯⋯他们都允许自带酒水饮用，没有额外收费⋯⋯

第七章 享受文化

节日 ·· 148
虽然没有精确统计，但泰国的节日可能比任何一个国家都要多。

主要节日 ·· 149
宋干节，这是个世俗和宗教结合的节日，也叫"泼水节"，被泰国人认为是个特别欢乐的节日。

007

目录 CONTENTS

文化震撼之旅 / 泰国

生命周期仪式 … 155
生命周期的仪式一般在家里举行，当然也许会从家里到寺庙或从家里到餐厅。

泰国典礼的特色 … 156
在泰国，任何一个团体和个人都参加仪式……泰国人的种种仪式就是为了消除痛苦……

一个持续的仪式 … 158
泰国仪式中最神秘的就是白线、数字三和金钱。

出生 … 161
出生三天的孩子要被放在柳条制的筛米的托盘中，轻轻地摇动，象征着把稻米和糠区分开，把善和恶区分开。

生日 … 163
泰国人认为人生的每个第十二年都至关重要，所以通常在家里举行特殊的晚会，邀请九个僧侣唱经。

青春期 … 164
在泰国，"顶髻修剪"仪式标志着孩子青春期的开始……

神职授任 … 164
多数泰国男人都在一生中的某个时间做僧侣，通常是结婚前。

婚姻 … 167
泰国人可以选择自己的如意伴侣，没有过多的外界干扰，这可以说明泰国人独立的本质。

死亡 … 169
在所有生命周期的仪式中，泰国人认为葬礼最重要。葬礼不仅标志着一生的结束，还是通向新生的起点。

爱好与运动 … 171
尽管传统和现代的经济生活已经很充实，但泰国人还是能找出时间从事更多的活动，游客可以量力而行，投身其中。

CONTENTS 目录

第八章 学习泰语

泰语 …… 178
外国人学好泰语并非不可能……学泰语应该带给你欢乐而不是痛苦。

有用的单词、词组和短语 …… 184
对于母语不是声调语言的外国人来说,最简便的方法是学习常用语。

更多了解泰国 …… 186
作为外国人,你完全可以到泰国的牛津大学和剑桥大学——朱拉隆功大学去学习。

第九章 在泰国经商

商业与文化 …… 188
如果外国人想做生意,就要知道泰国的商业规则和西方的并不完全一样。

外国经理 …… 189
在泰国的外国企业家和经理需要一个现代买办,以利于企业的生存和繁荣。

工作 …… 192
在泰国,裙带关系会影响工作机会和投标选择。

批评 …… 197
间接批评是一门微妙的艺术,不可千篇一律地照搬某一固定模式……

投诉 …… 202
遇到有些情况时,你很难保持彬彬有礼、十分友好、忍气吞声。

提问 …… 202
泰国人不喜欢批评,而且如果提问有可能隐含着批评的话,他们也会设法避免。

目录 CONTENTS

文化震撼之旅 / 泰国

严守禁忌 …………………… 204
泰国人不喜欢贿赂和腐败，但不会拒绝帮忙之后对方赠送的小礼物。

第十章 泰国掠影

政体 …………………………… 201
自1932年以来，因受英国政治体制的影响，实行君主立宪制。

泰国名人 ……………………… 213
普密蓬国王一直活跃于各种仪式中，经常抛头露面，极力斡旋于泰国各政党之间。

附录

◆ 文化知识小测试 …………… 224
◆ 行为准则 …………………… 239
◆ 词汇表 ……………………… 240
◆ 信息资源指南 ……………… 242
◆ 更多阅读信息 ……………… 253

FORWORD 前言

2012年本书做了大量修改，我惊讶地意识到《文化震撼之旅·泰国》已经30岁了，而我也已经是个泰国通了。自从1982年第一版至今，这本书已经数次修订更新，无论在内容还是形式上都有了很大变化，现在我的书架上已经有12个不同的版本了，于无形中见证了泰国社会历史的变迁。回顾早期的那些版本，今日现代的泰国和泰国人变化之大几乎难以辨别。经历了20世纪70年代的噩梦之后，在80年代早期，人们尚难以想象泰国会发展成为如今这样一个富庶的国度。

1973年我初到泰国时还是个研究生，我在街上看到民众游行、争取民主、反对两个将军的军事统治。人们在民主广场集会，我当时认为军事统治看来也没有那么糟糕，因为并没有人组织民众的示威游行，年轻人都举着国王的画像和国旗。当我看到一架军事直升机在空中盘旋的时候，我还以为那只是在监视事态的发展，我冲着飞行员招手示意。直到直升机的机关枪对着手无寸铁的民众开火的时候，我的想法才瞬间改变了，随着人们一起跑到了警察局对面的Rajdamnoen路。我意识到那些立于沙袋之后的实枪荷弹的武警和士兵不是来保护我这个外国学生的。

警察开枪了，我和在场的几千人朝他们投掷石块。我简直不敢相信这一切，我刚刚给我的父母写信，告诉他们泰国是多么安宁宜人。我附近的一些示威者开始开枪还击，枪声四起，烟雾弥漫。枪战一直在持续。突然一切都停止了，我抬起头，看到一辆卡车缓缓行驶在空旷的大街上，后面站着一群僧侣，身穿

泰国大王宫浮雕

绛红袈裟。有人帮我进入一个商店，又从后门出去，我随着人群盲目地走着，不知道要去向哪里。然后我发现已经到了淡马锡大学的门口，跌跌撞撞、步履匆忙地跑进去，听到人们吆喝着军队要来了。一直跑到了河边，泰国人帮我登上了一条泰国军队的船只，泰国皇家海军救了我的命。

我很不愿意重述这场战火的洗礼。国王采纳了智囊团的建议，授意两名将军离开泰国，他们逃离了这个国家。整整三周的时间，曼谷的大街上没有一名警察。男童子军引导交通，僧人们穿梭在烧毁的车辆间分发救济物品。一切重归宁静，这种安宁持续了三年。后来军队回来了，绞死了那些淡马锡大学的学生，又一个恶性循环开始了。就是在那个时候，我写了第一版的《文化震撼之旅·泰国》。你所经历的文化震撼肯定不像我的那么惊心动魄吧，希望如此。

那时候泰国是自给自足的经济，并不发达，80%的人口住在农村，以种植水稻为生。港口区遍布着贫民窟，简陋的小屋随处可见，充斥于富人区富丽堂皇的皇宫之间。男人去沙特打工，

曼谷街头的佛塔

而女人们在家务农，或被迫从事皮肉生意。大批的难民从越南、老挝和柬埔寨涌入泰国。作为享受特殊补助的外国留学生，我有自己的房间，还有摩托车，在普通的泰国人眼里，这就是极其富有了。不过从20世纪80年代起，泰国有了飞速的发展，我觉得我和泰国一起经过了不是30年，仿佛是300年一样，生活的方方面面对每一个泰国人而言，都是日新月异，可以说是芝麻开花节节高。虽然在1987年经济发展处于暂时停顿，但那也只不过是前进之中的调整而已。新一代的年轻人接受了良好教育，在城市里从事各行各业的工作。发展迅猛的泰国被称为亚洲一小虎。

泰国人都成了购屋狂，高息借款用来购置公寓，而公寓的价格也是一路看涨，一年就翻了一番，所以人们争相贷款购房，再转手出售。到1997年房地产业的泡沫破碎了。所幸这场亚洲财政危机仅仅波及了泰国和其近邻，世界其他国家并未受到影响，但却没有从中汲取教训，随后发生在欧美的经济停顿本来是可以避免的。泰国人自己顽强地重新站立起来，掸去身上的尘土，到2000年令人难以置信地重振经济，并且认识到财富来自于辛勤的工作，而不是贷款倒卖房屋。

泰国自给自足的的水稻如今是世界上出口最多的国家之一。基础设施良好，教育水平大幅提高，经济发展迅猛。作为东盟重要的一员，泰国与昔日对手老挝、柬埔寨和缅甸之间的边境争端问题虽然偶起争端，但都意识到无论对哪个国家，和平都是至关重要的。现在的大学毕业生不知道生活的艰苦。小家庭越来越多，生活水平越来越高，人民享有免费教育、水电、电视、冰箱、卫生设施、交通工具、空调以及从2006年起开始的医保。

2004的海啸影响了普吉岛的旅游业，但是泰国人民顽强地重新站立起来，勇于迎接大自然的挑战，只用了两年时间就实现了重振。2006年9月泰国民主再次面临震撼，军队的坦克又开进了曼谷，罢黜了民选出来的总理。士兵并没有开枪，而是手无寸铁，接受了人们敬献的鲜花和抱过来的孩童。军队将一平民立为总理，他毕业于牛津，但并非由民众选举产生。随之而来的政治分化导致了各衫军之间的战争。2008年右翼黄衫军占领了国际机场和政府大楼，迫使已被罢黜的他信总理离开了泰国。随后支持他信的左翼红衫军走上街头，呼吁进行新的选举,但再次被军队击败,有上百人被击毙,与1973年的那场所谓"人民革命"如出一辙。最后终于进行了民选,被罢黜总理的姐姐英拉被选为新一届总理。这位泰国第一任女总理在2011年8月以绝对优势当选。上任之后她首先面临的就是三十几年来最大的一场洪水,损失惨重。

2012年,洪水造成的损失以及西方订单锐减都使经济增长出现下滑,但今日泰国繁荣富裕,早已摆脱了对西方国家的依赖,国民经济强大。技术工人、先进设施、优质服务、低廉成本和宽松的经商环境都吸引了大量东西方外资。

而泰国的灿烂文化和自然美景也吸引了大批西方游客和退休人士来到这里。这本书专门针对那些来到泰国——这个微笑之国游览或小住的外国人士。

自从本书第一版至今,泰国已经有了令人难以置信的变化,现在西方人发现更容易融入这个国家,和泰国人成为朋友。但是泰国文化的核心从未改变,在每一个泰国人的微笑中闪烁,从而使更多的人绽开笑颜。充分享受你的泰国之旅吧。

罗伯特·库泊
2012年3月

泰国海上风光

鸣 谢

我要感谢我的学生,新加坡大学学习人类学专业的卓安·科瑞格(JoAnn Craig)为我铺平了道路并将我引入正轨;亲爱的朋友戴尼斯·塞格勒(Denis Segaller),如果不是一些意外事件,本该是这本书的作者;凯兰·库克(Kieran Cooke)为我提供了治疗文化震撼症的灵丹妙药(一瓶酒,两瓶苏打水和切成四瓣的曼诺果);韦博(Webb)和瑞尼(Renee)从狂怒中发掘幽默并使我愿意相信,外国人在泰国的某个地方能找到自己的位置。

我要感谢可欧修道院(Wat Kingkeo)的院长;社会研究所和朱拉隆康大学人类学系的同人,在曼谷的联合国大家庭的同事。我还要感谢我的朋友西伦苏(Sirinthorn)为我查找资料,阿诺(Ano)、萨西(Sassi)、伦周(Lung Jo)和苏可·加帕松(SoukJumpathong)都给了我很大帮助。昆·欧拉昌(Khun Orachant)给了我难以想象的帮助。我要感谢清迈的普拉·桑提(Pra Santi)和盖瑞(Garry)叔叔、非图(PhiTiu)、阿佳安·诺克(Ajarn Nok)、彭(Phong)和帕提查瑞(Patcharin)、噶尼特(Garnet)和坦挞纳(Tantawan)。

我要一并感谢给我写信的读者,这本书中的许多改进和更新就来自于他们的建议。我将非常乐于收到新老读者的来信,并通过出版社回复来信。

罗伯特·库泊

题 献

谨以此书献给女儿婷婷（Tintin）和苔茜（Tessy）

——你们的爸爸

通往理解的道路极其漫长，狭窄之处仅可只身通过。

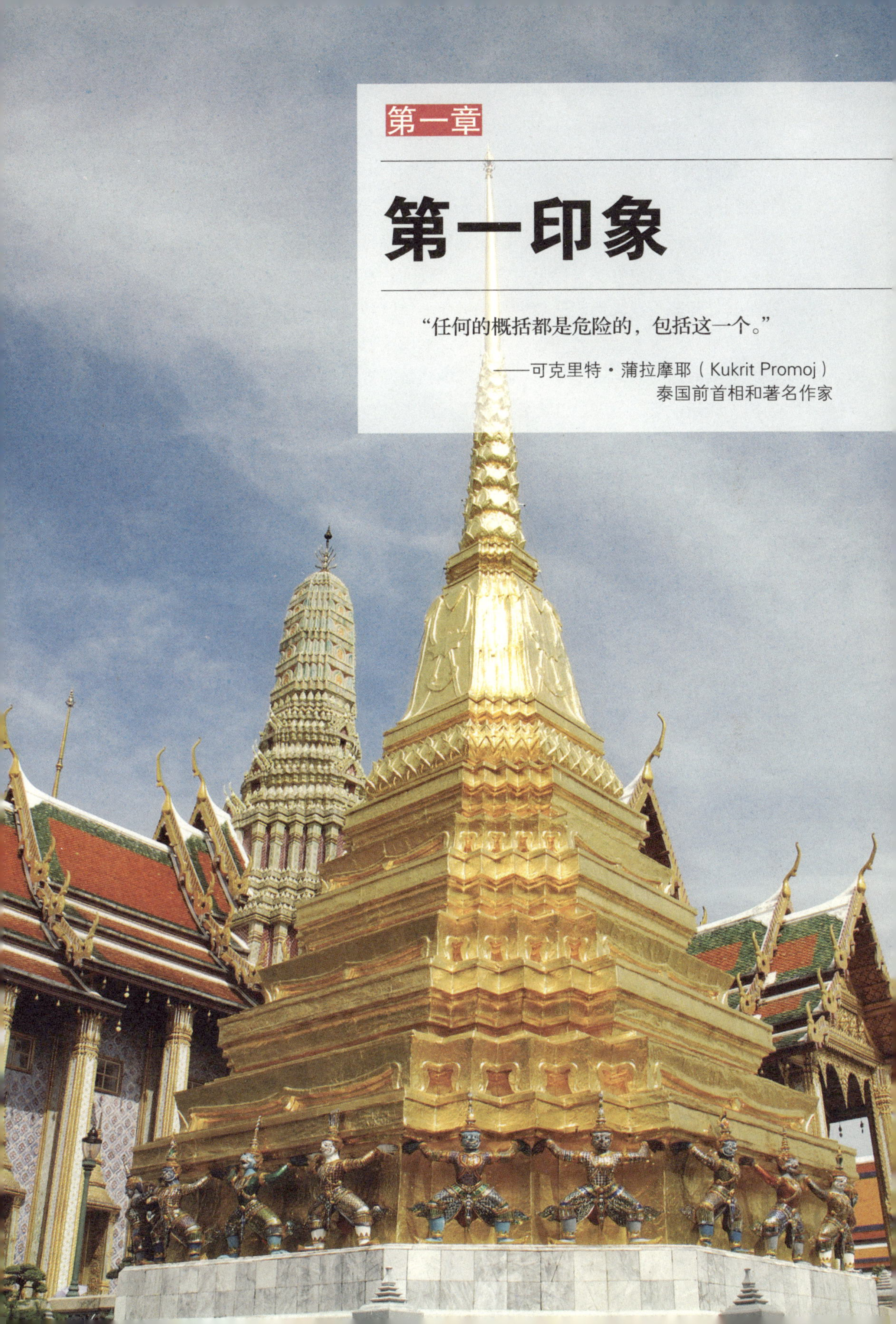

第一章

第一印象

"任何的概括都是危险的,包括这一个。"

——可克里特·蒲拉摩耶(Kukrit Promoj)
泰国前首相和著名作家

来泰国的外国人真是一群怪人。问问来过泰国的人你就会惊异地发现他们眼中的泰国既美丽迷人又丑陋不堪,既令人心如止水又令人怒发冲冠,既喧闹嘈杂又静谧安宁,既价格低廉又昂贵奢侈,既凶猛暴烈又温良驯顺,既好玩有趣又哀怨伤情。游客对泰国人的印象也是自相矛盾的。毫无疑问,泰国人是友好的,但在有些人看来,这种友好却掩盖不住他们的陌生人恐惧症。持这种观点的人认为泰国人的微笑只是为了隐藏对外国游客的厌恶和恐惧。有人说泰国人慷慨好客,而有人则说泰国人欲壑难填,他们的最终目的就是掏空外国游客的钱袋。有人说泰国人诚实宽容,而有人却说泰国人谎话连篇,动辄妒性大发而拳脚相向。真正的泰国人到底是什么样呢?如果你从来没有经历过文化震撼,从泰国开始你的精彩之旅吧。

任何人在他熟悉的环境里会感到安全而从容,一旦进入到一个文化迥异的国度,比如泰国,肯定会产生一些奇怪的第一印象。有人暗自哭泣,有人面带喜色实则内心茫然。有人热爱泰国,有人讨厌泰国,有人对它爱恨交织,但却很少有人能漠然处之。这些纷繁复杂的感情就是文化震撼的实质。可以说这些仅仅是第一印象,假以时日,你的第二印象、第三印象自会还其本来面目。有一点可以肯定,泰国绝不是一个索然无味的国家。不要急于融入泰国或者泰国人。冷静一点,慢慢开始。不要过分相信你的第一印象,去欣赏它们吧。它们自然而然地产生,却也难免流于肤浅。不过,

曼谷风光

第一章　第一印象

> 文化就是一种独特的行事方式。人们都吃饭、交谈、玩乐、工作和思考，但并不是吃同样的饭、讲同一种语言、玩同样的游戏、做同样的工作或有同样的想法。所有人都有家人、住处、工具和服装，但并不是所有人都能同样认清和家人之间的界限、住同样的房子、使用同样的工具、穿同样的衣服。

第一印象却只有一次哦。

在第一印象形成期间，你的感官正努力适应新的刺激。你可能会觉得你自己人见人爱，是大家眼中美丽风趣的可人儿。你也有可能会发觉一些你一向认为温文尔雅的正确举止竟会被理解甚至误解为古怪粗鲁、充满敌意，这两种情况你可能都会遇到。在这个阶段，你以往的生活经验还没有和眼下的生活结合在一起，这些点点滴滴就积累起宝贵的第一印象。只要你愿意，泰国一定会使你的生活更加完整。那些或爱或恨的第一印象就当作是一时的疯狂吧。不妨在呐喊和沮丧之间徘徊，但你绝不会漠然。尽情享受你的泰国之旅吧。

曼谷街景

厌恶与欣喜

初到泰国，接触到泰国文化，移居者会更加意识到他自己和本国的文化，会试图把他的所见所闻所感转变成所熟悉的一切。当无法完成这样的转变时，他变得迷惑不解，不知所措，开始在爱与恨之间徘徊。这一段时间是最危险的，也正是此时移居者开始遭遇文化震撼。简而言之，他们体验着两种相互矛盾的情感：厌恶与欣喜。

厌恶

有些人感受的文化震撼是大众化的。他们置身于一个完全陌生的国度时感到震惊，感到厌恶。当他们走出摩登机场明亮的玻璃门，登上豪华的空调大巴，来到下榻

> 就像破土而出的菌类，恣意生长，机会就在你面前，于泥沙之上建起大厦。
> ——露德亚·凯普林（Rudyard Kipling）对加尔各答（Calcutta）的第一印象，他从没来过曼谷。

的酒店时，他们离开了熟悉的舒适环境，渴望着体验这个全新的世界。

他们可能踏上了一条人行道，这和他们回家的小路有所不同。这里小贩云集，脚踏车来来往往，路面坑坑洼洼，必须留神脚下。而如果你下榻的酒店在旅游区，你的遭遇会使任何一个新来的人想要打道回府。"嗨！你去哪儿？要车吗？"出租车不打表，司机也不愿去你要去的地方，公共汽车的拥挤超乎想象，而且行车路线变化无常。

如果你有幸乘坐空铁，心脏强壮且手脚利索，冒着酷热爬上长长的台阶之后会在顶点发现一切都是那么熟悉。你所要做的就是从你熟悉的售票机中买票，找出乘车路线，注意在哪一站下车。由于近年来空铁极大改进了曼谷的交通，乘坐空铁是明智之举，只不过你要在拥挤的人行道上寻找这条街的名字，极有可能街名是用大号的泰语写的。你要用望远镜才能看见小号的英文译名，比如"新街"，指的是曼谷最老的一条街。

你冒险品尝了丰富的泰餐，发现比你在国内的泰国餐厅吃的要辣许多。你于是冲向卫生间，那也不过是在地上挖的一个小坑。蹲下身去，赫然在目的是纸篓里用过的厕纸。此时你汗流浃背，如果幸运的话，身后水管里的水会滴答滴答地冲洗你的后背。你迫不及待地想看泰国的寺庙和建筑，你早就在国内的电视和宣传手册上领略了它们的风采。你走近一张微笑的脸想要问路，却发现泰国人完全不会看地图，哪怕是曼谷的；更

普吉岛的海滩

> 曼谷在泰语里的名字有好几行长，在日常语言中缩短到前两个音节：Knung Thep，字面意思是"天使之城"。

不会指路，不管是去王宫还是餐厅的厕所，不管是用泰语还是英语，他们只有一句"在那边"。

你开始感觉不妙了。外面的世界和你原来在录像里看到并为之心醉神迷的一切截然不同。精心编辑的录像里没有大声擤鼻涕却不用手帕的情景，没有不可饮用的水，没有酷热、噪声、肮脏、蚊蝇、蚂蚁、蜘蛛、蜥蜴、狗和蛇，也没说真正的鸡汤里只漂着一只鸡爪。你开始问自己："噢！我在这里做什么？我为什么来这个国家？"

公交车

这些第一印象关乎这个刚刚发达起来的国家的生活，而和泰国的文化无关。小贩在人行道上摆摊赚钱，主要是以极其低廉的价格向外国人兜售盗版光碟、路易威登手袋、鳄鱼皮钱夹和古琦手表。除了鸡爪汤，泰国人对那些困扰你的东西也同样不喜欢。如果那些所售商品大同小异且一眼望不到头的小摊一夜之间消失得无影无踪，泰国人会十分高兴。但是，身为泰国人，他们从不抱怨，他们只是回避和忽视。泰国人天生有一种本领，可以对那些他们不想看见的东西视而不见，充耳不闻。

一旦离开闹市区，许多烦扰就消失了。那些不能消失的你就要学着容忍。当你深入内地，在真实的环境里去探寻泰国风味的时候，你很快就能学会蹲在厕所里，并随身携带厕纸和牙刷。大多数人发现他们渐渐适应了，当然，驱蚊剂、易蒙停胶囊和空调机也起了点作用。

狂喜

其他游客的反应是截然不同的，他们狂热地爱上了这种文化差异。狂喜和厌恶着眼于泰国生活的不同方面，安详的僧人、拥挤的公车上温驯的面孔、寺庙里美妙的宁静、节日的快乐、仪式上的神秘氛围、泰国的舞蹈和手工艺、面带微笑的人。所有这

泰国寺庙

一切会让你发出感叹："啊！这里的一切都是多么美好啊！"

虽然泰国人更愿意接受人们的狂喜而不是厌恶，但是这种狂喜同样是不真实的，带着种族优越感。泰国和泰国人不可能像那些欣喜若狂的人们所想象的那么好。有些人带着欣喜在泰国住了很多年，并没有调整他们对泰国的浪漫印象；但也有许多人一旦认识到这些"美妙的泰国人也是普通人"时，就从狂喜的顶峰跌入沮丧和失望的谷底。其实，泰国人美丽迷人又隐忍宽容，但他们不是圣人，也不想装作圣人。

你尽可以告诉泰国人这里人杰地灵，他们很乐意听到这样的话，但是不要信以为真，至少别全信，否则你就会受伤。

困惑

多数来泰国的游客，尤其是那些想多住些日子的人，乍到泰国的感觉是离水之鱼。这里的一切都是陌生的。不知道发生了什么事，不知道怎么做才恰当，不知道别人会赞同还是反对。标志不懂，语言不通，稀奇古怪的食物，稀奇古怪的人和稀奇古怪的风俗，不知道别人是否真心相助，是应该以礼相待，还是避之唯恐不及。所以游客们忽而欣喜，忽而厌恶，但多数时候是困惑的。

现代社会的矛盾之一是人们常常像飞人一样从自己熟悉的环境飞到了地球的另一端，时间、气候、文化都完全不同，但第二天一觉醒来，还要如常工作。宛如一粒稻种离开了精心的呵护，被移植到陌生的土地。如同娇弱的幼苗一样，移居到陌生国家的人也需要适应才能生长得枝叶繁茂，否则就会枯萎夭折。但人们又不同于需要大量吸收养分的小苗，即使没有农夫的悉心呵护和同类的陪伴，他们也能顽强地生存。大多数人在这种情况下坚持下来，许多人在新奇的环境中感到欢快，但所有人都对这种文化震撼有着或多或少的困惑。

兽医与修理工

罗杰买了一只漂亮的金毛猎犬。到了给狗注射疫苗的时候,罗杰问他的泰国邻居是否认识兽医。邻居说认识。后来罗杰又买了一辆红色吉普车,车子的发动机彻底修理过,和新车一样。罗杰对自己讨价还价的本事很得意,把新车向邻居大大地炫耀了一把。不料第二天车就坏了。罗杰生气地给汽修厂打电话,对方保证修理工马上上门。十分钟后,一个身穿油腻的工装裤,身背工具包的人骑着摩托车来了。罗杰的泰语足够用来指责他了。"这车是我昨天刚买的",他把来人推进驾驶室,大叫着:"把这该死的车发动起来!"

穿油腻工装裤的人嗫嚅着:"如果我能发动起来的话我肯定会这么做的,但是我不能啊!"

"哈!看哪!连你也发动不了这车。把车钱退给我!"

那人茫然地看着罗杰说:"钱?"好像他从来没听说过这个字。

"钱!钱!退我钱!"罗杰更生气了。

工装裤男人缩进座椅,抱歉地说:"真对不起,我发动不了你的车。"

"对不起?笨蛋!"罗杰怒不可遏地说:"你为什么发动不了?还有脸说你是修理工?"

"不,"那人说,"我是兽医。"

兽医给狗接种了疫苗,他愉快地告辞的时候,两名修理工到了。他们坐进汽车,立刻就把车发动了。罗杰很惊讶,"我试了几个小时了呀。"

修理工看着这个可怜的老外说:"这是辆二手车。你怎么转动钥匙事关重大。"

他们告诉罗杰应该如何转动钥匙,罗杰发动了汽车。他感到很不好意思,就伸手到兜里掏小费,但两个修理工连连谢绝,有礼貌地告辞了。

回到童年时代

来到一个新地方,人们会发现对日常生活中的基本事情也不知所措。他甚至发现不知道何时说"早上好"。他也许会不下一百次地对见到的每一个泰国人说"早上好",而在家里他通常只说两三次的。他也许不知道是否该同别人握手、付小费、和陌生人交谈、发出邀请、拒绝邀请、约会早点到或是晚点到。他见到别人不知说些什么,即使他们语言相通。他完全不明白泰国人什么时候开玩笑,也不知道人们

泰国小吃

在想什么。一切似乎都没有规律可循，他无法预知接下来要发生什么，他又会有什么样的感受。他又变成了一个孩子。

这些成年人忽然发现他们重回童年时代。他们像孩子一样依赖着别人，即使是做最简单的事情，他们也要靠那些能说几句外语的泰国人。打电话、乘公车、买安全套、寄信，这些都成了冒险。找住处、雇女佣是当务之急，而购物更成了探险之旅。泰国之于这些初来乍到的人就像大千世界之于孩子，一切都是未知数，令人兴奋，误会重重，又危机四伏。

泰国人虽然宽容，却不会像对待孩子一样对待成年的外国游客。孩子们，不管是泰国的还是外国的，都可以随心所欲地做他们想做的事情然后离开，但成年人却不能。所以从读到这本书的时候开始学习吧。不过，我们要再一次强调，不要着急，慢慢来。

你应该在短时间内对你的行为做基本的调整，学会以一种新的方式重新理解周围的世界。此间的心理压力会导致你早晨感到欣喜而下午陷入沮丧。泰国人生性善良（我认为），（基本）不会介意你欣快症发作时的独自微笑、咯咯嬉笑和放声大笑；但你哭叫时，请避开他人。

反应

这种充满不安和困惑的第一印象时期不会持久。没人愿意做陌生人，置身局外，无依无助。所以，游客很快就会开始反击了。为了抵御陌生文化的冲击波，他要努力地吸收这种文化震撼。

为了保持心智的健全，游客们通常以四种方式来应对文化震撼：逃避、面对、封闭、融合。

泰国大城

> 融合的意思是融洽相处，消除隔离，去除将不同文化的人们加以区分的社会障碍。

逃避

逃避是最简单的方式。那些短期旅游的人知道他们只不过在此盘桓数日或数周，所以能最充分地享受这种新的体验。祝他们好运。

那些要在泰国工作至少一年的外国人同样会逃避。他们从让他们感到不适的泰国的环境逃避到家里，吃着熟悉的进口食品，看喜爱的卫星电视节目，和外国移民或者在国外受教育的泰国人交往。成熟的逃避者总是在新旧文化的交界处徘徊。

泰国菜

面对

有些游客总是在抱怨，多数时候他们抱怨的对象是那些也有同感的其他游客，但也有时是泰国人。在他们对泰国的价值观、能力和行为的批评中暗示着这里的一切都比不上他们自己的国家，但他们并不深陷于这种优越感。他们是有意义的，而泰国的社会是没有意义的。对这些游客来说，他们要和泰国文化斗争并取胜。

封闭

所有外国人都会不同程度地缩进一个小圈子里，这个小小的"文化气泡"由那些在外国文化面前遭受同样问题的人组成，他们形成了一个旅行者社区或者叫作移民社区。他们有一个共同点，即都要适应移居者的文化。移民俱乐部、商店和小型超市能满足他们的基本需要。他们不论是来自于美国、日本、非洲，还是来自于相邻的亚洲国家，都会相聚于鸡尾酒会或相互到对方家中做客。在这个陌生者的天堂里，他们同病相怜，而这里的泰国人则绝大多数是负责倒酒、上菜和清洁的工人。

参加俱乐部是一种正常的符合逻辑的行为，因为那里播放电影，提供你喜爱的食物，并且把你的孩子送到讲英语的学校，在美国或欧洲的泰国人也是这样的。他们为了同一个目标而走到一起来，并不排斥所处的泰国的环境。相对来说，很少有在泰国的外国人是完全封闭的，一旦他们在新环境里站稳了脚跟，就会厌倦那个移民氛围而逐渐远离，另一些人则只在需要时才去。

融合

只要愿意，在泰国的老外有足够多的机会与泰国人融合。在这种融合中，双方都会保留各自的文化特征。但是融合不是同化，外国游客不可能变成真正的泰国人，不管他们有多么热爱泰国，也不管他们在泰国住了多久。

为了融合，游客们要有意无意地去除横亘在他们和泰国人之间的社会障碍，这是一个缓慢的过程。他们会逐渐发现不再依赖那个外国人的圈子寻求友谊和娱乐，和泰国人相处也感到怡然自得。

融合的程度因人而异，而且是双赢的。当社会障碍消除时，外国游客既可以享受本国文化，又可以领略异国文化，他们不会有任何损失，还就此抛开了文化震撼。

消除障碍

消除社会障碍不是一件简单的事。如果你在泰国工作，你就会像周围的移民圈子里的人和当地的泰国人所希望的那样，遵守所谓的移民文化。

"我们的生活已经够累了，如果不是迫不得已，谁有时间和精力去深入泰国人的圈子呢？"在本书开始之前，我问了很多在泰国的外国人这个问题，他们的回答惊人

泰国大王宫

地相似：我们知道来泰国工作和生活不容易，至少在起始阶段，但是尽量对泰国人多一些了解会使生活轻松点。就从你感到愉悦的地方开始向泰国人学习吧，不管是泰式按摩还是泰国传统舞蹈。随着你对泰国了解的增多，泰国文化会越来越吸引你。

文化震撼复发

从早期的文化震撼中脱身不是一个简单的直线的过程，根据你接触其他文化的个人经验，找到两种文化的差异并逐步适应要花上数日、数周或者数月。文化震撼的喜悦或烦恼会变淡，你将习惯于外国人这个身份。虽然所闻所见仍然是你不懂的泰语，但你会习惯并欣然接受。

过几个月或几年，当你以为自己已经开始了解泰国的时候，文化震撼旧病复发了。从来没有交谈过的一个人派用人给你送来一篮芒果做礼物；你颇为信任的女佣请两天假去探望母亲却一去不回；你的邻居开口要一万美元去修那辆只值五千美元的破车。这一切简直不可理喻。

学习文化

有些时候，你对泰国了解越多，你发现越奇怪。当你开始把这当成家的时候，有人突然提醒你是个老外。但是千万不要对文化震撼的反弹过于沮丧，因为这只是学习过程的一部分。

曼谷街头的游客

文化震撼袭来时，不管是什么形式，也不管你多么沮丧或欣喜，请记住文化震撼的基本成分是无知，导致你在突发事件面前束手无策。一旦你从泰国人的角度理解了这一点，文化震撼就会悄然消失了。

细数代价

初次会面

曼谷绝对不是泰国的全部，但对大多数外国游客来说，曼谷是他们对泰国的第一印象，喜欢也好，厌恶也罢，这里是他们与泰国文化的初次会面。

城市化和西方化如同宗教和寺庙一样，是泰国文化的一部分。当然，现代曼谷的

减轻文化震撼的方法

■ 虽然很少有公司在派员工去泰国工作前开设文化介绍课程，但你也应该事先读一读这方面的书，至少是这本。

■ 要知道什么是你该做的，什么是不该做的，这些都列在本书的最后，方便查阅。

■ 学点泰语。这会消除交流障碍并有助于你了解泰国文化。在曼谷有很多教泰语的家教，他们可以按照你方便的时间上课。如果时间允许，你最好参加美国大学校友协会语言中心的精读课程，地点在罗切戴瑞路179号。那里不仅有语言实验室和经验丰富的教师，而且有专为学外语的人开设的小班心理支持课程。因为泰语是一门专为英语学校的泰国人开设的附属课程，所以你会完全置身于讲泰语的环境，那些热情的年轻人会用泰语和你交谈，直到你受不了逃跑为止。

■ 读一些关于泰国和泰国人的书，书的作者多是对泰国文化心醉神迷的外国人。书后附有的参考文献也许会提示你从阅读英文版的泰国文学开

文化和外国游客的最初文化震撼有关，不是一本游客指南书所能包括的。忽视曼谷就是忽视泰国文化重要的一部分。

打破禁忌

在曼谷，游客们会看到很多禁忌被打破了。年轻女孩不戴胸罩，手挽外国男友招摇过市；男孩子假装成熟，在餐厅高谈阔论；女招待悄悄将你的小费扔到桌下，乜斜着你，给你看写着"吝啬鬼查理"的字条。

清迈寺庙

这些反常的事情并不说明泰国社会不赞赏正常的行为。大多数泰国人虽然缄口不语，却很鄙视恶行，并从不与之为伍。尽管无人否认西方化和城市化发展迅速，但即

始。在曼谷你可以申请使用罗切戴瑞路的美国大学校友协会语言中心的图书馆。当发现对泰国有了兴趣的时候，你可以参加暹罗社团，使用他们的图书馆。泰国信息中心还有更加详细的信息索引帮助你查到想要的资讯。（如果还查不到，你可以问那里的工作人员，因为把新的信息编入目录要一两年时间。）

■ 参加英文的晚间课程，这些课程涉及泰国的方方面面，通常是关于艺术和历史的。课程信息定期登在《曼谷邮报》上。暹罗社团和美国大学校友协会语言中心也不定期开设有趣的讲座帮助你关注泰国。

■ 当你对泰国人心存不满的时候，请记住自己来自于一个完全不同的文化背景，假以时日才能被接受，你要设法去适应这个新文化，而不是让文化来适应你。客居他乡，身心疲惫，一定要慢慢来，不要幻想一夜之间变成泰国人（也许20年之后吧）。

使是在曼谷，泰国人行事还是有礼有节的。

游客们应该按照人们能接受的方式做事，不要特立独行。泰国人早已听多了某些放荡不羁的外国人是如何腐蚀泰国年轻人的，所以他们只欣赏知礼自律的外国人。

第一印象

外国游客对这个陌生新世界的第一印象就是困惑。游客也好，移民也罢，即使是泰国人也都承认曼谷炎热潮湿、肮脏喧闹、拥挤不堪，但奇怪的是住在这里的泰国人不愿搬走，而且许多游客也不愿离开。

第二印象

第二印象也没什么好转。新来的游客无一例外地发现位于市中心的下榻酒店和他们要游览的景点相距甚远，人人都抱怨没有真正的市中心，而且景点分散。

第三印象

第一印象和第二印象不佳。但是别急着合上这本书而逃之夭夭。要知道许多开始讨厌曼谷的人后来都爱上了这里，原因是这里的人。在泰国，第三印象通常是最好的。

所以，如果你刚来的时候还犹豫不决，对曼谷的第一印象令人遗憾，但你很快就会意识到泰国自有其独特的魅力。这颗泰国之心虽然在你走出机场被微笑和兰花围绕的时候还没有引起你的注意，但当巴黎、纽约和莫斯科都在火星博物馆里变成尘埃时，泰国之心仍会跳动。如果来到泰国时你落泪了，那么离开时你更会唏嘘，只不过原因不同罢了。

泰国寺庙

第二章

国土、历史和宗教

"自由富饶的国土啊,鱼米之乡。"

——引自泰国民歌

地理

泰国面积为517 000平方公里，与法国面积相近。稍加想象，它的形状好似大象的头，泰国人非常认可这个比喻。曼谷位于永远饥饿的象嘴处，象鼻延伸在缅甸的窄端和泰国湾之间，一直抵达北部马来西亚边界，从北到南总长为1860公里。北部和东部分别与老挝和柬埔寨接壤，西邻缅甸，南邻马来西亚。主要的河流也是货物的运输线，从北部山区流向肥沃的泰国中部平原地区，曼谷就在这里。这个地区与菲律宾的马尼拉、印度的马德拉斯和苏丹的喀土穆处在同一纬度，气候相同。

除了中部地区，泰国还有三个区域：东北部、北部和南部。其中东北部地区最贫困，以种植水稻为主，靠天吃饭，经常遭受洪涝和干旱。北部地区富庶，历史上是泰国第二大城市清迈的中心，为高山所环绕。南部地区是不断缩小的热带雨林区，拥有最长的海岸线，以渔业为主，以新兴的旅游业为辅。

气候

泰国有两季：干季和湿季。干季从11月到次年6月，湿季从6月到10月。中部和南部终年闷热，北部和东北部从11月到次年2月有不同程度的凉爽季节，而雨季来临前的月份是一年之中最炎热的季节。

南部季风交汇，即使是在干季也会有强降雨。在东北部，季风有时姗姗来迟或不来，给这个土壤贫瘠的农业区造成严重的经济问题，许多人也因此从那里来到曼谷。

清迈双龙寺

第二章　国土、历史和宗教

在并不遥远的过去，以曼谷为主的很多地区每年10月遭受涝灾，那时来自北方的河水湍急，海潮高涨。大力改进排污系统和水系之后这个问题才得以解决，但每年总会有某地的洪水提醒着人们这里的过去。

生态

就在60年前，泰国大部分的国土为森林所覆盖，人们从事以砍伐树木为主的农业，并认为资源可再生。泰国早期的发展是以它的森林和动植物为代价的。家具制造业因伐木砍藤声名鹊起，但如今因为原料难求也已难现辉煌了，有时甚至要从更为贫困的北部和西部引入木材。

1988年，一场灾难降临到南部的苏拉特（Surat Thani）省，数百吨伐下的木材被洪水冲走，所到之处埋没了村庄和人口。这场劫难促使日益兴

泰国的森林

起的环境保护游说团加紧行动，终于在1989年泰国全面禁止伐木，出售在那之后砍伐的树木属违法交易，于是旧式乡村宅院交易火爆。泰国政府采取了很多环保措施，包括建立了34个国家公园和野生动物保护区以及7个国家海洋公园；立法保护濒危动植物；计划到2050年使全国的森林覆盖率提高到40%。

近年来，泰国人和游客的环保意识普遍提高。作为掌管国家经济重要组成部分的政府部门，既要防止环境恶化，特别是打击沿海地区的非法旅游，又要通过生态旅游来保护环境。泰国已经签署了联合国关于濒危物种的贸易公约，并开始着手处理河流和沿海地区的污水问题，严厉禁止餐厅饭店非法制售野生动物。和其他国家一样，这使得各级部门有腐败之机，所以泰国政府，尤其是皇家森林部，坚持不懈地打击那些为眼前利益而损害泰国利益的个人和行为。

> **环保机构**
> ■ 亚洲环境保护协会
> 　亚洲技术学院，曼谷，10501；
> 　电话：（02）579-5266
> ■ 生态恢复工程
> 　曼谷，10500
> ■ 泰国野生动物基金会
> 　电话：（02）521-3435；
> 　邮箱：pisitnp@mozart.inet.co.th

当然，比起2004年12月由海啸引起的浩劫，人类的愚蠢行为似乎并不严重。那场灾难毁坏了泰国普吉岛最美丽的地区和相邻的印度洋海岸。但是，泰国人民和游客同心协力保护并重建了环境。为了预防进一步的破坏，人们应该拒绝购买珊瑚和珊瑚制品以保护珊瑚礁；在森林地区要高度防火，即使是一个貌似无害的废弃食品罐也会因反射强烈的阳光而引起火灾；对一些餐厅违法制售的野生动植物食品不食用不宣传。如有情况可及时联络以上环保机构，或致信泰国旅游局（地址是202 Ratchadaphisek Road, Huay Khwang, Bangkon 10310）。泰国旅游局应该谨记游客来泰国不是为了欣赏每况愈下的自然环境，也不是为了享受破坏自然的服务。游客也应该理解、服从为了资源再生所采取的措施，比如某些景点在某些时间闭门谢客。

素可泰遗址

"欺骗"也有有趣的一面。在班清考古遗址，一位雍容的老妇人向笔者兜售一只"有6000年以上历史的真正的佛教高僧的钵盂"，但是佛教起始于公元前543年，怎么会有这6000年前的佛教高僧的钵盂呢？

历史

史前考古学明确指出泰国是世界上最早制陶、种稻和使用青铜器的国家之一，而且极有可能是第一个，其中心被公认为是泰国的班塔（Ban Prasat）和班清（Ban Chiang），现在坐旅游巴士可以方便地游览这两个地方。在那里会有人向你兜售"真正的"班清人工制品，尽可以放心地买，那些都是赝品。你可以自己验证：对方开价500美元时，还价50泰铢，通常会成交。

公元前3000多年泰国东北部开始了青铜器时期，这比美索不达米亚和中国要提前数百年结束石器时代。大约4000年前当泰国人的祖先讲着泰语、食用稻米时，中国人还在以黍粒为食。

青铜器佛像

泰国人因泰国从未沦为殖民地，十分自豪，虽然泰国曾受制于邻国，但它也同样统治过邻国。从8世纪到13世纪，现在的泰国南部隶属于马来—印度尼西亚三佛齐（Srivijaya）王国。公元7世纪和11世纪之间，高棉王国及其文化曾统治了泰国除最北部和南部的大部分地区。而最北部的兰纳泰王国在其鼎盛时期曾统治了缅甸和老挝的部分地区，于1558年归属缅甸。第一个真正的泰王国是素可泰（Sukhothai）王朝，于1238年宣布独立，它统治了现在泰国的大部分领土、老挝北部和马来西亚。泰国人将这一时期视为和平繁荣的盛世，泰文字初步得以使用。但是与缅甸和柬埔寨的冲突持续了两个世纪。此间，泰国将柬埔寨的佛教和皇家礼仪兼收并蓄，但泰国首都（Ayudhya）也两次被夷为平地。

在被称为大城（Ayudhya）时期的400年间，泰国历经34任王朝，确立了君主政体，

> 有大约400年的光景，大城（Ayudhya）一直是亚洲最伟大和最富饶的城市，面积数倍于当时的伦敦，是东西方贸易的中心。商人之间通用的语言是马来语。"外国白种人"（Farang）这个词大概就起源于该时期，当时波斯人（faringi）是贸易中的强者。泰国的君主制度也就这个时期变得绝对和神圣。

这是泰国制度的关键，在今天的泰国以更加民主的形式体现出来。按照财富和社会地位的复杂等级制度，每一个泰国人都被划分为不同的等级，其行为也因此受到制约。

等级制度

大城（Ayudhya）国王中最重要的一个是帕拉玛特莱洛卡那塔（Para-matrailokanatha），他的名字由于明显的原因而常常被泰国人缩减为特莱洛（Trailok）。没有计算机和任何技术设备的现代集权国家，他将世代不和的领地首领们置于和平的竞争以博取国王的欢心。他意识到一个人的土地多少关系到财富和地位，也是冲突的根源，于是将个人的土地拥有量合理化，并使每个人都有可能受到王室的赏赐而得到更多的土地。

每一个领地首领都有编号，与其土地拥有量相对应。高级官员昭披耶（Chao Phya）三等级10 000，允许拥有4000英亩（1英亩等于0.405公顷）土地。平民等级20，可以拥有10英亩土地，除非他有特殊的业绩；而对于一个六口之家来说，8英亩土地就足以过上小康生活了。妇女们并没有被排除在外。男人的妻子等级是丈夫的一半，妾的等级是丈夫的1/4，而婢女没有等级，待生下一男半女之后升为妾。有人辩称在特莱洛（Trailok）国王时代妇女们至少还知道她们的等级是多少，而今天则无从知晓了。

土地等级制度解决了纷争。奖罚都和土地等级密切相关，这个制度渗透于生活的方方面面。一个等级1000的人见到等级1500的人会首先行礼。

土地等级制度以其简单易行施行了很长时间，但没有真正应用于银行主、卖面条的小贩和高鼻子红眼睛的洋商人。1905年这个制度和奴隶制一起被伟大的现代派国王朱拉隆功（Chulalongkorn）所废除，但它的影子在今天泰国生活中还随处可见。

缅甸人还威胁过这里的和平稳定，他们于1769年被达信（Taksin）国王逐出。达信国王在曼谷的河对面设立了新的首都。现在的查克里（Chakri）王朝始于1782年，昭披耶恰克里（Chao Phraya Chakri）是第一位国王，他最初的举措之一就是迁都回曼谷。

泰国大城佛像

朱拉隆功国王

朱拉隆功国王是最有革命性的国王,他废除了平民见到皇室要匍匐施礼的法规,在皇宫开办了泰国第一所英国人任校长的西式学校,在全国范围内普及长期学校教育,被誉为"现代教育之父"和现代泰国的奠基者。他去掉君主头上神圣的光环,却是最受尊敬的国王。他逝世的周年纪念日成了国家的节日。在那一天,游客们可以看到学生和公务员在瑞丹诺恩诺克(Rajdamnoen Nok)路上五体投地向他的塑像行大礼。他的塑像是市民每周礼拜聚会的中心,成千上万的各个阶层的泰国人向泰国之父致敬盟誓。

当东南亚的其他国家沦为殖民地时泰国却能保持自由,人们将此归功于朱拉隆功国王。面对外来的威胁,他促使泰国军事和政体的现代化。

对此他也有一些个人的原因。泰国历史上最有讽刺意味的悲剧是朱拉隆功国王的妻子和女儿之死,她们死于那些用来隔离和保护王室的清规戒律。苏南妲王后死在距忠心的臣民几米之遥的水渠。为了解释其原因,我们来回顾一下关于泰国王室的伟大作品《暹罗国家大典》〔由韦尔斯博士(H.G.Quaritch-Wales)写〕,这本书翻译了悲剧发生时的一些法则。下面这段引文概括了国王和平民之间的关系:

"如果船沉了,船夫应离开沉船;滞留的人处以死刑。如果船沉了,王室成员落水,船夫应伸出信号长矛并投掷椰子供他抓住,如果船夫用手抓住他去救他,船夫会被处以死刑。投掷椰子的人可得赏银旧泰币四十铢和金盆一只。如果船沉没,看到投掷椰子并去抢救王室成员的人受到加倍处罚,满门处死。如果船沉时投掷出的椰子朝着远离落水王室成员的岸边漂去,投掷人将被割喉抄家。"

朱拉隆功国王的现代化极为广泛,因而泰国被19世纪70年代的欧洲观察家们评为

邮票上的普密蓬国王形象

最有可能实现工业化的亚洲国家，他们认为日本是不会成功的！

普密蓬（Bhumibol）国王

今天平民可以和国王站在一起，甚至拍他的照片。普密蓬国王1946年执政，将朱拉隆功国王的事业发扬光大。他是世界上统治时间最长的君主。

有些游客认为君主政体是封建制的残余，但他们却惊喜地发现普密蓬国王绝对是一个21世纪的新人。泰国国王继承了过去亚洲"武士国王"的传统精神，今天的泰国国王每年驱车约5万公里去走访偏远危险地区的人们，直到年近七旬才停止。他还发起领导了改良项目，在Chitriada宫中进行能源再生的试验。

长期在泰国居住的游客离开泰国时都对泰王满怀敬意。他才华横溢，举世无双，擅长萨克斯管和黑管，在店里能买到他的爵士乐唱片。和朱拉隆功国王一样，普密蓬国王也被尊称为"伟人"。

古为今用

并不是每一个泰国人都熟知本国的历史，但是不同种族不同宗教的人们都属于泰国社会，他们的历史构成了泰国历史，情况相同的还有英国、法国和德国。如果让一个英国人评论英法百年战争，他多半会问："什么战争？"对法国人他也许还有一种说不清道不明的感受，泰国人对他们的邻居缅甸也有同感。

在现代民主的泰国，年轻人对等级制度有所耳闻，认为等级制度只是历史遗俗，就像英国学生眼中的《大宪章》和《末日裁决书》一样，但遇到比他们年长位尊的人时，他们会主动首先向对方行合十礼，并会根据对方的年龄和地位调整语言。用人跪着为家中长者或高档酒店的客人端可乐是十分正常的现象。路过端坐的人时应躬下身子。递给别人东西时要双手呈上或以左手托住右手。这些仅仅是习惯吗？是的，但是习惯来源于悠久的历史。和日本那样的国家相比，泰国被认为是松散的社会，事实的确如此。很多贫穷的泰国人通过财富和地位的等级制度飞黄腾达。即使没有了死刑和体罚，潜在的规则依然牢不可破。

第二章 国土、历史和宗教

> 一些在曼谷里面和周边地区的佛寺规模宏大，如同座座小城，有大街和小路，还有供数百僧侣、尼姑和信徒居住的住宅区，店铺和小摊出售食品和饮料。

宗教

佛寺

虽然游客对泰国行为礼仪的无知经常被泰国人宽容地理解为怪异或粗鲁，但是他们不会原谅在宗教场合的不当行为，有意无意地侮辱他们认为神圣的事物会惹来麻烦，在泰国寺庙里或对僧侣有不敬举止是大忌。

泰国的佛寺有些十分简单，而有些精美绝伦。小村里的佛寺也许只有一殿一屋，殿内供奉佛像，举行圣职授任仪式，木屋内住一两僧侣。在人口稠密的中心地带，佛寺有大厅，供信徒聚会、举行剃度前的仪式、葬礼，甚至是世俗的大选投票。在佛寺周围的空地上会有一棵菩提树，在较大佛寺的西面有火葬场。此外，有些佛寺有图书馆和一两个切蒂佛塔（chedi），这通常是在富人的尸骨上建起的高大建筑物，这些富人将他们土地的一部分捐出来积德。

佛寺与外界用墙隔开，在曼谷的喧嚣和狂热中，这里是一方净土。在泰国每个地方的佛寺都为人们提供了清静的休憩场所，这既是宗教中心也是社交中心。

妇女

妇女可以自由通行，但要在某些情况下才可进入僧侣的房间。他们的房间或连接成片或散落在林间。经期的妇女也可以出入寺庙而不被禁止，但印度教例外。

大王宫雕塑

神殿

寺庙有些地方更加神圣,中心神殿和佛像是最重要的地方。进入神殿和僧侣的住所之前要脱鞋摘帽,进大厅则没有这么严格。同时要遵守泰国习俗,跨过门槛,不可踩踏。

菩提树

菩提树树形高大、枝叶蔓延,易于辨别,而且树干常常缠有黄色的外罩。菩提树十分神圣,因为菩萨端坐树下有所顿悟,所以不要让孩子爬树。

服装

常规的服装在大多数寺庙都可以穿,但曼谷的一些皇家寺庙拒绝穿长裤的妇女和穿T恤短裤的男女进入。

氛围

佛寺里的氛围会使信奉基督教的游客吃惊,要知道佛教崇拜是个人行为,人们可以随时来去,并且社会行为和宗教行为不是严格区分的。所以看到有些人,包括僧侣,抽烟、喝茶、嚼槟榔,在布道和仪式中轻声交谈也不必惊讶。痰盂一般放在地板上,可用来吐口水、放烟灰、扔垃圾。

就座

游客面临的一个问题是很难找到一把椅子坐。在传统社会,高椅是王室专用的,所以泰国多数老百姓都是在地板上就座、用餐和睡觉。最舒适并有益于健康的坐姿是盘

菩提树林

腿而坐，就像僧侣们一样。但是在神殿里面善男信女们却不可以这样坐。他们应该将腿蜷于身下，面向佛像，以示敬意。这个坐姿即使是泰国人也深感不便和疲惫，而且没有人知道为什么不能用胳膊支撑身体。

僧侣

在僧侣面前同样要采用面对佛像的坐姿。面对僧侣盘腿而坐表示你和他平等，但你们并不平等。

地位

僧侣与信徒相比，优越性是显而易见的，在泰语中有一套特殊的词语用来与僧侣交谈或谈论僧侣。这一点在僧侣和信徒的交往中也十分明显：信徒要在僧侣之后用餐，走在僧侣后面，连座位都要比僧侣的低。

在泰国尊敬僧侣有许多世俗和宗教的原因。在乡村，僧侣担当许多世俗的重任，例如给农民的孩子提供基本的教育。很多僧人援助当地的发展，他们传授技术和贸易知识，动员大家合力打井、架桥、筑堤。当然也有个别僧侣没有严守227条誓约，有少数人行事乖张，但大多数僧侣在这个世风日下的世界给我们树立起美德的榜样。这些最受尊敬的人发誓要保持清贫，午后不可用餐；他们还发誓要禁欲，从而可以防止世袭，这对社会是健康有益的。

僧侣诵经时坐在高于信徒的平台上。在游客经常光顾的几个佛寺里，游客会看到用英文写的标志"僧侣专用"，但多数地方没有。即使僧侣不在场，也请不要在平台上就座或放置物品。欢迎参加诵经，你可以随时离开，但是不要站立，请坐在地上。

泰国寺庙

僧侣保平安

据说如果僧侣出现在危险的车上,特别是曼谷的公共汽车,可保平安。在1973的革命中,一辆敞篷公共汽车载着一行僧侣缓缓驶过瑞丹诺恩(Rajdamnoen)大街,穿过警察和革命学生的交叉火力而毫发无损。僧侣是一切生灵中的圣者,杀害僧侣,即使是误杀,罪莫大焉。

方丈

所有僧侣发誓要清贫谦卑,但他们也和外界的信徒一样十分重视地位。尽管他们服饰相同,但每个人的身份从携带的扇子上可以清楚地看出。大型佛寺的方丈地位最高,在世俗和宗教事务上都大权在握,在他权力范围内事无巨细都要得到他的首肯。如果你想拍照,你得请求他允许。(当然,在游客云集的那些寺庙这样做既不现实也没有必要。除非有禁止拍照的标志,否则你尽可以

泰国僧人

放心拍摄。)走近方丈时,游客不必行三鞠躬的大礼,合适的做法是躬身在他的高度之下,并恭敬地行合十礼。

供奉

如果不仅想旁观还想参与其中并做功德,你可以自带或在寺内购买合适的祭品供奉给菩萨。通常供奉三炷香(代表佛祖、佛教和佛法)、一些花、一支蜡烛和一片金箔。成套的祭品在寺院内广场或外面的商店里都可以买到,价格亲民。

供奉的程序并不是严格固定的,会因人而异,因为供奉虽然发生在公共场合,却是供奉者和菩萨之间的私人行为。通常先点燃蜡烛,放在佛像前的一排蜡烛之间,把花放入水中。用蜡烛将三炷香点燃,双手合掌握住置于胸前,恭敬地坐在地上。泰国人会默念巴利语的经文,颂扬佛祖和他所创的教义。

之后在心里默默许愿,比如"保佑我的家人健康"或更加具体的"保佑我金榜题名""保佑我彩票中奖"等。然后将香插在沙器中,金箔贴在佛像上,最后三鞠躬结束。游客可以遵守这个过程,也可以坐在那里与菩萨或其他他所信奉的神进行默默的

第二章　国土、历史和宗教

> 几年前，一个外国人家庭因为爬上大佛照相被判入狱，他们申辩说不懂泰国的传统，无意对佛不敬，但被驳回。

交流。

按照供奉的仪式，通常要在功德箱里捐些钱用于寺庙的运转。对这种宗教仪式心存疑虑的人同样可以捐钱，积功德。

如果游客想送一些礼物给僧侣并体验更多的泰国生活，要注意这些礼物（通常是日用品）应该是专门为此购买的。不能从酒店里随便拿些刀片或牙膏送给僧侣，也不能买香烟送给他们，还是留着自己抽吧。

同样，如果你想供奉些食物来积功德，不能做了美食先自己享用然后再供奉给僧侣，要先供奉给僧侣，自己吃剩下的。献给佛祖或僧侣的鲜花也要专门购买，如果有人因为无知而在供奉之前先嗅了花香，下辈子鼻子就要倒大霉了！

当你遇到僧侣

不仅是在寺庙，在每个地方都有可能遇到僧侣。他们中有许多人在曼谷学习英文，他们都很乐于与你交谈，他们的英文很书本化且十分有限。如果一个面带微笑的年轻僧侣向你问好时说"早上好，阁下"，就像是高档酒店的门童向客人问好一样，你该意识到这只是一个纯语言学的错误，还没有专门为这些尊敬的僧侣们制定的语法。你尽可以和他轻松地聊天，甚至交换地址，但告别时切不可握他的手，除非他坚持要这么做（他不会和女性握手的），还要注意你的合十礼是否合适。

妇女

对僧侣来说妇女是个特殊的问题，他们一般不可以想到妇女，必要时只把她们当成一堆骨肉。妇女要尽可能和僧侣保持距离，哪怕他是她的儿子或未婚夫。

妇女绝对不可以接触僧侣或他的袍子，否则被接触的僧侣就要进行复杂的净化仪式。妇女也禁止直接递东西给僧侣，必须由男人将物品放下，僧侣自己捡起。或者妇女将东西放在僧侣的钵内或僧侣随身携带的黄布上。僧侣可以将圣线系在妇女的手腕上但不能接触她的手，所以妇女的手臂不能动。

游客还要注意僧侣坐在公共汽车的后部，因此妇女要避开这些座位。当曼谷拥挤的公共汽车停下来而有僧侣上车时，要在车后面给他腾出一个座位（尼姑却无此特权）。僧侣坐在后面并非特殊地位的表示，只是后门上下车可以减少碰到妇女的机会。

神符

佛像是佛教最著名的神符之一，受到泰国人的顶礼膜拜，也遭到一些人的诟病。

佛像

佛像

佛像并不是偶像，不代表某个神，严格地说，佛像只是帮助人们脱离苦海到达佛界。但是对佛界的崇拜和对佛像的崇拜之间的差别是微乎其微的，也无法改变佛像的神圣本质。

要极为恭敬虔诚地对待佛像是不言自明的。过去对亵渎佛像和刮下金叶的人施以重罚，今天虽然禁止将佛像带出国门，但旅游用品店里公开出售佛像，甚至大不敬地摆在路边。许多价值不菲的佛像莫名消失，出现在西方的博物馆里。这些佛像是被泰国人盗走的，如果无法搬走整个佛像，他们就只把买家最看重的佛头偷走。有时一些颇有名望的国外博物馆和大学与盗贼公然合谋。

这样的泰国人当然是极少数，对一般的泰国人而言，佛像不是商品，也不是艺术品。泰国人用特殊的敬语谈论佛像，从不用"它"，而是用指国王的手臂或头颅等部位的词语指代佛像的身体。佛像是用来供奉而不是当作装饰。虐待佛像就如同在天主教堂里把十字架倒置。

泰铢上的普密蓬国王形象

神像不可滥用。泰国人基本不反对外国人把佛像挂在高处作装饰品，但不能放在很低的地方。如果游客走进房间，拿起佛像说："真可爱！哪能买到？"泰国人尚能控制住不悦（泰国人移动和清洗佛像前要行合十礼），但是如果外国游客攀爬随处可见的佛像，泰国人绝不容忍。

国王

泰国国王位列佛像和僧侣之后，虽然不再被尊为神，但受尊敬的程度不在其次。所以游客最好像敬佛一样尊敬国王、王室和他们的像。

泰国的影院放映电影前先播放王室的照片和"国王的国歌"，如果你正在进场，你要立正，双臂放在身体两侧。如果你已经就座，请起立。实际上所播放的音乐并不是泰国的国歌，而是国王、王后或他们的像出现时的专用乐曲，真正的国歌从不在电影院播放。还有一个专门的乐曲是国王的代表出席时播放的。游客应该对这三首乐曲怀有相同的敬意，记住乐曲间歇时也不能坐下，因为那是乐曲的一部分。

泰国的钞票和硬币上均印有国王的像，钞票可以折叠，可以放入钱夹，钱夹可以放在任何一个口袋里，裤子后面的口袋也可以，但不要犯和这个法国人相同的错误：他在餐馆就餐完毕，付账之后对找回的钱有异议，他大声争吵并拒绝接受女服务员递过来的钱。最后一气之下，他抓过钱，揉成一团，掷到地上，然后用力踩踏国王的头，这还了得？只见邻桌一个正在喝酒的人一跃而起，照着法国人惊愕的脸上就是一拳，紧接着又飞起一脚踢中他的肚子。法国人的行为实在令他忍无可忍。

书籍

日常生活中一些其他的东西不像佛像和国王那么神圣，但泰国人却很恭敬，例如书籍和帽子。长久以来泰国的教育一直局限于寺庙里，在许多偏远的村庄现在仍然如此，而唯一的书籍就是神圣的经书，推而广之，所有书籍都是使人们获得知识与醒悟的载体，必须妥善保管，不得污损。不幸的是，朱拉隆功大学图书馆里的书籍却颇多涂鸦，由此看来，良好的行为规范亦需贯彻。表面的彬彬有礼并不代表内心。所有的泰国人都有文化，不过崇尚书籍并不意味着有良好的读书习惯。同理，当泰国人被警察拦住的时候往往都毕恭毕敬，因为这样做最安全，而不是因为他们崇尚权威。所有的习俗都能找到渊源，但绝不能只看表面现象。

帽子

帽子因为和头的关系密切而备受器重，要把帽子挂起来而不能胡乱扔在椅背上。当你脱鞋摘帽进入神殿时，不要把帽子放在鞋上，因为头和脚之间有不祥的联想。值得注意的是，要正确对待地位较低的东西：不管你是否穿着鞋，都不能把鞋放在椅子上，这像把帽子放在地上一样糟。

大象和伞

许多其他的东西是因为和皇室及宗教有关而受到尊敬。罕见的白象历来被进献

曼谷风光

给国王,其他的大象虽然要干活,但仍然被看作是特殊的动物。伞和王室有相同的联系,层数越多,贵族的地位越高。任何人都可以用普通的单层伞遮阳挡雨,但无雨无日的时候,去出家的年轻人和被送去火葬场的逝者也可以打精致的伞,只有在这两种情况下平民才可享受最高礼遇。

稻米

稻米享有特殊地位,因为它维持着整个国家和个人的生存。泰国有一半人口种植水稻,也是世界上主要的稻米出口国。据说稻米也有自己的精神,所以上至国王下至农夫,每一个人都不遗余力地要保持稻米精神舒畅。播种和收获都有特殊仪式。

掉在地上的稻米要小心地捡起。如果孩子饭吃多了吵着肚子疼,妈妈就会责备他们对稻米女神无礼,那样的话,庄稼就会遭殃。只有稻米女神高兴了,泰国人才能丰衣足食,所以不要把吃剩的米饭倒进马桶。

经济

泰国经济近年来有几次较大的起伏。20世纪80年代和90年代泰国还被称为亚洲四小龙之一。

到20世纪80年代末期，经济以每年13%的速度增长，房地产价格成倍增长。新修建的道路意味着拓展更多的市场，所以道路修到哪里，哪里的地价就不断上涨。传统的市场让位于购物中心，东部沿海地区实现工业化，农业人口从75%下降到50%并保持至今。年轻人相对富裕，人人都有本国自产或组装的摩托车，有些还买了汽车。人们不再租房子住，而是购买住房，他们坚信房子会升值。家家户户都有电视、冰箱，许多家庭还安装了空调。

20世纪70年代尚欠发达的泰国飞速发展，无暇思考他日之需。人人贷款，入不敷出，但当时的感觉是美妙的。许多受过良好教育的泰国人都将所受教育归功于那些欣欣向荣、前景乐观的日子。当时高楼大厦拔地而起，通信系统四通八达。

然而1997年年中，美丽的气泡破灭了。在仅仅4个月的时间里，泰铢对美元的比值狂跌40%，许多公司和个人债台高筑。到年底，要用美元偿还的外债已超过该年国民生产总值的52%。1998年，许多银行和金融工业开始疯狂地企图重振金融和地产，但回天乏力，纷纷倒闭。该年泰国的经济不但没有实现两位数的增长，反而下跌10%。

国际货币基金组织提供了总计170.2亿美元的短期贷款。这笔贷款到2000年被奇迹般地偿还了，经济增长速度远未达到20世纪80年代令人眩晕

曼谷的街道

的增值率，而是恢复到正常的5%。一些泰国人在1997年遭受重创，但大部分十分达观，认识到有涨必有落。他们致力于重建经济，而且并没有欠下被称为"亚洲之龙"时所欠下的大量外债。他们大力开发以锡、石油和天然气为主的自然资源，扩大出口，尤其是纺织品、水稻和旅游业，其结果是振兴了国家经济。泰国是世界上最大的水稻出口国。2004年的海啸破坏了泰国最重要的旅游胜地之一，但灾后的重建在2005年就全面展开。普吉岛的部分损失在沿海的其他旅游胜地得以弥补。

近年来，一系列的天灾人祸并未动摇在泰国投资者的信心。2006年9月，军队在政变中夺权，驱逐了当时的总理他信。2008年5月至12月，右翼人民民主联盟身穿黄衫支持君主政体。黄衫军游行示威，呼吁强权政府，占领了政府大楼和国际机场。2009年4月和2010年上半年，支持他信的红衫军举行示威，要求民主选举，占领了曼谷城区，最后被军队镇压，100多人被击毙，损失超过15亿美元。五个政治集会被禁止，全国数月实行宵禁。

泰国的驯象表演

2011年8月被驱逐的他信总理的妹妹英拉以绝对优势当选总理，她面临的是个烂摊子：政府体系支离破碎，南部分裂活动不断，雪上加霜的是历史上几十年未遇的洪灾来袭，致使泰国水稻收成遭受重创。稻米是泰国周边国家依赖的重要出口产品，水稻歉收导致多个曼谷港口周边的工厂关闭。新当选的政府必须要筹集到40亿美元资金用于救灾，这是保险不能赔付的。国际订单暂停的6个月时间里，国民生产总值下降了一半。（编者注：英拉已于2014年5月下台。）

泰国人民显示出惊人的建设家园的能力和决心。虽然经历了经济滑坡、政治冲突和自然灾害，但泰国比其他国家更快地脱离贫困，走向富裕。

它的通货膨胀率较低，人均收入理想，极大地刺激了国民消费，而且有严格的质量控制，这是越南和中国所梦寐以求的，加之其出口型经济，凡此种种，都使泰国受到国际投资者的青睐。虽然现在很难判断泰国是否可以战胜国内政治冲突和国际经济停滞，但从目前的发展趋势来看，一定可以达到目的。

第三章

人民

"酒肉朋友易得,生死之交难寻。"

——泰国谚语

人口与分布

2013年泰国的人口据估计为6704万,超过1/3的人口住在城市,很难估计各个城市的人口,因为已知的数字有的是自治市的,有的是市区的,有的包括郊区人口,有的则不包括。所以我们可以说曼谷有600万人口(自治市)或800万人口(市区),如果包括郊区就有1000万人口,但郊区人口常常被认为是独立的一部分。以市区人口计算,位于东北部的乌龙和呵呖是第二和第三大城市,南部的合艾第四,位于中部的春武里第五,清迈第六。不过因为泰国人和外国人都一致认为清迈是泰国的第二大城市,所以本书也采纳了这种说法。

这并不是最确切的统计方法,因为郊区和卫星城的人口可能多于自治市和市区人口。以清迈为例,它的官方统计的市区人口是172 000,但是把郊区、卫星城人口和暂住人口都算在内的话,总人口达100万,位居全国第二,而不是第六。

最近几十年来泰国的人口统计发生了巨大变化,主要原因是人口控制措施得力,人们更青睐小家庭,同时要归功于计划生育运动的推动者密采(Meechai),在泰国他的名字等同于安全套。泰国目前的人口增长率2012年仅为0.566%,在东南亚是极低的。人口相对年轻,平均年龄只有34岁,超过50岁的人口仅占12%。2000年起饮用水质量得到极大提高,卫生医疗从业人数增长,而且医疗费用降低。泰国的健康教育和医药水平居世界领先地位,2005年起医疗保障覆盖全国,每次医疗仅收费一美元,这使得人均寿命提高到平均73.6岁,该数字已接近欧洲的78.8岁和美国的78.37岁。虽然

曼谷大王宫表演

每个家庭平均仅有1.66个孩子，但是城镇妇婴生存率较之10年前有极大提高，所以现在有大量的小家庭，教育良好，身体健康。

泰国教育近年迅速发展，尽管在农村仍看重死记硬背，但92.6%的人口是有文化的，这个比例在亚洲名列前茅。大多数泰国人完成了12年的学校教育。曼谷有两所著名的大学：朱拉隆功大学和淡马锡大学，都属于亚洲最好的前50所大学。很多泰国人出国深造，尤其是泰国的医生，其中许多人留学美国。

朱拉隆功大学

多民族的融合

泰国人口中约75%为泰族人，按照地域、语言、文化的差异又可分为四大类。绝大多数的泰族人聚集在昭披耶三角洲这个主要水稻产地，他们所讲的中部泰语也是外国人所学的泰语。在东北部大约有600万人讲老挝语，在泰国被称为"东北泰语"（Thai-Isaan），这并不是按语言划分的，而是按政治划分的。居住在北部和南部的泰族人也有他们自己的方言和传统。

由于中部泰语在教育上的传播和在书面语以及电视上的使用，所有的泰国人都懂中部泰语，在曼谷及周边地区能常常听到。但反之则不然。曼谷人到了东北部或南部地区，必须经过相当长的时间后才能听懂当地语言。一位语言学家因此设计出针对中部地区警察的一个课程，即他们应该在东北部或其他省份驻扎至少100小时以熟悉当地的语言。可见，在泰国不仅是游客才有语言障碍。

少数民族

据不精确的统计，泰国的华人占总人口的10%以上。有些华人家庭基本保持着自己的文化习俗，他们讲汉语，参拜华人寺庙，信奉大乘佛教而不是小乘佛教。但是华人最具影响力之处在于他们并没有孤立地自成一体，而是普遍与泰国人通婚，以至于

> 华语的影响力极大，很多泰国人虽然读不懂，但都能讲某种华语中的南方方言。这种影响在外貌上也有一定的表现，但不是绝对的。一个泰国南部地区的人可能容貌上和华人相去甚远，但祖父辈却一定有一位正宗的华人。

你很难找出一个祖上没有华人的泰国家庭。

这种融合源自于双方的和睦关系和彼此宽容。虽然历史上有过反华阶段，但现在已消失，同样消失的还有朱拉隆功国王对华人的描述，这位历史上最宽容的国王曾说华人是"东南亚的犹太人"。华人与泰国人的融洽关系也是他们在泰国得以长期生活的原因。

这种融合来源于双方的彼此宽容。虽然曾有华人是"东南亚的犹太人"之说，但这种言论和历史上的反华时期一起不复存在了。实际上在泰国的华人与当地人和谐相处的融洽程度是东南亚地区各国中首屈一指的。

就数量而不是影响而言，马来人仅次于华人，占总人口的3.5%，都居住于与马来西亚接壤的南部四省。他们都信奉伊斯兰教，穿马来族服饰，以马来语为母语，遵循伊斯兰教礼仪，如割礼、葬礼等，这是有别于泰国人的。他们的第一语言都是马来语，遵循马来风俗（如泰国人通常并不实行的割礼和葬礼）。

泰国佛教徒和马来的伊斯兰教徒和平共处。在南部渔镇纳拉提瓦（Narathiwat），清真寺和佛寺同样风光。尽管农夫和渔民相安无事，但冲突偶尔在马来的自由组织和泰国军队之间爆发。泰国南部居住着大量马来人，这和该地区历史及边界的变化有关，在马来西亚北部也有讲泰语的村庄。如果把这种情况和泰国东北部600万人讲老挝语相比，情况就有所不同了。与南部穆斯林的冲突和隔离相比，东北部讲老挝语的人们则接受了佛教的习俗和文化，即使在泰老之战中老挝人战败，被迫居住在湄公河泰国一侧，这里依旧是和平的。

价值观和传统

和其他地方的人一样，泰国人也在变。当然传统未改（在讲述"历史"部分已涉及相关内容），然而价值观却已与传统有异，而行为也不再与价值观步调一致了。泰国正大踏步地从不发达国家向发达国家转变。

这种变化使人们从农村来到城市，远离了传统的约束和处事原则，教育和工作

国王与农夫

我们无法用几句话来概括泰国人,但是我们听到一个民间故事总结了泰国人的一些观点。

国王问一个农夫如何安排闲钱,农夫回答:"国王陛下,除了必要的生活开支,我把剩下的钱分成四份。第一份埋在地底下,第二份用来还债,第三份扔进河里,第四份给我的敌人。"

国王觉得奇怪,就让他解释,农夫说:"埋在地里的钱是用来施舍积德的;还给债主的钱是孝敬父母的,他们对我恩重如山;扔进水里的钱是我花在赌博、酗酒和抽鸦片上的;给敌人的钱是交给老婆的。"(译自 A.Le May, Siamese Tales Old and New, London, 1930。)

农夫把钱花在了四方面:宗教、父母、享乐和妻子。他的奉养父母的观点和养活妻子的观点是完全相反的,其余的钱用于暂时的享乐和永久的佛教,对宗教的投资是未来的唯一保障。直到今天泰国人仍然对这个老故事津津乐道,情况并未完全改变。

为泰国的年轻人展现出一个崭新的世界,也使他们有了完全不同的为人处世之道。即使是还留在农村的那一半人现在也能够接受教育,并且有方便的进城交通,电视也得到了普及。每天晚上,即使在最偏远的乡村,人们也可以打开电视,调到戏剧频道。两个小时的节目,也许会涉及灵魂中较为残酷的一面,但基本上是以现代中产阶级为主角。他们受过良好教育,衣着体面,开名车、住豪宅,说标准的中部泰语,不时地夹杂着英文。

简而言之,多数泰国人不再认为成功就是拥有大片稻田以养家糊口,有一头水牛耕地,在亲戚家附近建一所大房子安置一大家子人。现在他们认为电视、冰箱、电扇和影碟机是生活必需品,最好再有一所带空调的混凝土的房子。一般家庭会捐钱、捐食物来支持佛教。许多年轻人婚前出家一段时间,当然时间和人数都较他们的父辈有所减少。

泰国苗族女孩

然而，为了追求现代物质生活的享受，有一小部分人允许甚至怂恿他们的女儿（还有儿子）从事某种形式的卖淫。妓女三天的收入比大学教授一个月的收入还要高，这就是生活，但并非所有的泰国人都是教授或妓女，仍然能找到一些很传统的家庭，尤其是中产阶级。在这样的家庭里，女孩子结婚之前一直保持处女之身，家族的价值观高于一切。但事物是不断变化的，所以游客们不要以为每一个泰国人都遵从泰国的价值观；同时要意识到价值观也在变，它们更多的是体现于公众场合而不是私下。所以在阅读以下内容时，请记住泰国人深知在公共场合应如何行事。

泰式观点

如果把泰国变迁的价值观写成一本书，那么多半不值一读。我们在这一章节里无法完整清晰地描述泰国的七巧板，因为其中总有几块在变化。这里所谈到的仅是游客感兴趣的几部分，这些泰式观点对游客来说完全陌生，令他们喜忧参半。一旦了解了这些泰式观点，他们会更多地了解泰国，同时深刻地了解自己。

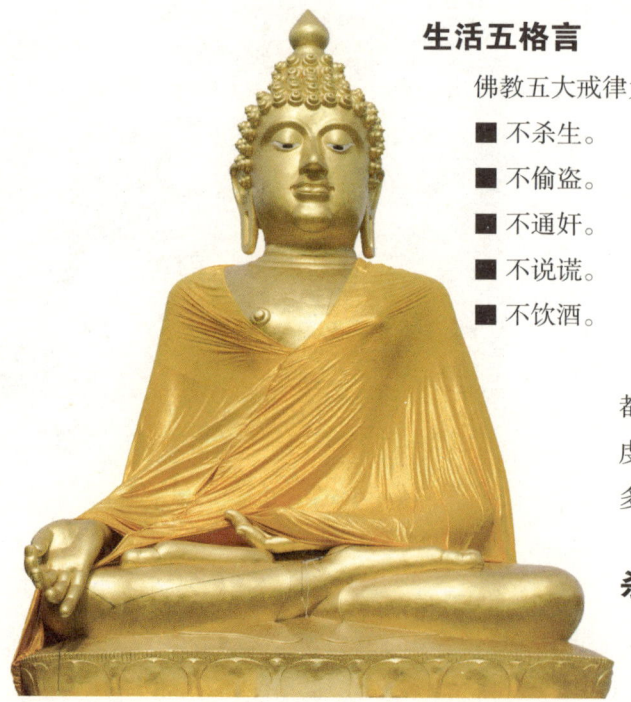

佛像

生活五格言

佛教五大戒律为：
- 不杀生。
- 不偷盗。
- 不通奸。
- 不说谎。
- 不饮酒。

泰国人几乎都是佛教徒，他们都熟知这些戒律。泰国是世界上最虔诚地信奉佛教的国家之一，但许多泰国人每天都在违背这些戒律。

杀生

没有泰国人故意杀生，但他们都喜爱美食。几乎所有的泰餐都有肉，通常是猪肉、鸡肉或鱼肉。僧

泰国风光

侣也食肉,所以杀生不可避免。这就需要使其合理化,既完全宽容又不触犯戒律。僧侣们解释说他们吃肉是因为他们碗里有什么就吃什么,对一切食物都没有好恶。据说一位高僧曾吃下掉到他碗中的麻风病人的拇指。普通信徒的借口听起来差强人意:我把鱼从水里拿起来并没有杀它,鱼就自己死了;我买鸡的时候鸡就死了;猪有猪命,这是天意。幸运的是,佛教徒不必杀生,因为他们多数是种植水稻的农民,屠夫们则多数不是佛教徒。

偷盗

　　大多数泰国人不偷东西,极少数人偷。不幸的是这极少数人似乎十分猖獗,所以偷盗之事屡屡发生。公共汽车最为小偷所青睐,即使是在曼谷的中心地带。小偷们拿刀带枪从公车后门上来,夺取钱包和金链后从前门窜下,上了同伙的摩托车后立刻逃之夭夭。房舍和行人也是行窃的目标。

　　除了专业的小偷,泰国还有很多人认为不拿白不拿,"东西是自己从卡车上掉下来的",这个解释合情合理。这种做法也是对他们的一种补偿,因为他们深知不知哪天他们的房子就会被一辆十吨重的大卡车摧毁。

欺骗

　　可怜的游客还会受到狡猾的珠宝店主的欺骗,他们所出售的金银饰品成色只有标注的一半,实际价值较低。如果你让店主知道你已经在泰国住了一段时间,那么交易会公平些,因为所有珠宝商都要保证一旦商品名不副实就要退款。这个保证非同儿戏,会导致店铺停业数月。但并非所有珠宝商都不诚实,同时还有几个鉴定金银宝石

恭维与直率

泰国人都是"侧面谎言"的大师,他们能为了避免不愉快而说些谎言。但有时在西方人会说个小谎的情形下,泰国人却率直得令人尴尬。一天晚上在曼谷的法国联合会上,我们就见识了这样的恭维与直率。

泰国主持人站在台上,用那种课本式的法语对即将介绍给观众的影星赞美了10分钟,无休止的赞美之词之后,他终于说"我十分荣幸地请出某某先生"。一阵沉默,某某先生并没有冲上前与他握手。又是一阵沉默。最后主持人用泰语小声地问等候的观众:"某某先生在哪里?"一个泰国看门人在大厅的后面用清晰洪亮的声音回答说:"在厕所。"

泰国银酒壶

的实验室可以满足游客的需要,且费用低廉。

性

第三条戒律是不通奸,公开遵守而私下违背的情况时有发生。游客们会注意到许多中档旅馆按小时租房。更奇怪的是地下室停车场,每次汽车停进去,就会有个男孩跑去拉帘挡上,这种从屋顶垂到地面的帘子可不是遮挡灰尘用的。

实话实说

第四条戒律在日常生活中是很难做到的,实话和假话是相对的有争议的概念。泰国人不故意说谎,也不刻意说实话。为表示恭敬有礼难免恭维夸张,为避免冲突亦难免说谎。如果老板问你为何做了蠢事,想到什么说什么吧,管他真假;如果你欺骗了你的配偶,告诉他(她)真相又有什么好处呢?

不饮酒

人们公开违背第五条戒律。酗酒是个问题。尽管泰国两大品牌的威士忌称在佛教大斋节的3个月间销售量下降了20%,但泰国人并不认为饮酒就有悖佛教。

其他的非法麻醉品包括大麻、鸦片和海洛因。虽然生产和消费有所下降,但泰国仍然是世界上毒品问题最为严重的国家之一。游客在入境时受到警告:从事毒品交易会被囚禁、财产充公甚至

泰国寺庙

> 我们请一组僧侣用一句话来表达佛教的精髓,他们一致认为是"活着即受难"。他们坐在一堵木墙前,墙上不知什么人用英文写着:"生活多么快乐,为何急着离去。"每个泰国人都知道生而受苦,但也都充分享受生活。如果这其中有矛盾的话,泰国人并不介意。

处死,外国人也不能赦免。有许多外国人因与毒品相关的罪行在泰国的监狱中苦度春秋。

理想与现实

日常生活中对这五条戒律的违背把它们推入理想化的境地,每一个社会都存在理想和现实之间的矛盾。西方社会对于十戒的感受和泰国人对于佛教戒律的感受是一样的,不一样的是西方的基督徒也许说不全十戒是什么,而泰国的小学生都能把五条戒律背得滚瓜烂熟。

积德

泰国人似乎可以和这些矛盾和平共处,这也许是佛教思想的影响。佛教说每个人都要为他的命运负责,而且可以通过积功德来改善个人的命运。遵守戒律可以积功德,其他的简单有趣的行为也可以积功德。

日常生活中积功德不仅仅是向寺庙和僧侣捐钱捐物,在本章开头提到的故事里,农夫用于日常娱乐和积德行善的钱是一样多的。多数泰国人乐于保持这种平衡,但不知如何有效地填平理想和现实之间的鸿沟。理解这种平衡才能理解泰国人的性格和行为。

家庭

家庭是安全的第一世界，在最初的几年，家庭温和、亲切而美好。在这个世界里人们学会服从和尊敬长辈。长久以来家庭造就了泰国人，不管他离家有多远，他终生与他的家庭精神相通。母女之间的联系尤为紧密（人类学家发现泰国社会中有些重要的母系因素），女儿觉得她必须奉养母亲。泰国人有一个普遍的观点，认为有其母必有其女，坏妈妈教不出好女儿。所以如果你打算和泰国人结婚，要知道你就是和一个家庭结婚，要擦亮眼睛看看对方母亲的行为举止。

尊重的规则

孩子很快知道自己的行为能明确反映对他人的态度，顺从、谦卑、有礼或尊重，从而使对方喜爱自己、善待自己。这种行为可以用一个泰语单词（krengjai）来概括。

这个词通常被翻译为"体谅"，其实远不只是体谅，是一种感受。父亲会考虑孩子的幸福，但不会体谅他们；孩子考虑父亲的感受，为了不让他操心而约束自己，的确是体谅父亲。为他人着想的人就是体谅他人。在泰国，通常是下级体谅上级，所以这和泰国的等级制度密切相关。

在家长和子女之间存在的尊重的规则也同样体现在孩子之间，小孩子服从大孩子，大孩子对小孩子的行为负责。

家庭成员之间的关系经常扩展为社会关系，这说明社会地位的高低比家庭关系更有影响力。哥哥姐姐的地位高于弟弟妹妹，弟妹也许和哥姐是密友，也许像加油站或餐厅的陌生人。夫妻甚至也以兄妹相称，当然他们并不是兄妹。

同样，"父亲""祖父""兄长"也用来指僧侣；称村中领袖为"父亲"；尊称尼姑为"尼姑妈妈"；女厨师为"厨师妈妈"；叫没有血缘关系的人为"叔叔""姨妈"或"表哥"。如果在乡村小路上向一个陌生的年长者问路，应先叫"大叔"。泰国社会中每人都有一个友好的称呼，但地位不同。

社会和经济的统一

以亚洲的标准来衡量，泰国农村的家庭较小，通常一对夫妇带两三个孩子，或许还有一位老人。有钱人住宽敞高大、富丽堂皇的房子，而穷人住简陋的竹屋。城镇的贫富差距更大，住豪华别墅的富人和住纸板房的穷人比邻而居。

在农村人们沿袭了社会和经济统一的老传统。年纪小的孩子做家务活、照顾弟弟妹妹，大一点儿的孩子帮助父母下地干活。这样的情形在城市的家庭已见不到了，但是低收入家庭仍然需要大家合

用于泼水节的泰国鲜花瓣

力养家。在泰国，只有在特权人家才见得到家庭主妇，穷人家的妻子和孩子要做蛋糕、穿花环、收废纸，或者穿梭在车流间卖花卖报，有数以千计的类似工作支撑着曼谷的"非正规经济"。

安全感

对大多数人来说，家庭给每个人以安全感、养病养老。在多数情况下，现在仍然如此，他信在任时期政府负担公民的福利，但他信2006年被驱逐，而后他的妹妹英拉于2011年接任后，越来越多的老年人发现他们的晚年只能在寺庙或是陌生的社会机构里度过了。安全感是柄双刃剑啊。

孩子

泰国人爱孩子名不虚传，但随着媒体揭露弃婴的事实，这个好名声被玷污了。每年数以千计的婴儿被遗弃在寺庙院内，被僧侣和尼姑收养，被遗弃街头的则送到孤儿院。童工交易也经常见诸报端。当城市里有些父母无力抚养孩子，或在农村有些父母想买大房子、小卡车、电视、摩托车时，他们就会通过中介出卖女儿的童贞，或将孩子卖去做工。他们偶尔有被解救出来的，但绝大多数在残酷压抑的环境中长大，然后操起皮肉生意。令人惊讶的是母亲和孩子之间，尤其是母女之间的联系经过这样的虐待依然紧密。母亲们要三思啊。

幸运的大多数

不幸的孩子是少数，多数孩子没有被卖为奴，相反，他们小时候娇生惯养。泰国

育儿模式的研究表明，这有助于孩子形成温和友善的性格，但也会扼杀其主动性和求知欲。

我们对这个因果关系还没有十足的把握，但我们能确定大多数的孩子受到溺爱。游客可以见到公共汽车上成年人给儿童让座，而西方的孩子知道应该给大人让座。在个人发展方面，小家庭更注重孩子的教育，包括早早地把孩子送到幼儿园。过去孩子们最先学会说的一句话是"没关系"，但在现在已成明日黄花。

避免争斗

孩子受到溺爱但好景不长，他们或者要开始用功读书或者开始出力挣钱。如果在儿童初期他们学会了纵容娇惯，那么后期他们要学习自立负责。所以泰国青少年的性格中通常掺杂了这些相互矛盾的概念。虽然有人能做到自给自足，但不同于西方的儿童，人们并不鼓励他们完全依靠自己。泰国人推崇避免争斗而不是抵御冲突。如果孩子打架了，即使是自卫，也要受到惩罚。不惹麻烦的唯一办法就是一走了之。

怪物

在泰国，最可怕的一些孩子来自于长期或短期居住在泰国的外国移民家庭。他们通常比当地的孩子高大有力，有较强的竞争、防御和获胜的意识。有一些自命不凡、傲慢自大，他们完全知道泰国的长幼尊卑习俗，但不以为然。有客人来访时，他们不像泰国孩子那样双手相对行合十礼，而他们身边的泰国成年人通常都是用人，为求息事宁人也并不以为忤。

"哼！"你会说，"我的孩子必须生活在我们的圈子里，不是泰国人的圈子！"完全同意。我们在此只想提出这个问题，无意提供答案。把孩子们局限在纯外国人的环境里只会造就傲慢的怪物，剥夺了他们了解泰国人和学习泰语的大好机会。请家长们注意你们的骄

泰国帽子

傲和喜悦也许意味着另外一个孩子的仇恨和痛苦。

权威

泰国儿童的世界随着他年龄的增长而扩大，这个世界里不仅有家人还有其他人。在农村，"老吾老以及人之老"已蔚然成风。

孩子们开始接触到亲朋好友之外的陌生人：学校的老师、警察、分区首领、地区长官，还有开着卡车来放电影的人，他们在寺院的空地上挂起银幕，说些稀奇古怪的事情；他们把吓坏了的孩子排成一队，给他们表演胳膊刺针或吞咽小棍，让他们一起说"啊——"。

这个未知的世界危险重重，你必须顺从，所以和外界打交道的最佳方式是表现出顺从、谦恭、有礼和尊重，至少要像对待父母一样礼遇陌生人以博取他们的好感。把对家人的体谅、尊重扩大到外界是希望减少那些不可预知的潜在的危险。

恐惧

如果对陌生人的彬彬有礼换来的不是对方的善意而是敌意，那么这个人从外表看行为如常，甚至更加谦恭，但是他的内心早已起了变化，恭敬变成了恐惧。

此时最明智的做法是尽快离开，以免情形恶化。有些人的确离开了，比较常见的是为了平息心中的恐惧而巧言令色，开空头支票，以求尽早脱身。

屈辱

如果长期处于恐惧之中，日积月累就会演变成暴力。比如妻子长期遭受家庭暴力、公务员经常受辱、用人总是被蔑视，但他们都可能进行反抗：延误你的紧急信件，在账单上添几个零，弄些毒品嫁祸于你，或疯狂地拿起剁肉的刀，更有甚者，买凶杀人。

平等

泰国几乎没有平等，对有些人来说尤其如此。出生相隔几分钟的孪生兄弟在同一个家庭长大也要分尊卑，即使早出生0.1秒也算是兄长。其他条件相同的情况下，年长者地位更高。当然其他的事情也鲜有平等，不过泰国很多人都能准确地说出他们是几如果给每个助产士一个秒表,那么就有可能把泰国的 6700 万人口按照年龄排队,如果其他的特征也可以准确量化的话,把每个人的得分加起来,按顺序排列,就可以预知每个人在某个场合下的行为。这是人类学家的梦想,也是噩梦。

点几分出生的。

资历

地位和资历是泰国生活中不可或缺的一部分,泰国人对此坚信不疑。清晨施舍的僧侣排成一队走在街上,地位高的在前,地位低的在后,完全看不出世俗的地位和身份。在婚礼、退休、葬礼等仪式上,所有来宾都先彬彬有礼地相互行礼,然后才按照地位高低依次向仪式的主角表示祝福。一切都发生得自然而然,没有等级标志,没有隐秘的信号,每个人的衣着大同小异。等级制并非完美无缺,有一些重叠之处,但屈指可数。人们如何得知?如何去做?为什么?泰国人也说不清楚,或许历史学家能给你些启示。(可参考第二章:国土、历史和宗教。)

泰国公墓

几个世纪的尊重

和其他地方一样，泰国也在变，但是在以农业为主的国家，古老习俗的变化是缓慢的。多数泰国人仍然认为王室不是凡夫俗子，土地是财富、权力和地位的主要来源。不管在西方还是东方，等贵贱、均贫富的平等还只是有待实现的理想。泰国人正在向这种理想慢慢迈进，因为他们不想以无谓的流血来换取平等。

泰国人的最大魅力是他们的合十礼、微笑和体贴，这些来源于几个世纪的地位不平等的人们之间的相互尊重。游客们应该谨记，这个国家最受尊敬的人是那些为了追求精神和物质的理想化而不畏艰险投身其中的人。泰国人并不想赢得整个世界，但他们希望保持这种精神。

了解泰国的社会结构

一些西方游客熟知泰国的上等阶层、中等阶层和劳动阶层的划分，他们对于泰国人面对不同阶层的个性化的方式感到惊讶。泰国制度的复杂性和个性化在你开始学习泰语的时候就开始显现出来了。你会感到有趣，他们能轻松地在优越、低下和平等之间转换语言和行为方式，游刃有余。

大部分来自非英语的欧洲国家的游客对"你"的两种表达方式很熟悉。在泰国人们会根据社会地位来调整所使用的语言,仅"你"就有11种表达方式。

国王、王室和僧侣(还有佛像)身居高位,地位显赫,是泰国社会道德的化身。泰国几乎家家户户都有佛像、僧侣和国王及王后的照片,没有这些东西的泰国是难以想象的。什么是杰出?任何一个地位体系都有其约定俗成的标准。

猜测地位

对于我们这些并非完美显赫的普通人,泰国人自有办法把每个人归类。所以除了在餐厅、出租车这种游客用钱暂时买到较高地位的地方之外,泰国人能一见面就定出了每个人的地位。

猜测地位

游客要谨记以下七条"猜测地位"的游戏规则。泰国人会根据这些来评价你:

- 外表
- 年龄
- 职业
- 薪水和内部地位
- 受教育程度
- 家庭
- 社会关系

最后两点是至关重要的,决定着外表、职业、薪水和教育。

大王宫

有些身份显赫的泰国人从他们的姓氏上可以辨别。泰国从20世纪20年代开始立法，规定每家要选一个不同于他人的姓氏，所以通常姓氏相同的人都有某种家族渊源。除了填表和一些正式场合之外，姓氏用处不大，但这不妨碍你询问他们姓什么。

头衔

20世纪20年代，国王赐予一些显赫家族以姓氏，他们至今还享有很高的威望。列出百个地位最高的家族并不是一件难事，但我们不想这么做。游客们可以自己辨别，因为很多位高权重的人有头衔，比如王室的、公务的或军队的头衔。

泰国政府大楼

> ### 王室头衔
>
> 多数身居要职的人都拥有王室头衔，按照五代的原则，他们的地位由高到低。游客应该对此有所了解，因为在他们的名片和请柬上都有英文缩写的头衔：
>
> | | |
> |---|---|
> | P.O.C. | 国王之孙 |
> | M.C. | P.O.C. 之子 |
> | M.R. | M.C. 之子 |
> | M.L. | M.R. 之妻或子；M.C. 之妻 |
>
> 第五代就没有头衔了，国王、王后、公子和公主地位至尊，当然，他们无须名片。

除了王室头衔，还有些看不出王室世袭的头衔。而有些头衔是1932年才开始使用的，虽然时光流逝，它们的意义有些变化，但有些老者还常常使用。按照由低到高的顺序，它们是：

- 丈夫（Chao Phya）（妻子：Khun Ying）
- 将军（Phya）
- 王子（Phra）
- 圣（Luang）

■ 教长（Khun）（和意为"您"或"先生"的Khun相比，拼写和发音会不同。）

如果某人有头衔，和他们说话或谈到他们时，应使用头衔。在泰国军衔比在其他国家更重要，因为泰国总理和政府官员都曾担任或愿意担任部队要职。军衔并不是泰语的，一般在其名片的背面都按照美国的军衔译成英文。

各就各位

游客们会注意到这种地位游戏不局限于泰国上层社会，中产阶级也梦想着能和要人们攀上关系而争相献媚。

人类学家发现，澳大利亚的土著在旅游途中偶遇的时候，他们会坐在一起寻找族谱中共同的祖先，这种共同点是合作交流的基础。在所有国家都存在把陌生人按地位划分的过程，尤其是在亚洲，在泰国。当然，要说明的是在泰国的移民区最甚。

对大多数泰国人来说，这种地位游戏的主要目的不是要高人一等，正相反，是要使大家清楚自己的地位，各就各位，按地位行事。但即使人们清楚彼此的地位，陌生人之间的交谈仍然是严格遵循地位游戏的规则。理发师、售货员和服务生地位低下，对此你们都心知肚明，但他们仍然会问你些个人问题，其目的并不是要抬高他们自己的地位，而是要恭维地位高的对方。对泰语稍有了解的游客很快就能学会这样做。如果不会说别的，可以用泰国人大概能听得懂的泰语说出你的名字、年龄、职业、婚姻状况、收入、来泰国的原因和身上这条牛仔裤的价钱。

成功

我曾问普通的泰国人："你怎么衡量成功呢？"答案五花八门："晚上收工时我还活着"（出租车司机）；"一天赚500泰铢"（卖彩票的人）；"发大财"（店

暖武里府的市政厅

主、职员和警察）；"当警察"（学校男生）；"有很多朋友"（学校女生）；"嫁个大款去美国"（酒店女招待）；"更多的财产"（富裕的农民）。多数回答带着个人色彩和主观性，都和钱有关，也多是可望可即的。

多数人认为成功是日积月累的事情，几乎没有人能想象到他们自己能身居高位，更没有人能表达出宗教意义上的成功，但他们都认为僧侣和王室是他们最尊重的人。虽然得到王室头衔的僧侣屈指可数，但他们做僧侣期间却得到最大的尊重。大约一半的泰国男性曾当过僧侣，但多数只在佛教大斋节的三个月间或时间更短。在形形色色的普通人之上是小部分成功的社会精英，他们受过良好教育，在军队和政府中担任要职。

泰国斋节服饰

成功之路

典型的国家公务员出身良好，通常在曼谷的朱拉隆功大学或淡马锡大学获得第一个文科学位，在海外，比如美国，获得硕士学位。回国之后，做三个月的僧侣，结婚，然后进入政府机构，通常会找到一个靠山，投身门下，以获得举荐升职。

现在，并不是受过良好教育的人都能在政府机构找到一个好位置，很多人转而应聘一些外资的跨国公司，招聘广告多要求有朱拉隆功大学或淡马锡大学或海外大学的资格，英文流利，应聘高级职位的要有良好的社会关系。最后一个条件是，因为要保证外国公司的利益，泰国本土的经理就必须有公认的社会地位，在社交活动中能左右逢源。因此，成功的泰国人即使为外企工作，也十分重视泰国传统的社会结构。

泰国各阶层都抵制不着边际的梦想，他们认为成功来自于日常的努力，或者行事谨慎而获得良好的口碑。他们一致认为成功尤其是指他们尚未满足的东西，通常是金钱。

机会

泰国人相信"善有善报，恶有恶报"的因果报应，热衷于眼前的满足而对长期投资不感兴趣，这些为泰国的主要工业——博彩和算命提供了社会经济基础。

赌博

在泰国，赌博的诱惑难以抗拒。彩票销售点随处可见，公共汽车票上都印着彩票号码，甚至服兵役都由抽签决定：黑签免征，红签入伍。收入最低的工人也会定期（通常是发薪日）每人凑几个泰铢来玩一把，而不参加的人被视为另类。

赌博是违法的（官方组织的另当别论），但执法并不严。对大多数人来说，赌博是一种廉价的娱乐形式和人们津津乐道的话题。由于赢家总会出钱款待朋友，所以赌博给人们提供了开心聚会的机会。有些形式的赌博，比如斗鸡、斗鱼、赌拳击比赛，不仅提供了娱乐的机会，而且也因其需要有较高的技巧而成为一种职业。但是有人嗜赌成性，不能自拔。他们以妇女居多，输多赢少。有些赌徒欠下巨额赌债，只好由下一代偿还，甚至卖儿卖女来还债。虽然这样的人只是少数，但也足以养活一群讨债人了。

一般泰国人花在赌博上的钱和花在宗教活动上的钱一样多，而这两者通常是有联系的。有人给僧侣施舍食物和日用品，然后马上让他们说出两个号码，再据此去买尾号相同的彩票。另一些人虽不这样公开索取号码，但却更直接。他们在祈祷时暗暗祈求佛祖保佑他们下期中彩。

改变未来

泰国人通常贿赂上帝和神灵护佑他们赌博大赢、金榜题名、升官发财、就业顺利、婚事如意、病体康复，他们会许愿一旦愿望实现就多多供奉，而违背诺言是很危险的。

在曼谷最有人气的还愿的对象是象神。此地终日鲜花不断，还愿的人们川流不

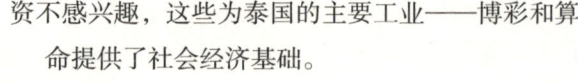

泰国象神

息，请人为上帝献歌献舞，这些身着传统服饰的歌舞班赚得盆满钵满。

在每处佛寺几乎都有算命的和尚，也有善男信女以此为生。如果只是讲签或看手相，要价很低，但如果是预测未来指点人生，就会要大价钱了。为了证明他们能通达神界，入定是远远不够的。那些收入最高的灵媒会定期施展法术，与同行竞技，他们在火炕里行走、割舌、向身体上穿刀或钎。通过这些表演，灵媒不仅可以给你算命，还可以借助神灵为你解决问题，实现愿望。当然，要合理收费。

通过灵媒或神医来干预个人命运是具体而短暂的，人们要多行善积德，平衡因果，这才是通向光明未来的不二选择。

守时

如果需要的话，泰国人可以很守时。他们在占星家定下的吉时结婚，准确记下孩子出生的具体时间以备将来占卜时用。他们行动迅速，这一点从那些自曼谷乘公共汽车到清迈的人身上可以得到验证。

但多数时候大可不必守时，尤其是在农业化的社会。人们日出而作，在稻田里可能干两个小时的农活，也可能干上10个小时，这取决于水稻生长的不同阶段。对他们来说，泰语中那些传统的时间划分已经足够了：黎明、早晨、上午、中午、下午（4点前）、傍晚（4点到6点）、晚间（7点到半夜）和深夜（半夜到黎明）。

泰国乡下对时间的划分不像工业化的城市那么严格，吃饭、睡觉、工作和娱乐都混在一起。"井井有条"的理念在泰国有极大的灵活性。

按日子做事

虽然不是每件事情都井井有条，但泰国人过去是按日子做事的，并且每天有一种

泰国曼谷普吉传统农业展示

颜色。色彩制度的千变万化是最常见的。

颜色制度和理发

星期	衣服颜色	理发预示
星期日	红色	长命百岁
星期一	奶油色	幸福健康
星期二	粉色，浅紫色	大权在握
星期三	绿色	大灾大难
星期四	橘色	天使保佑
星期五	蓝色	红运当头
星期六	黑色	马到成功

和欧洲国家一样，泰国的一周七天是以星宿命名的，每个星宿还有一种颜色，那天穿这种颜色的衣服会带来幸运。曼谷的时髦女性关注的是时尚，自然不会按这种规矩穿衣；邮差倒是喜欢这个主意，只是政府不可能给他们七种颜色的制服。有些餐厅还沿袭着这个传统，在清迈，公务员每周五要按规定穿传统的蓝色衣服。

做事情要看日子的迷信说法还有很多，这里我们只以有风险的理发业为例。当然，如今人们已不再遵从这一套了，就如同西方人不再避免从梯子下面走过一样，星期三关门停业的理发店几乎没有。

日历

泰国人认识到他们的时间和标准时间有出入，这不仅关乎准时，还关乎不同的日历。泰国有三种历法，格里历（即西历）、佛历和阴历（仅用于宗教仪式）。

按照泰国的传统，格里历（始于1899年）的新年在1941年以前都是在4月1日。泰国新年是每年的4月13日，而阴历的第一个月是在12月。

泰国的佛历年份比缅甸、斯里兰卡和印度的要晚一年，这种混乱的时间会使很多游客一头雾水，但好在现在佛历和格里历的新年都开始统一在1月1日了。

泰国服饰

许多书籍报告，包括用英文写的或译成英文的，都采用佛历日期，游客可以用佛历日期减去543，就得到格里历的对应日期。这个公式简便好记，但却很重要，因为即使那些英文呱呱叫的泰国人翻译年代的时候也很挠头。

金钱

泰国人自认为慷慨、隐忍而且容易满足，他们没有世俗的野心，不喜欢竞争。外国游客（醉醺醺的除外）也颇有同感，在他们看来，泰国人快乐友好，他们拥有的精神财富平衡了物质生活的不足。

泰铢

泰国人的确慷慨大方，热情待客，但这种明显的利他行为也夹杂着私心杂念。他们由此可以提高地位，广交朋友。如果他一贯慷慨，他还会在赢得好名声的同时获取信任和金钱。这种情形和人类学家所说的"同情魔力"类似，在泰国这样的例子屡见不鲜。在最炎热缺水的4月份，宋干节期间的几个星期里，到处都可以见到人们丢弃的瓶装水，浪费无度，名义是用以祈雨。

泰国人在金钱方面亦是如此。宋干节正好在干燥季节即将过去的时候，自然会带来雨水，但是大手大脚却不能带来财富。如果挥霍能生财，泰国人早该富得流油了。

暴力

泰国人憎恨各种形式的暴力，身体的、语言的、精神的，不论什么原因。他们总是力求远离暴力的环境并尽力阻止暴力发生；冲突不可避免的情况下，也要设法平息。话虽如此，但不是所有的人都那么明智，在很多情况下，人们只能不择手段逃离暴力现场。

冷静

避免冲突在泰语里叫"jai yen"，意为冷静，与之相反的头脑发热叫"jai rohn"，包括不加掩饰的气愤、不悦和不耐烦。不管是什么情况，冷静可嘉，而头脑发热不可取。能冷静处理难题的人令人尊敬，反之则颜面尽失。

避免冲突的社会压力十分强大，人们对不公和辱骂采取顺从的态度。如果你仔细听，就能听到违规的出租车司机被警察叫到路边，虽然警察大光其火，好像马上要发作了，但他一定是嘴里咕哝着："冷静，冷静。"

表面现象

泰国人处事冷静的原则造就了和谐社会，这对于外国游客有极大的吸引力，他们所见到的是一流酒店的安全和王室寺庙的庄严。在泰国时间较长的游客会逐渐发现这样的和谐只是表面现象。

西方游客和泰国人对这种表面现象的理解不是完全相同的。在西方，它在表面的意义之外还有更深的含义，这一点和泰国人的理解一样。不同之处在于泰国人会接受表面含义而不去探究它的深意。从某种意义上说，不论个人的情感和动机是什么，表面的意义与和谐就是真正的和谐。

印有普密蓬国王像的邮票

表面和谐

泰国人有充分的理由维持表面和谐，避免冲突而不是解决冲突。第一，多数泰国人住在乡村，频繁的接触中，合作在所难免。第二，佛教倡导中庸和公正；爱和恨作为事物的两方面，要谨慎对待。第三，与佛教并存的精神信念：愤怒会冒犯神灵，招致厄运。第四，在乡村，人们更多的是遵循"避免冲突"的乡规民约，而不是书本上的国家法律和惩罚。（感兴趣的读者可以参考Klausner的书 *Conflict and Communication* 和Mulder的 *Everyday Life in Thailand*，详情请见附录部分。）

最后一个原因需要解释一下。有人会说，社会压力如果不是以暴力的形式出现，也是泰国人容忍个性的先决条件。的确如此，但全社会的幸福高于个人的自由。普密蓬国王对这种情况做了很好的总结："个人自由受制于他人的自由。"

愤怒和冲突

公开表示愤怒的人对社区构成威胁。泰国人对这个因果关系的解释与神灵有关，人的愤怒会招致神灵的愤怒。神灵的行事方式和头脑发热的醉汉类似。为了杀掉一个人，醉汉会扔手榴弹炸死一群人；同样，神灵会降罪于整个社区，洪水、干旱、饥荒、瘟疫和强盗都是神灵的惩罚。

泰国人认为天灾人祸都是人的愤怒引起的。在农业社会，这种理解绝对符合逻辑。愤怒使社区分裂，人们在重要活动中的合作减少，比如修渠灌溉既可以控制洪水，缓解干旱，又可以减少饥荒、瘟疫和营养不良。愤怒也降低了人们同心同德，抵御强盗的力量。避免冲突的社会规范，以精神安抚的社会形态为依托，所起的作用是不可估量的。

即使你是个左撇子，递东西时也一定要用右手，这是因为过去如厕后人们用左手来清洗臀部，虽然现在的泰国人已经都使用卫生纸，但左手不如右手洁净的感觉却一直存在。

自我控制

冷静使曼谷免予四分五裂。在拥挤不堪的公共汽车上人们面色平静；为避雨可以安静地等待一个小时；女学生排成一排站在灯柱的阴影里躲避烈日。冷静的民族能控制自己，拒绝分裂，体现出根植于心的个人主义和存在主义以及人类的尊严。

把这种冷静和法国人的尊严相比，后者视公开的冲突为美德，冷静是例外的反应。法国的步兵可以与人决斗，杀死敌人，获得尊严。但对于泰国人来说，暴力是头脑发热，他无法保持冷静地与人争斗。

我们还可以把泰国人的冷静和英国人的谨慎比较一下。都是刻意地不介入，有意识地避免不愉快的发生，都约束自身的行为，有可能最终垮掉。也许两者之间的主要区别是英国式的保守转变成了友谊，而泰国式的冷静虽然可以和友谊共存，但还可能转变成暴力。

芭东海滩

头脑发热

冷静的面具破碎后，心狂跳不止，暴力随之发生。不幸的是，很难预测这一刻何时会发生：就好比每个人的心脏都有一个温度调节器，有些给出了暴力即将发生的指示，不过外国人不能马上识别。彬彬有礼的话语变得不恭，人称代词变成了指代动物或物品的代词，此时气氛剑拔弩张。如果有人虽然头脑发热但尚存敬畏之心的话，他可能借物撒气，"砰"的一声摔门而去，"意外地"碰落了玻璃杯，撕破了摩托车的车座，冲着孩子大喊大叫，或飞起一脚踢向小狗。

现在公开的暴力也不罕见。报纸上连篇累牍地报道着妻子因不满而攻击丈夫、工人攻击老板。这其中许多施暴者是因为长期受压、心存不满而酝酿反抗，最后自我控制终于崩溃，而受害者往往没有察觉。近年来，妻子趁丈夫熟睡，割下丈夫男根的事例时常见诸报端，且有愈演愈烈之势。更多见的并且和游客密切相关的是，花上几个泰铢雇人毒死你的狗，花上几千泰铢把人废掉，再多花几千泰铢就可以要人的命。想在泰国居住或工作一段时间的外国游客一定要知道并理解冷静的限度，滥用冷静必然招致祸端。

神灵

泰国人对神灵的态度和对人的态度极为相似，有些神灵可以尊敬信赖，而有些不能信赖，只能畏惧。

受到信赖的神灵被看成是家庭的一员，供奉在家里，通常被叫作佑宅之神。在北方，人们认为这些神灵是家族中过世的成员，在家中有特定的位置，通常是在屋内墙上设龛供奉，他们可以保佑家人，在家人有难时给予帮助，如生病、官司缠身或工作面试的时候。

泰国佛牌

神舍

在泰国中部，佑

家之神在家中没有特定位置，有些年轻人也对此闻所未闻。在曼谷和周围的稻田区域，土地之神更加重要。人们通常在屋内一角修建神舍供奉土地之神，搭建神舍的时间和地址由占星家决定。神舍通常位于木桩或水泥柱上，高度适宜，既能显示出人们的尊敬，也方便人们进献贡品。神舍还建于交通事故多发地点和历史上屠杀遗址。人们修神舍还愿，久而久之，神舍发展为神镇。

神舍的外形就像小型的寺庙，有些像西方的鸟舍，但没有小鸟敢进去，因为土地之神绝不允许。木雕或泥塑的土地之神的像一般放在正对着门的那面墙前。如果土地之

泰国僧侣

神帮助人们实现了一个愿望，人们就进献奴隶或大象，用类似的图画表示。有些现代的土地之神睡在小床上，我们曾见过一位看电视、开奔驰的土地神。

许愿

人们许愿并在愿望得以实现后信守这个愿望，在曼谷的不同神殿都是如此。这就是为什么你天天经过的神殿忽然有一天鲜花遍布——有人彩票中奖了。精心雕刻的小象是进贡给神灵的，以便于他们在星期四骑象去拜访天上的上帝。从神殿里偷偷拿走小象会带来厄运。

各种神灵

除了佑家之神和土地之神外，其他自然界的神灵也是各司其职，有水稻之神、水神、树神和风神。他们对环境有各自的威力，能够在某一方面帮助人类。所以，种植、收割水稻时，人们拜水稻之神，以求得好的收成，但不管如何祭拜，水稻之神也不会保家护院。神灵们分工明确，这真让英国的工会羡慕。

不幸的是，有些神灵难以预测、游移不定，而且十分危险，这些是未能重新托生的亡灵，虽然其间不乏善良之辈，但多数是卑鄙之徒，要历经长时间的等待才能托生。他们也有地位高下之分，但等级远没有人世间分明，他们的行为也因此难以预测。但和人类一样，他们对贿赂不是无动于衷的，一般说来，你贿赂得越多，神灵帮你越多。

还有重要的一点，死于孕期的妇女之神正日益受到暴力死亡之神的排挤。那些过分讲究的食肉动物尤其令人作呕，这些怪物只消化肠子，尤其是怀孕妇女的肠子。按照"吃什么补什么"的老话，它们的样子像没成形的人头，穿过月光时闪闪发亮，拖着长长的肠子尾巴。

鬼怪克星

好在任何鬼怪都有克星，难在如何找到鬼怪克星。第一步就要找到那股邪恶力量，它使你赌博输钱、追求邻家美眉失利。为了正确诊断你的问题，并在神灵世界找到强有力的同盟，你需要的是神医和灵媒。

护身符

神医、灵媒和僧侣会给你护身符来帮你避

泰国大王宫一角

险消灾，得到真爱、好运和权力。这些符咒分为三类。

第一类是佛饰，类似于僧侣所带之物。把它戴在项间，多多益善。

第二类护身符有更加具体的功能，能在某一方面保佑你。较常见的是虎牙、象牙或牛角、野猪牙和猫眼石。这些佛饰通常戴在脖子上或做手链，有时雕成阴茎或阴蒂形状起具体作用的护身符也会佩戴在其他地方。

第三类是秘方，可以记在心里或刻在佩戴的饰物上。如果写下来，就使用古老的高棉语。需要背下来的秘方通常很具体，有受到意外攻击时用的，有免予事故的，有需要权威人士帮助时用的，种类繁多。要点是在心里反复默念秘方，能使你在保持冷静的同时斩断威胁你的魔力。但是，如果受到强盗的攻击，用尽全力吼出秘方也许能阻止他们，同时尽快逃离现场。

有些秘方采用文身的形式，目的各异。文在男人面颊上的啄树叶的鸟保证他能获取女孩的芳心；《罗摩衍那》史诗中的猴神和一些符咒能使文身人获得力量和毅力；如果一个女孩受到男人莫名的吸引而无法抗拒，她会怀疑他把魔油（通常是由劳动中死去的妇人的下巴熔化出的脂肪）沾到了她的皮肤上。只有一个办法能保住她的贞操——在前臂上文有魔力的花纹。

这些方法是否灵验，是否真有神灵存在，都与信仰无关。人们相信有一个神灵的世界，

戴着手链的雕塑

相信护身符、咒语和贿赂能调动神灵，操纵人们的日常生活，这种信念是泰国人心理构成的重要部分，和他们的日常行为密切相关。泰国有很多与护身符有关的期刊，人们踊跃购买阅读，他们可以花几个小时甚至几天去寻找合适的护身符。这并不意味着泰国的传统正在慢慢消失。

如何对待神灵

对待陌生的鬼怪和神灵的最佳方法和生活中对待陌生人的方法一样。第一，避免夸耀或与众不同而引人注意。第二，如果有某种力量笼罩了你，为了尽快脱离可以作出任何承诺。一旦脱身之后，再设法消除。

如果你行事谨慎却仍然有神灵缠身，就试试"双重虚张声势"的办法吧：反常规做事，显得与众不同；穿着衣服洗澡，然后脱下来；倒退着走路；黎明睡觉夜晚起床。这些反常举动足以迷惑神灵了，还会迷惑每一个人。

当然，这些有意的反常之举很少能派上用场，我们有时是完全下意识地这样做了。如果你发现把左腿穿进了右裤腿，衬衫扣子系到了后背上，短裤里外穿反，请留神！你的心智可能捕捉到一些潜伏在暗处的凶兆。特别提示：在银行和办公室工作的女孩子常把开身毛衣开口冲后穿，这是为了避免空调的冷气，而不是变化无常的神灵在作怪！

当然，把衣服反穿这样的古怪行为只是下策，连泰国的儿童都知道，躲开神灵的最安全的办法是保持平静，别惹麻烦。麻烦是神灵的最爱。一旦人与人之间表面的和谐被打破，潜在的危险就会随之而来。阻挡邪恶的最好方法是不介入。微笑、尊敬，但不要流露真感情。如果你厌恶一个人，可以用符咒镇住他，但要保持冷静。如果做不到，就躲开吧。

第四章

和谐相处

"只要你真心对待泰国文化,这里就是你的家。"

——泰国谚语

从你踏上泰国土地的那一刻起,你就开始和泰国人打交道了。他们豁达坦诚,但你不要指望立刻和他们亲如一家。多数游客来之前没有学过泰国语言文化的课程,所以最初的交往对象仅限于那些能讲英语或其他外语的泰国人。

有很多泰国人认为他们能讲英语,也非常高兴有机会练习。在这个阶段,大同小异的对话有些枯燥。那些真正学过多年英语的泰国人口头交流能力极其有限,但笔头功夫十分了得。现在,许多泰国人都会一些专用英语,比如加油站的工人会问你是否加满;出租车司机能听懂简单的方向指令;超市结账处的收银员至少熟悉英文数字。

虽然泰语对多数外国人来说不简单,但要达到一般泰国人说英语的水平还是力所能及的,因为你讲泰语的机会很多,而且对话常常是重复的。用泰语对不同的人说同样的话似乎没有用母语重复那么枯燥,过一段时间,你的泰语水平就会慢慢提高了,当然,要听说兼顾。

肢体语言

当然,开始的时候你可能连最简单的泰语也听不懂,但这并不意味着你就不能和泰国人交流。虽然泰国人不像法国人或意大利人那样喜欢挥动手臂,但他们一样有很多肢体语言,很容易学会。多数都与礼貌有关,所以即使你一言不发,仍然可以让人看出你是个知书达理的好人。不必西装革履,衣着洁净得体就会被泰国人接受。你应该在这个最初阶段知道泰国人看重得体的外表和举止。这也许是表面现象,但透过表

狗骨岛

面深入下去需要一段时间。初次接触泰国人，你就一定会喜欢他们。

　　这一章就开始讲讲通过肢体语言进行交流。即使你后来能说流利的泰语了，肢体语言的交流在日常生活中同样必不可少。至少有几位游客是这样，当他们只能用肢体语言交流时，与当地人相处甚欢；但当他们能讲泰语之后，反而陷入不尴不尬的境地。当然，你是不会重蹈覆辙的，对吗？

合十礼

　　合十礼不仅仅是问好的方式，也是表示尊敬的动作。它的使用与泰国的价值观和态度是一致的。在一切加强泰国社会结构的活动中，行合十礼是最重要的一部分。这其中大家都遵循"高度规则"：在任何社交场合，社会地位低的人要摆出较低的身姿，反之，社会地位较高的人采取较高的姿势，高低诠释地位。

如何行礼

　　合十礼是用来表示尊敬的一整套动作。双手合十，手指向上，低头触碰拇指，头越低，表示越恭敬。生活中，常用的姿势有四种，还有许多处于中间的行礼方式。

- 双手靠近身体，指尖向上到脖颈处，不超过下巴。此方式用于地位相等的人，或尚未明了身份的陌生人之间。（地位的差异可以从某些地方看出来，也常常通过第三方的介绍得知。）

合十礼

- 手的位置同上或稍低，头正常抬起或略低。此方式为地位高者向地位低者答礼。
- 头低下，指尖高于鼻尖的位置，此方式为地位低者向地位高者致意。
- 弯腰低头，额头低至手掌的虎口处，这并不是表示尊敬的最高境界。还可以全身伏在地上，双手合十，前伸至眼前，双眼望地面。不过，对大多数游客来说，这第四种姿势是正规场合所能见到的最高礼节。

日常生活

合十礼可用于人和物。虽然现代生活节奏加快，限制了这些繁文缛节，但礼节仍然在泰国的日常生活中有着重大意义。

在长途车上，经常可以看见乘客对车子所经过的圣地行合十礼。如果你乘坐的出租车的司机不顾危险，高举双手对着街角的象神行合十礼，你也不必太惊讶。

佛和僧侣

对佛或佛的代表僧侣行合十礼的标准方法是：

- 屈膝。

做合十礼的佛像

- 行礼时男人坐在自己脚后跟上；女人端坐，双腿曲于身体一侧。
- 保持合十礼的姿势，上身下伏，尽量使后背低下。
- 当头几乎触地时，头顶对着圣物，手掌放地上，严格地说，是由手掌先触地。
- 起身恢复坐姿行合十礼。如果是对佛行礼，重复以上过程三次。

起源

合十礼的动作表明你的手里没有武器，这和西方的握手异曲同工。但是，合十礼比握手更复杂，握手的人地位相等，而合十礼通常表示一种不平等。

对地位高的人行合十礼时，地位低者完全任其摆布，而且总是地位低者首先行礼。（一定要知道这一点，这是很多游客常犯的错误。）在历史上，弱者会首先表明手里没有武器，目光向下，头低垂，进一步削弱了他的防御能力。对方可能还礼或不还礼。如果他处在绝对的上风，比如是僧侣，当然不必还礼。所以，如果你有幸与国王或王后为伍，不要指望他们会还礼。

还礼

泰国的国王不对他的臣民行礼，僧侣除外。当双方的社会地位相差悬殊时，位尊者不还礼。因此，当小孩子对长辈行礼时，长辈只回以点头或微笑。如果女招待收到小费而对你行礼，也不必还礼。低等职员遇到老板要行礼，但老板不必还礼。

行礼小贴士

在学习自然地行礼过程中，下面几点可以避免尴尬：
- 不要对用人、劳工、儿童和其他地位明显比你低的人行礼。如果你坚持要对他们行礼，希望表示平等友好，也就说明你没有意识到人可以不平等但却友好，这会使对方陷入极其尴尬的境地，他会想方设法避免与你再打交道。同时显得你很可笑。
- 如果有人对你行礼，请用同样或更随意的方式还礼。
- 最安全的行礼对象是僧侣和长者，年长的用人和小贩除外。
- 表示差别的正确方法是低头弯腰，而不是把手举高。如果站得笔直，把手高举过头也不表示尊敬。
- 切记：行礼不是打招呼，滥用会削弱它的意义。

何时行礼

泰国人在孩提时就开始学习何时行礼、如何行礼，所以行礼这件事对泰国人是自然而然的，对游客却是个大问题。好不容易克服了对平等行为的偏见、知道了行事的原则、也找到了自己在这个社会等级中的位置，你却发现许多泰国人，尤其是地位较低的泰国人根本不对你行礼。这倒不是种族或文化优越感在作怪，而是他们看了太多的西方电影和电视，知道外国人并不互相行礼。

以行礼来表示谢意在泰国是十分普遍的，但对有语言障碍的外国游客来说就不那么简单了。传统上，慷慨是地位高的人施予地位低的人，后者会对前者做出十分顺从的表示。所以，尽管地位相等的人之间可以用行礼表示感谢，但地位高的人对地位低的人行礼致谢是极不合适的。

随着游客对泰国和泰国人了解的日益增加，他们会自然而然地知道何时行礼。对初来乍到的人，最好的忠告是：除非有人对你行礼，否则只是和男人握手，对女人微笑即可。

如果有一天，有人对你行礼，而你恰巧双手拿着报纸，或者左手拿着苏打水，右手拿着香烟。别着急，只要把双手尽量靠近，一起抬高到合适的位置就可以了。

微笑

在游客来泰国之前，一定已经听说泰国是"微笑之国"，此言不谬。泰国人多数时间都面带微笑。

置身于一群满脸喜气的人当中，普通游客常会得出这样的结论：泰国人要么是弱智，要么是快乐。第二种想法更接近事实。虽然我们鼓励你去尽情享

微笑（合十礼）

泰国人的微笑

一个外国游客在曼谷的小巷里闲逛，突然，一盆泛着肥皂泡的水从一扇敞开的门里泼出，不偏不倚正落在游客的身上，他成了落汤鸡。他抹去眼睛上的污水，看到的是周围的张张笑脸。所幸他在泰国已经待了一段时间，明白这微笑并无恶意，他也笑起来。大家都笑了，忙着给他清理衣服。得知他也能讲几句泰语，泼水的人连说"对不起"。

受他们的笑容，但你一定会问：他们为什么微笑？多数泰国人地位较低，收入不丰。他们为什么微笑呢？

微笑背后

泰国人并不是对什么都微笑，他们的微笑也是有含义的。在西方，微笑表示高兴，不合时宜的微笑是无礼的。对别人力所不能及的事情发笑，会使对方有受辱的感觉，对方免不了要充满敌意地反问："你笑什么？"

笑着的玩偶

在西方，微笑是有原因的，但在泰国，微笑是生活的一部分。尽管如此，微笑还是有其社会作用的。我们不揣冒昧地总结如下：

表示快乐

全人类都用微笑或大笑表示快乐，泰国人也不例外。但是，西方人通常不会因为看到有人踩到香蕉皮摔倒而发笑（看动画片除外），可泰国人会笑。这并不说明泰国人幸灾乐祸，实际上他们很乐于帮助他人。泰国人的微笑或大笑几乎没有嘲笑的意思，不过游客有时会误解。

表示歉意

在上面提到的故事中，微笑表示了无意之中给别人造成不便的歉意。回送一个微笑，则表示了谅解。每天，诸如此类的事件中，微笑反复出现。游客们尽可以放心，被淋成落汤鸡的事情实属偶然。

> 如果游客感到在泰国遭遇了一个棘手的文化情境，可以想一想在伦敦酒吧里的可怜的泰国学生。面前的柜台上放满了盛着啤酒的杯子，他无意地拿错了杯子，把酒一饮而尽。当有人指出时，他微微一笑……

午饭时间的自助餐厅里人头攒动，队伍缓慢向前移动，你绕过还在讨论菜品的人向队伍前面走去。（这样的"夹塞"是可以接受的，甚至是必需的，因为人们挑选食物时免不了要挑挑拣拣，只要队伍在向前移动就可以了。）你也许以为前面的人还在挑选，所以走到了他的前面，然后意识到他实际上是在等着付款。他不会说："老兄！后面排队去。"你也不必特意道歉。相视一笑，万事大吉了。（当然，你应该重新站到正确的位置上去。）

善于观察的游客很快就会意识到，微笑是修复小裂痕的良方。时间再长些，他们会发现，一些在本国需要大费口舌去解释，甚至用钱才能摆平的事情，在这里只需一个微笑。

表示感谢

微笑经常表示对别人帮忙的感谢。在泰国，"谢谢你"比在西方使用得少得多。在泰国，点头微笑就表示"谢谢"，而对方回一个微笑，就是说："哦，别客气。"

表示回避

微笑的最后两个功能与泰国人避免冲突的原则有关，这是他们的处世之道。

有些泰国人以微笑应万变，避免任何日后会叫人后悔的言行。这种泰国人推崇的做法使许多外国人气恼。大约最著名的善用此道的泰国人是普拉姆（Prem）将军，他曾是任期最长的总理，现在是枢密院的一员，辅佐国王。他的成功很大程度上要归功于微笑的功夫，不管多棘手的情形，他一笑而过，并且可以使别人跟他一起笑。作为统率三军的将领，他充分显示出用微笑化敌为友的魔力。

这种回避的微笑无须言语，最好的解释是"无可奉告"，局势依旧，但微笑的人却可以安然脱离窘境。

表示尴尬

尴尬的微笑也能避免冲突，同时表示微笑者的内疚和进行补救的愿望。倒车撞

第四章 和谐相处

了他人的摩托车,在拥挤的餐厅玩手枪时,枪走火打穿了屋顶,这在任何国家都会引发潜在的冲突,在泰国,这种情况尤其多。轻轻的一个微笑,不是捧腹大笑,会使剑拔弩张的局势缓和。当然,这还不是表示"对不起"的微笑,表示尴尬的微笑应伴有致歉的话,同时尽量弥补过错,赔偿损失。另一种泰国人常用的办法是溜之大吉。虽然此举有失光明正大,但却安全,尤其是当你犯了众怒的时候。过后再回来赔偿损失吧。

微笑使你美丽

这不是关于泰国人微笑的专题论文,它和泰国人的行礼一样复杂(而且地位高的人的确可以用微笑向地位低的人还礼)。微笑和皱眉、打哈欠一样具有传染性,游客很快就能学会,并且他们回国后非常想念这种微笑。

对微笑不要心存顾虑,尽情享受吧。不过,要记住,如果站在街角的卖花女孩向你粲然一笑,并不一定是她爱上了你,回送她一个微笑吧。微笑使你无比美丽、青春焕发。

头与脚

在前面我们已经介绍了与行礼有关的身体的高低原则,泰国人的许多其他社会活动也遵从这个原则,即地位的尊卑应该通过位置的高低显示出来,它甚至渗透于泰国人对他们身体的理解。头充满精神,是身体中最重要的部分,脚最不重要,而且是最肮脏的部分。

所以,在并不遥远的过去,老百姓在王室面前五体投地,把他们最神圣的头颅置于王室的脚下,用以表明他们的卑微,王室的脚虽然比王室的头低微,但却远高于普通人。

那时候,地位低微的老百姓不能直视国王,更没资格与国王直接对话,必须表达出这个含义:我俯首于您足下的尘埃。这就是现在泰国男性使用的人称代词

微笑的泰国女士

"phom"的来源,意思是"我",字面意思是"头发",用于对地位相同或更高的人说话时表示尊敬。泰语中所有的人称代词都随着谈话的对象,或是涉及的人物的地位而变化,在你学习泰语250小时之后,你就能掌握一些了。

慎用你的腿脚

既然在泰国头的地位重要,而脚是不值一提的,你就当然要注意它们的使用了。一位泰国的公务员给来泰国旅游的美国游客做了如下忠告:不要用你的脚来指东西。对泰国人最大的侮辱就是用脚指他的头。你可能觉得做到这一点并不容易,除非你是跆拳道的高手、泰拳运动员或舞蹈家。如果你认为自己犯这样不可饶恕的错误的概率几乎为零,因此对头和脚的规则可以忽略不计。错!其实用脚指别人或一些神圣事物的事情是很容易发生的。

一定要管好你的脚。把脚跷在桌子上是大忌,即使桌边没有其他人也不行。同样,在寺庙里靠墙而坐,脚伸向前,也被认为是没有教养的行为。

比以上更为微妙的是在僧侣和长者面前双腿交叉而坐。如果你是坐在地板上,应该将脚坐在身下,不被人看到;如果坐在椅子上,不能跷二郎腿。一位泰国著名的女改革家兼记者因拒绝放下二郎腿而被国会除名。

摸头

由于泰国公共场合比较拥挤,而且泰国人身材比西方人矮小,所以很容易碰到别

东芭热带植物园

人的头或放错脚的位置。在疾驰的公共汽车上，你用力抓住车顶的扶手，很可能会碰到他人的头，你的头可能顶到了铁皮的车顶，或伸出了车顶的通气口，恰当的反应是说"对不起"，最好用泰语说。有时你不得不从别人头顶上伸手过去，比如从行李架上取包，也应该为此道歉，当然，一个微笑也行。

记住，泰国人只要可能，都会在给别人带来不便之前道歉，甚至刽子手行刑之前也向死囚道歉，这个有趣的习俗现在已经被现代技术取代了，但是你仍然可以看到理发师为客人修剪头发之前请求谅解。

亲密的朋友之间，触摸头部也是禁忌，但就像所有诸如此类的规矩一样，它无法限制人们

大象

真正想要做的事。恋人之间触摸头部不被赞同，但老人把右手放在孩子头顶则表示喜爱，父母也可以爱抚地抚摸自己孩子的头，或其他孩子的头。游客要入乡随俗，慢慢地，你也许会灵活运用这个规则。

跨越

许多活动是在地面上进行的，你可能发现自己产生了要跨过去的想法，这在自己的国家是从来没有的。一定要克制住这个念头。

在酒吧喝了一会儿酒，你想去方便一下，但路被人群挡住了。不要从人的后背之间跨过去，跨过人身体的任何部分都是禁忌。你可以明说有急事要过去，直接说去小便也没关系，人们会给你让出一条路来。但问题又来了，你不能急匆匆跑过去，因为经过坐着的成年人时要低下身子。为了表示尊敬，你应该比别人低一点，这对外国人实在有困难。所以，躬身走过去比较好，至少表明你没有凌驾于他人之上。

前与后

高度规则也扩展到地位不同的人之间要保持空间距离，地位高者在前，地位低者在后。如果你被众人簇拥到前排就座，那么，即使你是远视眼也别坐到后排，否则大

> 行走的顺序现在已经不再被严格遵守了，但它所代表的社会秩序仍然是泰国人性格的重要组成部分。只要地位低的人走在地位高的人之后，他就受到保护。有一句泰国俗语总结得好："跟在长者后，恶狗咬不着。"

家都得坐你后面。经常可以看到几排椅子摆开，前面一两排是空的，只有僧侣、长者和大人物才能坐在那儿。

这种距离在行走的顺序上也一览无余——地位高者在前，地位低者在后。这非常不利于交谈，所以这种做法只限于仪式使用。但不要走在长者前面，这样你才会给别人留下好印象。

须发

头发既然长在头顶，所以十分神圣。但这对发型的影响微乎其微。泰国男人的头发或者很短，或者长发及肩，有身份的人通常留不长不短的头发，游客可以效法。不过，泰国人头发长短的限制不像其他亚洲国家那样严格。偶见有人留短髭，胡须却少见。泰国妇女不喜欢胡须，认为只有老头才蓄须。但不管你头发多长，胡须什么样式，最重要的一点是干净。

手

现在，你已经知道了脚是令人厌恶的、身体要躬下、头是神圣的，还要小心你的手。要尽量少用手，规规矩矩地放在身体两侧。不要用手拍小伙子的后背，更不能用手抚弄他的头发。实际上，接触别人身体的任何部位都要十分谨慎，决不可以用手接触异性。一个例外是为引起他人的注意，礼貌地碰一下异性的肘部，但有时，这也仅限于朋友和同事之间。

在办公室里，身体的接触也要遵从于地位高低的原则。地位高者可以把手放在同性下级的肩上，这可以加强办公室的工作关系：表示雇员工作得力，缓和批评气氛，表示会见结束下级可以离开了等。这种接触充满慈爱，好像在西方，叔叔亲密地搂着侄子的肩膀，也像主人爱抚地拍拍小狗的头。无须赘言，下属不能触摸、拥抱或轻拍上司。

用手指

用手指物（圣物除外）不像用脚指物那么放肆，是可以接受的，但不能指人，即使指地位低的人也不行，除非你在警察局对一排疑犯进行指认，或告诉众人是谁偷了你的钱包。如果必须要把某个人指给你的同伴，用语言说不清楚，那就悄悄地指，朝那个人微微抬一抬下巴是可以的。

部队的军官和学校的教师不受限制。但是，泰国人实在对被人指很敏感，所以即使是按摩室的女孩子也都佩戴号牌，这样你就不必指出你想找哪一位了。

这种敏感也许来自于黑暗的旧时代。当时军阀为了平息村子里的争执，会把人们召集起来，随意用手指出几个不幸的村民，将他们砍头。个中的缘由是什么，泰国人并无意把它弄个水落石出。

不要随便挥手

手当然不仅用来表示尊敬，也用来工作。但泰国人对工作内外的行为没有明显的区别。所以，即使是在工作中，也要首先考虑社会关系和礼貌行为，而不是工作效率。

不管你是做修剪草坪之类的简单工作，还是绞尽脑汁，思考中午吃什么，你手的摆放都要遵守社会礼仪。不要把手来回挥舞，以为这样可以把意思表达明白（尤其要提醒法国和意大利的游客），这样只会适得其反，让人觉得你在生气。即使你真的在生气，也不要表现出来。

吸引注意

有两个动作是你不断要做的：吸引注意和传递东西。第一个动作用不着双手，但也许要用到右手。泰国人通常是小声召唤，在餐厅你可以这样叫年轻的侍应生或女

双手放于腿上的佛像

招待，但不能这样叫餐厅的老板，做手势更恰当。不过，不要拍手、打响指或发出"嘘"声，正确的做法是手心向下，手指快速朝自己这方伸屈，示意对方过来。

传递

召唤人过来极可能是要他传递某物，这在尊重原则中也有法可循。地位低的人，不管是递物还是接物，都要以左手支撑右小臂，以右手拿物，同时上身微微低下。地位高的人轻轻递或接，无须用左手支撑右手。地位相等的人没有什么讲究，动作轻柔就可以了，也可以用左手指轻触右臂。在今天的曼谷，这整套的繁文缛节很少见了，不过，如果你善于观察的话，经常会见到简化了的形式。

即使你是个左撇子，递东西时也一定要用右手，这是因为过去如厕后人们用左手来清洗臀部，虽然现在泰国人都使用卫生纸了，但左手不如右手洁净的感觉却一直存在。

投掷

扔东西，即使是一盒火柴，也是很冒失的行为。如果投掷的东西还带有一丝神圣的色彩，比如食物，你就会被认为很粗鲁。如果你把佛饰扔来扔去，就要惹上麻烦了。

口袋

也许你现在觉得最安全的做法就是把手放口袋里了，错！这样做被认为是很无礼的。如果一定要给你的手找点事干，那就拔鼻毛吧。这虽然不会使那些泰国的精英们对你产生好感，但至少不像在西方那样遭人诟病。

声音

在泰国，正常的交流也是通过说话进行的，对此你一定很高兴吧。但因为多数外国游客不会讲泰语，而泰国人也不会讲外语，所以也没什么可高兴的。等你开始学泰语的时候，你就会发现泰语和你所知道的泰国社会是完全一致的。

说什么很重要，怎么说同样重要——使用符合你的身份的语言。同时，要轻声说话。这一点仅适用于在政府机构里面对高官时，完全不适用于一般的社会环境，那里通常的噪声程度只比越南低一分贝。如果大人物听不清你说什么没有关系，重要的是不要对他大声叫喊。

大多数游客能学会的泰语极其有限，大概永远也学不会它的发音，即使那些在泰国工作的人多数时间也是在说自己的语言，尤其是英语。能说流利英语的泰国人比较少，所以游客要特别注意他们是否真正听懂了你的话。最佳方法并不是直接问："你明白了吗？"因为回答总是："明白了，先生。"

像泰国的其他事物一样，缓慢的迂回的方法比快速的直接的方法效果更好，虽然在游客们自己的国家，直截了当被认为是优点。

如果你觉得对方没有明白你的话（可能的确没明白），换一种方式重复一遍，但是不要提高声音。也许你自然而然地想大点儿声说，尤其是在像曼谷这样嘈杂的城市，但一定要避免。大嗓门被认为是不礼貌的，而且危险。对泰国人来说，高声是一种潜在的危险。当你对他大喊大叫的时候，他表面上毕恭毕敬，心里却可能盘算着如何脱身，根本没努力弄明白你在说什么。更糟糕的是，对方也许会大声回敬你，完全不可能进行正常的交流了。当然如果你是一位泰国商界大鳄，你完全可以对这一套禁忌置之不理；如果你只是个外国游客，还是要谨记于心才是。

眼睛

泰国人每天用眼睛和眉毛进行大量交流。在公共汽车上看着卖票的男孩，然后抬一抬眉毛，他立刻就会明白你在等他找钱；你朝出租车的方向多看两眼，司机马上就会停下来；如果你的目光碰巧和另外一个人的目光相遇，不论男女，都会对你微微一笑。

泰国甲米海滩风光

外国人在泰国是幸运的，尤其是如果他们长着蓝色或绿色的眼睛，多数人会直视他们的双眼。这是和行为规范相悖的，尤其是异性之间，不过，这个规矩已经被人们打破了。直视是泰国人迷人微笑的一部分，游客不必害怕目光的接触。多数泰国人认为盯着别人看是失礼的，但这些长着大鼻子的老外实在是样貌奇特，想不看都难。

外表

自我表现是人地位身份的显著标志之一，在西方，王位继承人可以身穿牛仔裤，而挖煤的矿工闲暇时也身穿时装，人们对此坦然接受，但在泰国却不然。尽管大人物可以随意着装，小人物却不能随便穿衣。人的地位是通过行为、仪态和语言体现的，外表的作用不可低估。当然，这也在发生变化。年轻人崇尚时尚，牛仔裤大行其道，但在办公室、官方场合、婚礼和葬礼上是看不见的。

制服

在泰国的非农业人口中，大部分人是身穿制服的公务员，等级和警察、部队一样明显。所有的大中小学生都穿校服。泰国精英的子女也许在学生运动中享有威望，但同样以朱拉隆功大学和淡马锡大学的徽章为荣。

如果官方的制服不足以表明个人的身份，还有一些约定俗成的辨别地位的方法。比如，大学一年级的学生穿白色袜子。

泰国芭堤雅的慈善游行

内陆地区

在农村，事情简单得多。平民男子可以只在腰间围布，女子只穿纱笼和罩衫，这是许多乡下人的日常装扮。在北方，男人穿中式的长及小腿的棉布裤和无领的衬衫。不过，西式的服装日益流行，包括最偏远的地区。原因之一是泰国制衣业蓬勃发展（最初只是加工出口），使得西式服装随处可见，而且价格低廉。

泰国现代化过程中，始料未及的一点是妇女胸罩迅速在乡间普及，有时甚至成为妇女唯一的上装！当然，胸罩不是泰国的传统服饰，所以城市的道学家们对妇女解放忧心忡忡，但是许多老年妇女也跃跃欲试要买上一件，而很多已经买了胸罩的妇女则急不可耐地要秀出来。

绘画上展示的泰国传统服饰

端庄

随着时尚国际化，曼谷的妇女们也要走在时尚潮流的前端。但是时尚的核心还是端庄，所以我们的忠告倾向于保守，如果穿衣有疑问，不可冒险。

在穿衣这一点上，游客"入乡随俗"要慎重，尤其是女性。媒体给人造成了西方人男女关系混乱、举止轻浮的印象，所以要受人尊敬，不能只穿胸罩，外面一定要再套一件衣服！透视装和超短裙也要避免。的确，在大城市许多妇女晚间只穿着T恤衫、性感的短裤和迷你裙，传递出"月下之爱"和"坏女孩"的暧昧。但如果你不想成为众人瞩目的对象，不要如此装扮。

过多穿衣

根据那条难以理解的穿衣规则——地位越高，穿得越多，你不难发现在曼谷街头，高级白领和大学教授们西装革履，在热带的骄阳下汗流浃背。

你会认为这有点儿矫枉过正，礼貌是一回事，过多穿衣又是另一回事。许多在此旅游或工作的外国人都设法调整着装，不打领带，整洁得体就好。（不可穿短裤和橡胶凉鞋，但短袖衬衫是没问题的。）但要注意，因为正式场合事关主人的身份，所以过分考究无可指责。在发出正式请柬的婚礼上，请穿西装、打领带。如果有人脱掉西服上衣，你也可以效法，但如果冷气开得很足，还是穿着吧。

谈话

现在你已经知道了微笑的神奇力量,也会发现正确使用身体语言会让人以为你是个泰国通。如果他们认为你举止得体,就会乐于用泰语和你交谈。如果你正在学习泰语,何乐而不为呢!你最大的问题是语言障碍,只有学会泰语,才能和大多数泰国人交流。

对多数外国人来说,要学会基本的泰语需要一两年的时间,但时间实在有限。如果你学一门二至四个月的泰语课程,至少可以进行简单的谈话。也许会犯很多令人哭笑不得的错误,但你是在真实的情境里和真正的泰国人进行交流,这是能在较短时间里学好外语的唯一方法。

用英文标注泰语单词是一把双刃剑。如果你不会说泰语,当你的大脚不小心踩了一个小脚丫的时候,你说的"对不起"没有任何意义,和你说"油炸一下吧"或者是"拿开"一样,因为错误的发音无法缓和这个局面,不管你如何抱歉地微笑。所以,只有学好一些常用的泰语词汇才能帮助你,还有你周围的泰国人。不过,要和泰国人学,不是从书本上学。而且要做到曲不离口,一再重复。

泰式英语

考虑到语言问题,你多半会尽量用英语与人交流,所以你所熟悉的泰国人也仅限于工作中和旅游中遇到的人。即使是说英语,也会遇到彼此不理解的问题。原因之一是泰国的英语口语教学水平还有待提高。学生们上大学前要参加英语笔试,但很多人,包括英语专业的学生,也不能或羞于开口说英语。

经常造成误会的原因之一是泰语的发音习惯,两个辅音之间必有一个元音,而第二个辅音经常被省略,误会也由此而产生:I can go 和 I can't go 意思完全相反,但泰国人的发音总是一样的。如果你不明白为什么你的泰国朋友经常告诉你"我是泰国人

骑着大象在泰国的旅游者

（Thai）"，那么他多半是想让你知道"我很累（tired）"。

还有一些词的辅音虽然是全部发音，但之间总会加一个短促的元音；v和w不分；t的发音和英语完全不同，所以，"二十"听起来就像是"七十"，买东西讨价还价和付出租车费的时候可要当心！

游客们还会发现，一些他们熟悉的词语在泰国却有了完全不同的意义。"Satem"在这里成了"邮票"，"sanwit"成了"三明治"，"bang"是银行，而"公寓"则被说成了"aparmen"。

请的手势

时间

误解产生的另一个原因在于，泰国人可以把英语翻译成泰语，但他的语言习惯还是泰式的。所以，如果一个泰国人安排和你"四点钟见面"，那么他可能指早晨4:00，也可能是晚上10:00。这样的文化上的误解会给每个人带来不便。

泰国传统上把一天的24小时分成四部分，每部分6小时。早上7:00就是"早晨1:00"，上午11:00是"早晨5:00"。在泰国，一天之中的每一部分都有一个名称，所以不会把时间搞错。近年来，泰国人也按西方的方法来统计上午的时间，但晚上的时间仍然照旧。在口语中，晚上8:00总是说成"晚上2:00"。好在泰国人对以24小时计算的钟表很熟悉（用于收音机和时刻表），游客定约会时可以以此为标准。

请

尽管泰国人彬彬有礼，但他们很少说"请"或者"谢谢"，令外国游客感到惊讶。实际上，根据对象的不同，泰国的"请"有着细微的差别。"给我"在泰语中就有不同的说法，其礼貌程度也不同，其他的表示请求和命令的动作同样如此。礼貌的词语总是包含了"请"的成分，所以泰国人说英语的时候，游客会认为他们在命令或要求，其实他们是在礼貌地请求。虽然有些泰国人可以流利地说："请把水递给我好吗？"他们却常常令人吃惊地说"帮我把水拿来"，甚至说成"递水"，令人感到困惑。

谢谢

"请"和"谢谢"在泰语中不像在英语中那样使用，因为有其他的表示方法。最简单的就是微笑，多数情况下，一个微笑就足够了。泰国人说"谢谢你"是真心感谢

问好

你为他所做的事情，通常不用于一些小事，比如在饭桌上帮忙递东西，或你只是在做你分内的工作。所以泰国人从不会感谢汽车售票员卖给他一张票，但他在别人家做客之后告辞的时候会说"谢谢"，这表示尊敬，可能还伴有行礼或鞠躬。同时，"谢谢"也用于其他一些不太容易理解的告辞用语，比如"我先走了"。

你好

"你好吗？"可以用来问候有一段时间没见面的朋友，对每天见面的人来说就不必了。英语中的"早上好"在泰国用微笑、点头或行礼就完全可以表达了。泰国人的告别可以同样简短，但长时间的告别更显情深义重。

在内地（泰国人认为这是个英文词，指曼谷以外的任何地方），你会发现每个人都对你去哪里感兴趣，但没人问好。一句最常听到的问候语是："你去哪儿？"把它理解成"你好"就可以了，不需要告知你一天的计划。

语言习惯

语言习惯和真诚与否没有关系。外国人习惯和每个人打招呼，感谢侍应生、电梯员和汽车售票员，没有给别人带来不便时也要道歉。这样的语言习惯符合他们自己国家的文化，但是他会使泰国人感到困惑，使地位比他低的人尴尬，甚至显得他很可笑，失去别人的尊敬。如果你真的想表示感谢，不必说出口，合适的做法是给小费（但是，只给一个泰铢的小费是蓄意侮辱）。

冒犯

和会讲英语的泰国人谈话就好像是小型的国际会谈。人们会问你对泰国印象如何，食物和人怎么样。在任何一个国家，人们都会给出礼貌的回答。在泰国，你尽可以说天气太热、食物太辣、交通拥挤、小偷不少，还可以抱怨污染和蚊子（这都是泰国人抱怨的话题），不必担心会冒犯他们。只要谈话对象不是警察，你也可以抱怨警察。但是，在西方人们常用的一些话题可能在泰国被认为是不礼貌的。

第四章 和谐相处

如果对总是说溢美之词感到厌倦，可以开玩笑，最安全的玩笑是说些显而易见的谎话，比如说泰国的女孩又胖又丑，谁都不会当真的。有人问起你的年龄时，少说30岁。

如果进行较深入的谈话，涉及批评，一定要表明这不是你的个人观点，当然，通常很难做到这一点。不带任何个人色彩地和泰国人谈论社会平等问题，不是一件容易事，如你们交谈期间，他家的用人膝行过来，用银制托盘端来啤酒。如果你很欣赏国王或佛祖，你也可以和他就此交谈。如果你不欣赏这些，也要把批评的话咽下去。要知道，即使是最贫穷的泰国人，也以生于泰国为荣。

有意义的谈话

当你熟悉一个泰国人的时候，就可以进行有意义的谈话了，即使如此，仍然有别于你在本国的交谈。泰国人在办公室里可以请教上级，与工作无关的私事也可以。但他们不会和朋友谈论自己遇到的麻烦，许多美国人却认为这样做有益健康，甚至妙趣横生。所以，你和泰国人的交谈只是表面的，快要接触到实质的时候便戛然而止。这并不是说他们过于正式，他们个个看来都轻松自在，但这种放松要符合社会行为的规范。

恭维

与泰国人交谈中，他们的恭维令人心花怒放，你的一切都是他们赞美的对象：身高、头发、眼睛、肤色。如果你告诉对方已经年过40，他们会说你看上去不过30岁。对他们的口吐莲花，要保持清醒。这样的恭维可以跨越性别的界限，但记住仅限于闲谈。

确立地位

对泰国人来说，只有确立了双方的地位高低，才能真正开始谈论更有意义的话题，之前的闲谈的作用也正在于此。有些直言不讳的问题也许会让你感到吃惊，比

泰国风光

> 游客要知道，叫名字并不像在西方一样表示友好和熟悉，还要知道，桑布先生的妻子不称为桑布太太，已婚妇女和男人一样也叫名字。

如："你多大了？""你挣多少钱？"在泰国，这样的问题并非无礼，这只是他们确立你地位的简便方法。你可以给出模棱两可的回答，"我挣的钱够过日子了。"但对方不会买账，会继续发问："到底挣多少钱？"当然，你也可以问对方同样的问题。如果你实在不想说，就回答："我不告诉你。"一般不会引起不快。

姓名和头衔

不管是什么样的交谈，你都得称呼对方。泰国和其他地方一样，热情友好而又彬彬有礼的交谈通常会用到姓名和头衔。

泰国人的姓名由两部分组成，前面的是自己的名字，后面的是姓，但和英语国家不同的是，不管多么重要的人物，被介绍时，用的是名字而不是姓氏。

如果没有更高的头衔，泰国人名前都有"Khun"，表示先生、太太或小姐。他们即使在讲英语的时候，也采用同样的叫法：头衔加名字。所以，你会被称作彼得先生、罗伯特先生或弗雷德博士。

许多外国人（尤其是澳大利亚人）喜欢这种叫法，至少你用不着费心去记泰国人的姓氏，发音太难。不过，现在对外国人名字的叫法日益混乱，越来越多的泰国人认识到英语的语言习惯，开始称呼头衔加姓氏。这样做当然是为了表示尊重。如果你喜

曼谷夜景

欢就欣然接受，但要记住，尽管你说的是英语，称呼泰国人时仍然要用头衔加名字的方式。如果你喜欢泰式称谓，直截了当地告诉他们，以免人们用英式和泰式两种方法称呼你，你也许会喜欢大家都叫你的名字。

游客们不可能记住那么多泰国人的名字，但好在你可以直接叫他们"Khun"或"你"，或叫他们的昵称。昵称通常是古老的泰语单音节词，多数泰国人的名字有三个音节，源于梵文。

昵称

昵称简单，很多泰国人都有昵称，除了特别正式的场合，都可以称呼。这些昵称的意思有：青蛙、老鼠、猪、肥肥和小小，昵称前面也加Khun，游客很快就会习惯于称呼某人为"猪小姐"。

虽然很多名字都有性别之分，但昵称却可以泛指男性和女性，这就给你造成了困惑，电话号码簿里的Noy是个男孩还是个女孩呢？一定要想好对策以应对自己丈夫或妻子的询问。

重要的一点是，不管你是否说英语，不管你和谁交谈，不管提到的人在不在场，只要是成年人，名字前面就要加Khun。和泰国人十分熟悉之后，可以把Khun去掉，在名字后面加ja，听几次你就会说了。

介绍

如果你没有被介绍给同屋的人或同一餐桌的朋友的朋友，不必担心。泰国没有

> 如果来宾中有一个地位显赫的人,要明确地表现出他的尊荣地位。对他大加奉承,其他客人就会明白,不再指望能得到同样的关照。如果这位大人物吃完饭立刻告辞,也不必感到惊讶或不悦。

泰式民居

介绍的传统,你可以问对方的名字并告诉对方自己的名字。通常只有在需要知道彼此姓名的正式场合,才由第三方来互相介绍。介绍遵从地位原则,所以当一个年轻人初次登门拜访朋友时,他会被告知"这是我的父母",并知道应该对谁行礼。彼此的地位高低一目了然,因为地位高的人被介绍给地位低的人:"萨姆萨克,这位是我的母亲。"这和西方的习惯正好相反,他们习惯把地位低的人介绍给地位高的人。尽管你讲英语,也要按照泰国人的习惯介绍。如果你要把你的配偶介绍给泰国的一位要人,应该先叫配偶的名字,告诉他(她)对方是谁,这样才能皆大欢喜。

登门拜访

泰国人很少只邀请一两个人到家里吃饭,除非他们要吃饭时你恰巧在场,在这种场合,他们只是出于礼貌邀你共同进餐,你应该有礼貌地坚辞。

通常请客是请很多人吃自助餐,轻松随意,所以不必介意是否迟到。如果你只想请少数人吃正式的晚餐,一定要重申你非常希望他们到场。泰国人也许会事先不通知主人,而携一两个好友前来。

一般人不愿做不速之客,尤其是有一定社会地位的人,但泰国人则不以为然。不过,他们会区分正式和非正式拜访。

正式拜访包括地位有显著差异的人或地位相等的人,彼此并不熟悉。下级会在未受到邀请的情况下,携带水果等小礼物去拜访上司。这被认为是尊敬的表示,会受到热情接待。非正式拜访是朋友之间的往来。无论哪种情况,一般都没有事先的邀请。除非一些盛大的活动,特别的邀请很少见。常见的是客套话:"有时间到我家里来玩吧。"回答通常是:"好,有时间一定去。"而不是:"好啊,星期三晚上七点半怎么样?"

发出较具体的邀请时,通常是相约一起到餐厅吃饭,一般不邀请妻子参加。要想知道都有哪些人参加,如何着装,最方便的是问其他的人,而不是主人。(如果你问主人该如何着装,他肯定说"随便吧",到时你会发现所有人都西装革履,只有你一人穿运动服!)

穿黑衣服

参加派对的一大着装禁忌是穿黑色衣服,泰国人从来不穿黑衣出席聚会,因为黑白颜色和死亡相连。正在服丧的人去参加派对也会换衣服。如果你穿得好像出席葬礼一样去参加派对,不会有人搭理你的。话虽如此,当黑色风行一时的时候,这个禁忌也被时尚一族打破了。没有什么禁忌是绝对的,即使泰国的老话也说星期日穿黑衣服会带来好运。

在家里

去泰国人家里拜访时,通常他们会在专门接待客人的房间招待你,如果不想只待在那里,你可以到房间的外面。虽然美国人喜欢领客人参观整套房子,甚至参观卧室也较平常,但泰国人却不会这样做。但是,如果你想和泰国人真正结成莫逆之交的话,可以像对待家人一样对待他们,他们同样会投桃报李。

不管主人的家是豪华还是简朴,你都要把鞋子脱在门外,除非他们请你直接穿鞋进去。故意穿鞋进入别人家是一种粗俗不堪、高高在上的举止,会冒犯主人,当然,

泰式建筑

主人不会说出来。游客们一般把这种禁忌理解为穿鞋进屋可能传播疾病或弄脏地板。（脱鞋进屋极有可能是源于对流行疾病的恐惧。）

泰国人的家一尘不染，但你会惊讶于他们对小孩子随地便溺的纵容。有些富有的泰国人家中铺着大块的毛绒地毯，他们会像西方人一样培养孩子上厕所的习惯；但普通的泰国人对小孩子便溺在地上则十分宽容，从不责备，他们只是把孩子的屁股和地板都清理干净而已。所以你要谨记：你的小孩可以在主人家的地板上便溺，甚至在主人的腿上也没关系，但如果你穿鞋子进入房间，不管鞋子多么洁净，你就大大地冒犯了主人。

门槛

脱鞋的原则是要牢牢遵守的，即使主人意识到西方的礼仪，客气地说"没关系，穿着鞋吧"，你也要把鞋脱掉，除非主人自己穿鞋进屋。其他的习俗和禁忌已经不再严格恪守了，但知道关于门槛的规矩没有害处。据说泰国人的家里有九个神灵，其中之一在门槛上。所以，如果你去拜访的人家的大门有门槛的话，礼貌的做法是从门槛上面迈过去，不要踩踏门槛。

现在曼谷一些重要地方的门上都有英文的通告，要求游人"迈过门槛"，这不仅仅是为了减少对历史文物的磨损，更有其内在的对神灵的敬畏。

家神

泰国人家中有土地之神，房屋就建在其上，所以应邀在泰国人家中过夜的客人通常都会向奉在神龛里的土地之神请求许可，离开时表示感谢。在一些地方，人们仍然在遵循这个习俗，但游客不必恪守。

如果你在村镇的贫穷人家留

家神象

桂河大桥（比喻友谊）

宿，人们会热情待客，但你要有席地而卧的思想准备，还得对付无所不在的蚊子和适应简陋的卫生设施。

交友

内尔斯穆德是一位荷兰社会科学家，他在泰国居住了六年，用泰语阅读和交谈，与泰国人朝夕相处。他在所著《泰国的生活》（Everyday Life in Thailand）一书中说道："我就要离开这里了，没有一个知心朋友。"如果能做到如此坦诚的话，那么大多数游客在离开泰国的时候都会有同感。

即使在泰国人之间，深厚的友谊也是少见的。每个泰国人都渴望有生死之交，但他们也清楚地意识到谚语所说的"酒肉朋友易得，生死之交难求"。当然，并不是说泰国人没有知心朋友，许多人有，但也有许多人更注重朋友多少，而不是友谊深浅。

泰国社会的等级制度决定了每个人都是比上不足，比下有余，这就限制了只有在平等的人之间才能发展的深厚友谊。泰国的行为规范也限制了形成西方人所说的"友谊"的机会。泰国人很少用自己的问题去麻烦他人，即使他的内心在呼号求救。泰国社会交往的原则是：维护表面的和谐，避免冲突和尴尬，这使得泰国人彬彬有礼、言语悦人、态度友善，但无法发展持久深厚的友谊。

伪善

说到友谊，泰国人和外国游客都认为对方是不真诚的、伪善的。一个友善的外国人邀请一个泰国人到家里做客，他请客人参观每个房间，然后坐下来推心置腹地交谈一些个人问题，就像对待真正的好朋友一样。等下一次这个泰国人不合时宜地登门造访时，主人却把他打发走了。这个外国人会抱怨泰国人的友谊不够真诚，滥用了他的财产（可能借用不归还）、慷慨和隐私。

慢慢开始

泰国人喜欢慢慢地开始一段友谊，这样循序渐进的开始在适当的条件下，就能发展成深厚的友谊。一旦形成了深厚的友谊，泰国人会毫不犹豫地请朋友帮忙，也许是个大忙，真正的朋友一定会出手相助，这样朋友就变成了家人。

有时泰国人把握不好时机，在外国人还没有觉得友谊牢固的时候就请求帮助，比如张口借2000美元，外国人会觉得受骗了。虽然不排除这种可能，但也有可能是泰国人想为友谊奠定物质基础。不管是哪种情况，我们奉劝外国游客以泰国人的方式婉拒——"不凑巧，要给孩子交学费了""下个月吧"，不必觉得受到了冒犯或冒犯了对方。但如果对方对你的暗示无动于衷，那这段友谊就到此为止吧，当然要以泰国人的方式，不要接对方的电话，不接受邀请，他会明白的。记住莎士比亚的话：不要放债，也不要借债。

礼物盒

血浓于水。和大多数亚洲国家一样，在泰国的大家庭中可以找到真正的信任和社会责任感。如果不是以婚姻等形式进入这个家庭，你就是一个局外人。尽管在过去的几十年里，泰国发生了巨大的变化，但在许多方面，它仍然是东南亚国家中西化程度最低的国家之一。人们的行为方式和文化价值观念与西方有着极大的差异。所以，不管是外国游客还是泰国人，明智的做法是避免操之过急，不要轻易对彼此的价值观做判断，把关系保持在友好的层面上，不要急于发展友谊。

礼物

泰国人乐于赠送和接受包装精美的礼物。如果在收到你的礼物时，泰国人表示感谢之后就把礼物放到一边，连包装都没拆开，不要不悦。因为在他们看来，当面拆开礼物是无礼的举动，把精致的包装拆开看看里面是什么，这太粗鲁了。要把礼物放到一边，到没有人的时候再打开看，这样就免去了心里觉得礼物糟糕而嘴上还要赞不绝口的尴尬。

异性交往

泰国男人眼中理想的女性行为可以借用泰国的一位著名诗人顺通铺（Sunthorn

Phu）的话来说明。他于1844年写了《女性箴言》一书，入选学校教材。他的"对女性的忠告"经常被泰国的浪漫主义人士所引用：

"走路要慢。在走路时，手臂的摆幅不要过大；不要摆动胸部；不要用手整理头发；不要边走边说话……

不要凝视，尤其不要盯着男人看，这样他们就会一眼看穿你的心思；不要主动追求男人……

要爱你的丈夫，忠实于他。

在你的丈夫面前要谦卑。

你的丈夫睡觉时，要对着他的脚双手合十行礼，不可有一日懈怠。他身体疼痛时，为他按摩，然后你才能睡觉。

在丈夫之前起床，为他准备好洗脸水。他吃饭时，要坐在附近用心观察，这样他需要什么东西时就不必高声叫你。他吃完后你才能用餐。"

不幸的是（也许你认为是幸运的），泰国妇女对丈夫的奴颜婢膝只不过是现在男人的美梦、女人的噩梦，抑或从来都是如此。但在泰国，女性的社会地位和经济地位普遍比男性低却是不争的事实，她们经常被比喻为"大象的后腿"，意为她们和男人一样为社会经济做出贡献，但她们的恰当位置是在男人身后，支持他们。

初来泰国的外国游客对泰国妇女的这种地位低下没有深刻的感受，因为他们多半接触的是那些事业有成的职业女性，丰厚的收入使她们受人尊敬、个性独立。例如，一个高级行政秘书，能说一两种流利的欧洲语言和汉语，并能用日语进行工作交流，她的收入会远高于大学教授或军队将军的收入。

求婚

很多外国男人娶泰国女人为妻，但嫁给泰国男人的外国女人却寥寥无几。泰国男人对此有何感想呢？在许多国家，男人对年轻的本国女孩被外国人娶走都耿耿于怀，但在泰国，情况却不是

水灯节上的泰国女子

这样，至少不那么明显。

我们曾问过一些泰国男士，其中两位娶了外国妻子，他们最初的反应是从没想过这个问题，之后的回答竟惊人的一致。据他们说，泰国的女孩子有酸的（坏脾气），有甜的（温柔）。和泰餐不同，这两种味道不能掺杂在一起（虽然实际上所有的女孩都有一点儿酸）。泰国的男人都喜欢温柔可人的女孩，而外国人却好像对酸酸的女孩情有独钟。所以，这些外国人，尤其是白人，通常都娶了脾气乖戾的女孩。那么，我们为什么要嫉妒呢？我们应该为他们感到惋惜。

这种酸甜的划分用在泰国女孩身上是可以理解的，而且不同阶层有不同的标准。野心勃勃的中产阶级的父母认为他们的女儿应该是温婉可人的，而劳动阶层或乡下女孩更可能性情暴戾。泰国的男人也承认，后者更加独立，也更有趣。虽然随着社会的发展，人们的标准也在变化，但人们还是更喜爱甜美的女孩子。性情乖张的女孩被认为不知如何行事。这种划分虽然不是淫邪和贞节之间的划分，但泰国的男性通常会把它们画等号。

外国妇女应该注意这一点。泰国妇女虽然不一定要把自己包得严严实实，但温柔端庄的女孩不会过分暴露身体，身边有外国人相伴的泰国女孩尤其要多加检点，以免使他人心生反感。如果你是一个外国男人，你希望你的泰国女友衣着得体，而她想要酷不戴胸罩，裸露美腿，你也许应该告诉她，你更愿意她换下暴露的衣服，因为你希望大家都尊重她，这不是批评而是赞美；如果她争辩不从，为什么不换一个女友？对有外国女友的泰国男人来说同样如此，如果你真爱他，为什么让他陷入尴尬境地呢？

和亚洲其他国家相比，泰国人求婚的模式较为自由和容易。但中产阶级的

婚纱照

家庭仍然赞成传统的形式。最初几次约会时，女孩通常由朋友或家人陪伴。许多外国男人邀请女孩外出，她接受了邀请，却带上一两位好友赴约。对她的伙伴要和对她一样热情。现在，成熟的女孩也会独自前往，那样做并不会导致她行为不端，但她多半不是处女。

外国人也是结婚的对象，但问题的核心是他们能给家庭带来什么，因为这样的联姻并不能巩固家庭的社会和经济地位。在许多外国人看来，在泰国金钱能买到爱情。在追求女孩时，亲密关系的进展至少部分地取决于礼物，有送给女孩的和送给她妈妈的，对她的弟妹甚至是爸爸也要有慷慨的表示。通常不直接送钱（钱也不会被坚拒），而是送一些女孩心仪之物——手机、长裙和束裙的金腰带。不能送银腰带，那只会表示你囊中羞涩。很多不良女孩深谙利用传统习俗敛财之道，所以如果她管你要金腰带，别天真地以为她有意与你缔结百年之好。

如果你娶了一位泰国女孩，就意味着你娶了整个家庭。能否接受，请你三思。如果你真心喜爱她的家人，喜欢陪老泰山喝上两杯，这是个不错的结婚理由，但也不要因此而娶她。你要隔三岔五请她全家出去吃大餐，自然是你埋单；你要经常给她家里送鲜花、水果和美食。如果她家还没有电视，或者电视太破旧了，给他们换一台大电视，你就能成为她家的座上宾，这个办法相对来说破费不大。

最初的几次约会之后，你已取得初步信任，可以单独带女孩出去了（仅针对于良家女孩，其标准因女孩的年龄、结婚的愿望和独立性有所差别）。你可以在来接她出去和送她回家之际，和她的父母聊会儿天。你会逐渐熟悉她的家人，有些根本没有血缘关系。在你还没有请求女孩嫁给你的时候，她的家人会半开玩笑地先问你何时成为他们家的女婿。等你呈上金手镯和金项链，别忘了给女孩妈妈也买一个，你求婚的意图就非常明白了，其余的只是具体事宜。如果你反悔，礼物是不退还的。

结婚戒指

放在花瓣中的婚戒

在泰国金质的结婚戒指不像西方那样有重大的意义,所以如果你心仪的女孩左手无名指戴上了一枚金戒指,别以为她已名花有主。反之,没戴结婚戒指并不意味着未婚,最好直接问她本人。婚戒的佩戴和其他首饰没什么区别,不过如果你愿意,或者你的父母要来泰国见媳妇,可以给她戴一枚结婚戒指。要是她为了买更喜欢的东西而把婚戒卖了,你也不必伤心难过。婚戒的佩戴对男女都一样,不要据此轻易做出判断。传统婚礼是把两个人连在一起,戒指无足轻重,不过现在如果你愿意,也可以在婚礼中安排这个环节。婚礼中要当众将彩礼交给新娘的母亲,此外还有金项链和戒指。

卖淫

许多男性游客愿意花些时间找从事色情业的泰国妇女为伴。据估计,有1%~5%的泰国女性从事这个最古老的行业。也就是说,有95%以上的泰国妇女不是妓女,你应该记住这一显而易见的事实。

那些操皮肉生意的女人受到男性游客的吸引,其实是受到金钱的吸引,许多游客由此对泰国妇女产生了误解,就如同泰国男人误解西方妇女一样。想向妓女学习泰语是不可能的,因为她们绝大多数都说东北方言,即老挝语。

在泰国,妓女社会地位低下,但她们自己的村庄和家庭可能并不认为她们寡廉鲜耻,这两个地方对她们来说意义重大。她们的家人常常是相互串通,刻意使她们成为妓女,并且整个村子或地区构成一个卖淫网(并不在村里,而是在远离村子的地方)。卖淫女虽然颜面尽失,但她们赚来的钱足以给她们带来他人表面的尊敬,以满足她们的虚荣心。除了赚钱,她们还通过无视泰国的社会规范来获得心理的补偿。有时,她们自成一体,完全脱离泰国人的圈子,只接受来自阿拉伯或日本的外国游客、疯疯癫癫的本国野丫头和服饰奇异的变性人。她们收入颇丰所以能保持独立,但与著名诗人顺通铺(Sunthorn Phu)所推崇的女性行为规范背道而驰。

规范

泰国妇女从没有像她们的印度和日本姐妹一样受到丈夫的严格约束,现在她们有很多人在自己的职业中有所建树。但不论她如何事业有成、心胸开阔或意识先进,如果她敢于和男人手拉手在街上散步,即使那男人是她丈夫,那也是一件丢脸的事。曼谷的花花女子在公共场所卿卿我我,令他人侧目。不管她是泰国本地人还是外国人,如果一个女子忽视了性别界限,就会使良家妇女避而远之,靠近她的男人都心怀叵测。

这一切都与人们生活的范围有关,私人生活因人而异,不是本书探讨的范畴。泰国人有一种本领,只要不是显而易见的东西,他们都可以视而不见。所以,如果有人家的女儿在大城市"工作",不断往家里寄钱,过了异想天开的年龄后,拖儿带女回到乡村生活是完全没有问题的,即使不知道孩子的父亲是谁。当然,人们对举止不当的认识和反应也是不同的。

不当举止的范畴在各地都在变化,在泰国,它指异性之间的任何身体接触。即使没有身体的接触,妇女也不该单独接近男人。例如,在泰国的大学里,如果女生需要去见男导师,惯常的做法是由一名女性朋友相伴,女伴不必说话,唯一的作用是陪伴。另外,正派女孩最初和男友约会时也要带女伴。女伴不仅陪伴在侧,而且对男孩的人品做派发表意见。

同性之间的身体接触不会招来惊异的目光,他们可以在公共场合携手同行。许多西方男性对此很难适应。他们不必改变自己的行为习惯,但他们应该理解,同性把手放在他们的膝盖上只是表示友谊,而不是同性恋的行为。

两性社会交往的种种限制给外国女游客和泰国的职业妇女带来了一些问题。社交聚会经常分为男女两个圈子,男士坐在一起喝酒聊天,女士准备食物。西方的妻子也许并不想只和其他女士在一起,人们知道外国人的习惯,所以,并不介意她们陪伴在她们丈夫身边。但对西方人习惯的宽容是有限的,如果外国男士为了表示礼貌而和女主人在一起交谈时间较长,泰国男主人就会心生不悦。女主人出于礼貌不好意思转身离开,男主人也不会公然表示反感。当然,现在情况发生了变化,而且多数类似的社交活动由外国人参加

泰式护身符

云石寺

或主持，遵守外国的文化和规则更合适。

在很大程度上，游客要自己决定两性交往中的尺度，但要记住在泰国人貌似平静的外表下，什么都可能发生。泰国居高不下的杀人事件有很多是在特定场合的激情犯罪。如果泰国社会无法为外国游客提供一个轻松的氛围，游客人人自危，那么泰国人也会同样尝到苦果。诚惶诚恐地避免伤害所带来的只能是表面的安宁。

短裤

这一点不是至关重要的，却很实际。不能接触异性的禁忌同样扩展到内衣，即使没有穿在身上。如果你的衣服是男人负责清洗的，别指望他会替你洗内衣。虽然做男洗衣工并不比做男厨师更丢人，但给女人洗短裤会伤害他的自尊心。女仆也会拒绝洗男主人的衬裤，但不是绝对的。

不适应

阅读了这些章节以后，你是否已经对适应泰国社会胸有成竹了呢？也许我们使你兴味索然，也许你觉得这太难了，不值得一试。我们的确没有给你呈现一个透过玫瑰色镜片所看到的泰国，如果你参团旅游，不难见到完美无瑕的美丽泰国。如果你想在此多待些时间，就准备好接受一个更真实的泰国吧。你用不着全盘接受它的方方面面，多数泰国人尚且不能如此，又何必苛求你自己呢？

我们说过，问题在所难免，但都会迎刃而解；我们也说过，尽量不要惹是生非。记住，那些你不以为然的现代泰国文化之所以能存在，就是因为泰国人的宽容，同样的宽容也会给予你这样的异乡游客。只要你是个男人，他们会允许你进入神圣的僧侣制度，但没有人会强迫你改变宗教信仰。你可以完全融入其中，你可以部分投入，你也可以只作壁上观，没人强迫你变成泰国人。这是你的生活，尽情享受吧。

第五章

实际问题

"看尾巴知大象,看母亲知女儿。"

——泰国谚语

兰卡威岛

如果你对泰国的物质文化一无所知,甚至找不到去银行和办公室的路,那么探究泰国文化的优劣,找到自己的位置就显得毫无意义。在最初的日子,你有许多的事情要做,还顾不上学习泰语、了解泰国人的处世之道,或加入文化探险之旅。你要找住处、整理文件、开设银行账户、安排孩子入学等。虽然了解泰国的文化有助于你处理这一切,但不幸的是,这些事情刻不容缓。

雇主能够或愿意提供给你的帮助是因人而异的,大使馆最乐于出手相助。如果你有幸是外交官或使馆工作人员,你完全不必操心,自有人为你把一切办妥。本章希望能帮助普通人做好生活安排,在教育、交通等方面提供帮助。

你最需要的必备工具是一本最新的电话黄页,在你最初下榻的酒店应该能找到。如果酒店不出售,你可以在新路大邮局的公共电信服务中心买到。第二件必备工具是英文日报。第三件是外国人常去的超市的布告栏以及超市里的广告杂志。但是,我们还是先从入境开始。

签证

如果你停留不超过30天,并且来自于多数欧洲国家及澳大利亚、新西兰和美国,那你无须签证。来自巴西、韩国和秘鲁的游客根据外交协议可居留90天且无须签证。来自于未设立泰国使馆的其他国家的游客可申请落地签证。短期的旅游签证不能改换成其他签证或延期,除非你住院或入狱。不过,来自于未设立泰国使馆的其他国家的游客可以到周边邻国,它们都设有泰国使馆,在那里取得适合的签证后再回到泰国居留就业。

现在在东南亚的每个国家都有泰国大使馆,在下列国家也有泰国大使馆和领事馆:澳大利亚(堪培拉、阿德莱德、布里斯班、墨尔本、珀斯和悉尼)、加拿大、法国、德国、英国和美国(伊利诺伊、洛杉矶、纽约和华盛顿)。可以直接去大使馆申请或邮寄申请表。此外还需要有效期不少于6个月的护照、工作证明或退休证明,还需要多准备几张照片,签证和各种表格上都需要照片。

如果你要来泰国工作而你的雇主没有安排妥当,你可以申请有效期90天且可延长的非移民签证或非移民商务签证,后者允许一年之内多次往返,但每90天需离境,不过你可以设法取得往返柬埔寨边境的签证,只需1天时间(可留意英文媒体广告)。另外一个选择是去老挝的万象,但时间稍长,而且老挝的落地签证收费为31美元,有效期15天。住在普吉和南部的人可以看报纸或求教于住在当地的外国人,坐船去马来西亚的兰卡威岛,在那里申请新的签证。当然,如果你供职于一家知名公司,就不必为签证劳神了,会有人为你摆平的。

泰国政府对那些持非工作签证频繁出入境的人态度是矛盾的。有些人的护照上满是密密麻麻的泰国签证,但却有可能到达后只获得短期停留的许可,所以他们中的多数人就立即去本国大使馆重新申领护照,一切从头开始。政府这种矛盾的态度很难给出逻辑性的解释。泰国是世界上为数不多的给予游客自由入境的国家之一,因为泰国认识到游客的到来会促进经济发展。那些想继续留在泰国的人要不时离开泰国到周边国家再回来,这就意味着给那些国家带来签证费,而泰国一无所获。偶尔的镇压会使那些真心喜欢泰国而想要留下的人三思而行。虽然有些人只是为了帅哥美女而留下,但毋庸置疑的是更多的人是真心喜爱泰国支持泰国。很多人是在这里教英文,工资不高,他们的资历不够申请工作签证,但泰国从中受益。他们很多人努力学

泰国护照

习泰语，尽自己的义务。大量的西方游客以泰国为家这一现象本事就是对泰国的最大褒奖，不过人家却不一定领情。

在天堂退休

近年来，针对有人想在泰国颐养天年，泰国推出了一些新举措。他们可以在本国先申请为期90天的非移民签证，然后延期为1年。你需要年满50岁，并向移民局提交下列证明：

- 护照、签证页复印件。
- 一张照片。
- 每年至少8000泰铢的收入证明（银行证明，领取退休金通知）。注意：不必将钱存入泰国银行。

如果你年龄超过50岁，有中等养老金，不打算在泰国从事正式职业，就完全符合条件了。在这里开始写你的回忆录吧。你不享受泰国人的任何权利，比如免费医疗，但可以享有当地医疗保险，在泰国当地医院接受较为便宜的医疗。多数退休者发现他们的退休金在本国生活拮据，但在泰国却可以过上舒适的中产阶级生活。

完税

任何没有特权的人只要在泰国取得收入，必须得到完税证明，可去位于曼谷的税务部［电话：（02）281-5777］或各省首府的税务办公室办理。省内首府的税务办公室很好找，因为与省同名。

曼谷地铁站入口

电力

和亚洲以及世界上多数地方一样,泰国的电是220伏的,按月付费,如果你连续用空调或用大冰箱,电费会很贵。插座是两孔的,圆孔或扁形。没有地线,所以最好使用绝缘电器。虽然电力供应较之以前大有改善,但电流突增会使敏感电器受损。在当地买一个不间断电源稳压器花费不多,而且可以保证你的电脑安全并避免资料丢失。

煤气

许多住宅都提供罐装煤气和烹饪设备。只需给供应商打个电话,煤气罐很快就能送到并接好。如果你找的房子没有这种服务,在签租房合同之前建议房主买好煤气罐。如果不行,可以从相邻社区找一家供应商,他们在超市和英文媒体上登有广告。为了防止你给老板和公司的50位同事做饭时突然煤气用尽,最好准备两罐煤气(一大一小)。

电话、电视和因特网

TOT(泰国电话局)和亚洲电信提供固定电话服务,要确定你租住的房子有固定电话或可以在入住之前安装完毕,因为你也许要等待一段时间才能安装,这取决于你住的地理位置。不要答应与房主或其他房客合用一条电话线,除非你有自己的住所或有工作准证,否则拥有手机是违法的,但似乎人们对此并不理会,任何游客都可以在超市买一部手机,价格低廉。你也可以在同一家店买二手手机,价格便宜1/4,外观和新的手机一样。几乎任何地方都可以给手机充值。有些游客不愿意要固定电话,或干脆把固话停掉,免得女佣偷偷打长途电话给她的家人。固定电话的账单,国内电话每月支付,国际电话每两个月一付,可以通过你的银行账户支付,如果银行不提供此项服务,换一家银行。即使你每月按时支付电话费,你也不会被列在泰国的电话簿上,因为这个电话号码列在你的房东名下。

公用电话

> 如果电话线路有故障，拨打17和出故障电话号码的前三位。

有线和卫星电视能使你选择你听得懂的语言，随时了解自己国家和世界的新闻，节目众多，收费低廉，电话簿上可查到服务号码。如果你买泰国生产的电视，物美价廉，而且可享受有线服务费的优惠。

因特网服务日新月异，现在你支付很少的月费，就可以享受无线上网、迅速装机、即时电话报修等服务。出门在外，咖啡厅和酒店都有无线网络。泰国最大的好处之一就是你所购买的东西，比如最新网络电视，会在当天免费送货上门，并且安装调试，如此优质服务，只需一个电话。

水

不要饮用未经处理或未烧开的自来水，泰国人说现在的自来水无毒，可以放心给宠物喝。大大小小的瓶装水很多，可安排送水上门。水瓶越大，价格越便宜，大的供水商较为可靠。如果不愿意买水喝，一定要把自来水烧开再饮用。有人只喝白开水，并使用较大容量（3升或5升）的电水壶保温。有些外国人说他们只喝自己烧的水，不喝经过处理的瓶装水。用电水壶泡茶、冲咖啡、泡面也很方便，任何电器商店都可买到。那种只需按下按钮就可工作的电水壶比较方便，还可随时加热。自来水按月付费，有些房东会先行垫付，再向房客收取。

> 两家最大的瓶装水供货商：
> ■ 布罗德［电话:（02）241-1361］
> ■ 迈那瑞［电话:（02）676-3588］

住宿

临时住所

曼谷的住宿房源众多，租金合理，你可以很快找到住处。同时，因为房源较多，总有还价的余地，所以花些时间也是值得的。可先选好某一个地区的房子，多实地看几次再签约。签约之前要把租金压低些，要求额外提供家具，还有狗舍。如果在此期

泰国喜来登酒店

间需要临时住所，有许多价格不等的房子可供选择。

即使你有家人，也可考虑住在酒店，因为房间较大。许多酒店有相通的房间，还有些有游泳池和健身房等设施，多数提供精美早餐。住酒店的一大好处是一旦找到合适的房子可以随时退房。绝对不要接受高房价，哪怕只住几天或几周，也要有大幅度的房价折扣。注意，有些高档酒店有团队房价，非常实惠，还为你和配偶提供上好的早餐，略施小计的话，孩子也可享用。

你可以上网搜索相关信息，点击"泰国"，可以找到大量网址提供打折房价。两个网址很值得一看：

- http://directrooms-thailand.com
  该网址没有列出最便宜的酒店和客栈，但提供了极为详细的每日打折房价和季节性打折信息。
- http://www.the-b-and-b-registry.com/thailand/
  该网址有时提供极好的信息和折扣。

如果你临时居住的时间相对较长，或在泰国居留6~12个月时间，可以考虑租住公寓。公寓通常有女佣服务，在许多方面和酒店相似，但房间更多，也更加宽敞，包括一个小厨房和基本的厨具、炊具和床单（在你等待个人物品到达时尤其有用）。通常需要可退还的押金。如果押金只是为了赔偿损坏的物品，或者提前离开扣减租金，那么是可以接受的。房租以月为单位提前支付，租期在6~12个月的房租较低，而租期不足一个月的房租较高，而且有时无房可租。租金通常包括了常用物品，需要仔细核对额外服务。下面是一部分出租公寓：

■ Cape House
电话：（02）658-7444；传真：（02）237-8300-4
■ Centre Point
邮箱：cpsales@centrepoint.com
■ Emporium Suites
电话：（02）664-0000；传真：（02）669-990
邮箱：info@emporiumsuites.com
■ Palm Court
电话：（02）267-4050；传真：（02）267-4080
邮箱：siri_santhorn@a-net.net.th

泰国普吉岛民居

房屋中介

中介经常在当地的英文日报做广告，如果你是自己付房租而且时间允许，最好多接洽几家中介机构。他们通常非常友好而且车接车送。交易成功的话，他们只向房东

临时住所

如果你是自己付费租房，希望租到物美价廉的房子，可尝试以下市区地点：

■ Bangkok Christian Guest House
电话：（02）233-2206 传真：（02）237-1742
邮箱：bcgh@loxinfo.co.th
总是人满为患，必须提前联系。不必身为基督徒，但传教士有优先权。因为房间供不应求，所以鼓励长期租住。提供早餐，环境优美安静，但不欢迎夜猫子和调皮女孩子。

■ Bangkok YMCA
电话：（02）287-1900 传真：（02）287-1996
邮箱：bkkymca@asiaaccess.net.th
需提前预订。

■ Holiday Mansions
电话：（02）255-0099

收取中介费用。你经常会遇到不同的中介带你看同一所房子，不要阻止他们。从他们不同的介绍中你可以知道更多信息，而且他们给出的房租价格也不同，这是因为有些中介为了做成这单生意，情愿把他们的佣金让出一部分。

在任何地方，房子的地理位置都是至关重要的。你得权衡你上班的便利和孩子上学花的时间。如果你主要乘公共交通工具出行，包括出租车，那么，即使你的房子地处中心地区，但在一条长长街道的尽头，你在酷暑中走向远处的车站也是一件令人头疼的事。

泰式公寓内部

正对着英国大使馆的边门，便于乘坐空中列车，去中央商场、购物中心和市中心。通常有房间，但需先电话联系，可要求打6~7折。房间宽敞，如可享受打折很划算。不提供早餐，但隔壁就有精美早餐。

■ Tower Inn

电话：（02）237-8300-4　传真：（02）237-8286

邮箱：towerinn@box1.a-net.net.th

■ Souk 11

电话：（02）253-5927/253-5928　传真：（02）253-5929

邮箱：suk11@suk11.com

网址：http://www.suk11.com

如果你在泰国从教或求学，此处是最佳选择，优于该地区绝大多数客栈。建筑和装饰独树一帜，多数房客为年轻的背包客。餐厅风格独特，客人可席地而坐，享用精美早餐。靠近景点，交通便利，物有所值。如果你居住时间较长，还可要求房价折扣，实在是曼谷地区的廉价住所。

曼谷市中心

如果找好了房子，就开始讨价还价。房屋中介可能会压低房东的租金，甚至他们自己的佣金，以利于尽快成交。也许要事先支付一部分房租，通常是6个月的。多数中介并不是骗子，他们都很友好，会给你提供真正的忠告，包括租金方面的意见。但要记住，你不是向他们租房子，而且一旦交易成功你以后也不会再和他们打交道了。和他们友好相处，享受找房的过程和中介的陪伴，他们有可能是你在工作之外接触的第一批泰国人，不过，生意是生意。

如果房东把房子托付给不止一家中介，那么，你有可能绕过中介直接和房东接洽，价格会更低，但你们双方都要显示出对方是不可信赖的。如果两家中介给你看的是同一所房子，那你最好给一方打电话告知你要中止与他们的合作，而通过另一家中介租房，这样你可能得到更大的折扣，所以在最终签约之前可以打个电话。

住宅

寻找你的理想住宅、公寓或房屋时，不要轻易决定，对照下面几条来检查：

- 你的感觉良好吗？第一感觉很重要，但也不是至高无上的。
- 环境吵闹吗？（高峰时间的交通流量、邻居的小孩、学校、周边正在进行或筹划中的建设。）
- 上班要花多少时间？
- 送孩子上学要花多少时间？
- 十月份时屋顶是否漏雨？该地区是否发水？在干旱季节这一点很难判断，可以向邻居询问，同时还可以看他们是否友善。
- 水龙头漏水吗？水压如何？水泵声音嘈杂吗？（不管中介说得多好听，你不会适应那种噪声的，而且还有可能出故障。）

用人（家政服务）

对那些许诺低价提供家政服务的中介要保持警惕，你的同事介绍的人会比较可靠。随着泰国日益成为发达国家，家政服务的模式也在变化。年轻人更愿意去工厂上班，那里社会生活丰富，好于一周六天在外国人家里工作。不过，也没有必要请一个全天的用人。就像女佣会去传统的市场一样，你可以自己去超市购物。如果你愿意，可以请人一周四五次来家里打扫卫生。

你会比泰国人付更多的钱给女佣、园丁或司机，这也是合理的，因为他们不可能指望有很长的工作期限。虽然你对他们很好，但和外国家庭生活在一起是乏味的，除非你雇佣一组人，但现在几乎没有外国人雇得起这么多用人，也没有必要。你还可以总是把电视调到泰语频道供用人观看。那些经验丰富的用人公认在美国家庭服务最好，欧洲和澳洲的家庭次之，最不好的是

家政人员

- 窗上是否装有安全护栏？检查逃生通道、门锁和保安措施。有些街道有社区保安，只需付很少的费用。
- 防蚊纱窗是否完好？
- 是否安装好电话？等待安装需要极大的耐心。有固定电话的好处是你可以和家中的女佣保持联系，并且可以检查她是否打私人电话。最初的时候尤其需要电话，但手机更有用。
- 房租都包括什么？在曼谷和清迈，房租里应该包括家具、空调、吊扇、带炉子和冰箱的厨房。通常不包括服务费。记住在讨价还价时，可以要求其他家具，或把不需要的家具搬走，但不能增加额外费用。要等全部承诺都实现之后再把租金付清。有些房东会要求你签一份合同，合同中约定的房租低于实际的房租，这是为了避税。

大王宫

来自亚洲其他国家和中东的家庭。用他们自己的话说，这表现在劳动量的多少（越少越好）、空闲时间的多少、薪水高低、是否友善和练习外语的机会有多少。有些甚至认为接触外国人是有益的，通常是年轻的女孩，想找一个外国男友或丈夫（二手的也没关系）。

除了熟人介绍之外，雇女佣的最佳渠道是通过外国人的组织，比如英国俱乐部、美国妇女俱乐部和曼谷社区服务社。它们都有布告栏，有些还组织女佣市场。此外，超市和报纸的广告栏也有服务人员的广告。和家政服务人员面谈时，要把这些讲清楚：

- 过去的服务经历和前雇主的介绍信。如果可能的话，可以去核实。
- 工作日和休息日。一般一周休息一天，再加上泰国新年，或因家里人的红白喜事而缺席。
- 要完成的家务。
- 是否要雇主提供食宿？
- 饮食方面的好恶。
- 薪水。通常于月底支付。
- 性情。当然家里有一个友善的人比较好，而且给面带微笑的人下命令也更容易。

在最后敲定之前，最好带用人先到家里来，熟悉要做的工作和规矩，见一见孩子和宠物狗。如果用人住在自己家，尽可能到她家看看。估计一下从你家到她家的距离（越近越好），找到一种联系她的方法，以便在她没有来时找到她（也许是她家边小店的电话）。如果她生病了要出点小钱医治，如果被你家的狗咬了，就要多破费些了。在泰国新年前（4月13~15日），要给用人发第13个月的工资。保留一份她的身份证复印件，确保你知道她的全名、外号和地址。如发生解聘，要当时给出合理的解决办法（除非发生盗窃或重大错误），立即将房子钥匙收回。

女佣服务

家政服务中介会收取你的费用，不收女佣的。有许多不良中介，两家收费合理的中介是：

■ 女佣预订

邮箱：14115，曼谷，10140

电话/传真：(02) 874-0210

网址：http:www.maidtoorder.net

■ 合作服务

电话：(02) 630-2052

提供全职和兼职的女佣和司机。

蒲枷

在你的新房子里可能有一间小屋，不能算是卧室或别的，那就是叫作蒲枷的房间，用于安放佛像或让人静思。佛像有可能已被取下，如果没有取下，你也想静思的话，可以请女房东（房屋租赁中多是女人而不是男人）把佛像留在那里。她也许拒绝，也许欣喜。你要尊敬那些佛像。

传统厕所和洗浴

在你现代化的泰国的家里，当然有豪华的大理石墙面、日式的浴缸和卫生设施（都是泰国本土制造的高品质产品）。但有一天，你也许正在郊外旅游时或在小旅馆时突感内急。作为一个有理智的人，你当然会在外出前上厕所，你也会知道一旦发生腹泻，你只能跑向简陋的木板茅厕，无奈地瞥一眼苍蝇乱飞的茅坑，实在不明白厕所怎么是这个样子。其实，在你的眼皮底下，在你居住的现代化的小区的用人住宅区，厕所就是这样的，只不过干净些。问题是，很多泰国人喜欢这种蹲式厕所。

使用厕所的指令一般不会写在墙上，所以最好把下面的内容记住，你会用到的：

■ 根据陶瓷脚踏垫的大小和位置决定面朝坑位的哪一边。然后，蹲下身来，背部在坑位上方，但不可坐下或站立。

■ 男性要注意，长裤拉下的程度和使用坐式马桶时相仿，但这会使你的裤兜开

公园里的公厕

口正好朝向坑位。从那里取回硬币、梳子和钱包的经历一定是前所未有的。

■ 更加完善的传统厕所里会有一个锈迹斑斑的铁钉钉在墙上,高度正好你够得到,钉上有一些泰语的报纸片,这可不是用来阅读的。使用时要留神报纸中间有钉子穿的洞。用过的报纸要扔到远处犄角的纸篓里,即使扔不进去,也要尽量靠近目标。无论如何,不可以把纸丢进厕坑,并不是出于循环利用的目的,而是防止下水道堵塞。

■ 有时厕所里没有纸,但有一个水桶,或一小罐水及一个勺子。把水从勺子里倒到左手里,把自己擦干净。然后用剩下的水洗手,如果还有水的话,冲厕所。

如果你在尝试接近自然之后感觉有些沮丧,为什么不来个洗浴呢?泰国传统的浴室朴实无华,但令你身心放松。把你所有的衣服都挂在一根钉子上,用塑料碗或桶将水舀起来,浇在身上。打肥皂,再淋水。水会从墙上专门设计的小洞流走。如果没带毛巾,建议你买一个手帕;如果不想买,在泰国的干燥季节里,有40秒身体就干了。尽情享受吧。

家庭宠物

带猫狗等宠物进入泰国不算麻烦,但把它们带回自己的国家却要大费周折,所以许多外国人都觉得那样做得不偿失。泰国还没有确立检疫期,但对来自于某些国家的动物和个别看上去病怏怏的动物要进行检疫。要给你的动物做全面接种,包括狂犬疫苗。离境前联系泰国大使馆,以便知道注意事项。如果你可以得到航空公司的许可,你的动物可以作为行李随机,但要有妥善的容器盛放,到达机场时可得到入境许可。

如果你已找好住房,就可以搬进去了。只要你的狗训练有素,带入廉价旅馆和餐厅是不会招致非议的。一些临时和永久住所也不禁止养狗,但有些是禁止的,所以要事先考察清楚。

要知道到泰国之后，猫和狗面临着新的疾病，比如难以根治的兽疥癣。兽医服务多数较好，电话簿中列有服务电话。不要一时冲动养可爱的小猴子、蜥蜴和蛇，除非你已做好准备生活在笼子里或森林里。

学校

在泰国的外国孩子上学可有多种选择，我们先从多数人不会加以考虑的地方说起吧。

泰语学校

虽然法律禁止外国人的孩子进入泰语学校就读，但人们并没有严格执行，尤其当孩子的父母一方是泰国人的时候，或者你选择付费学校。较之国际学校的收费，泰语学校的收费是微不足道的，但这些额外的收入可以吸引优秀教师，购买教学设备或修缮校舍。对一些收入微薄的外国人来说，比如边远地区的传教士，本地学校是他们的不二选择。随着外国人在泰国从事工作的日益多样化，他们和泰国人的接触也更加紧密，但有些工作的报酬很低。教师就是一个典型的例子。一般在泰国教授语言的外籍教师都是夫妇，靠两个人的微薄收入度日，所以当他们的孩子来到泰国之后，当地的学校就是他们能支付得起的唯一选择。

这些泰国学校教学方法传统，每班有30~40名学生，非常拥挤。多数时候是老师站在黑板前面讲课，而学生坐在下面听讲，最初时候的学习大多是死记硬背，但这对于初学泰语的外国孩子来说也不是坏事，而且他们不会感到孤独。在许多边远地区，学校里的大多数学生在家里说方言，所以他们的泰语水平和外国孩子是一样的。

孩子越小，选择泰国学校的可能性越大，即使你不住在边远地区。曼谷的一些泰语幼儿园的水平是可圈可点的，

泰国小学生

你7岁以下的孩子可以和泰国富人的孩子一起玩耍，学习泰语和英语。你供职的公司也许会支付孩子上中学的学费，但一般不支付幼儿园的费用，好在泰国幼儿园的收费合理。

如果你的孩子进过泰国的幼儿园，上泰国的小学就没问题。小学阶段的课程是全国统一的，教学语言是中部泰语。6~7岁上一年级，主要学习语言，从背诵泰语字母开始。所有孩子都要遵守纪律，上下课打铃。至今对蒙台梭利教学法涉猎甚少。学生穿校服上学，早8:00至下午3:30在校，孩子们自带午饭。

学校附近的小餐厅也提供午餐，是装在金属碗里的套餐。外国孩子大概不愿意因为吃西餐而显得和其他同学格格不入，而且在泰国吃泰餐比起回国吃泰餐，价格才是几分之一呀。

家庭教育/函授课程

一种人们较少考虑的方法是父母在家里自己教孩子。如果你的孩子已经超过7岁，那么上泰国学校是不现实的。如果你在泰国居留的时间短于一年，而公司又不为昂贵的国际学校学费埋单，你可以考虑自己教孩子。但是，你需要得到你本国的学校的帮助，必要的准备也是不可或缺的。孩子回国以后要想和他的同伴进度一致，你就必须经常和班级保持联系，这样做可能是双赢的，老师可以把你孩子的书信、照片和磁带作为教学资源。在你离开之前老师会帮助你拿到全套课本，以及教学目的、测试和作业的框架。如果你的孩子是个中学生了，各科都有英、法、德、西班牙语的函授课程。各国函授课程的信息可以从下列渠道获得：

泰国学生在举行活动

■ 美国大学校友协会语言中心图书馆
　　电话：（02）650-5040-4
　　传真：（02）254-4338

■ 英国文化处图书馆
　　电话：（02）252-6136转504
　　传真：（02）253-5311-2
　　网址：http://www.britcoun.or.th

■ 澳大利亚教育综合数据处理
　　电话：（02）231-0531-3
　　传真：（02）231-0530

■ 新西兰教育中心
　　电话：（02）254-2530转46
　　传真：（02）256-0129
　　邮箱：nzecbkk@loxinfo.co.th.

泰国学生

英语之外的其他语言，请接洽大使馆和领事馆。

国际学校

多数在泰国的外国孩子会进入国际学校就读。尽管国际学校数量不少，但最好还是在来泰国之前就开始联系，有些允许中途入学，但有些不允许。如果从学校寄给你的印刷精美的宣传册中找不到答案，可以直接给学校打电话咨询。如果你在泰国的工作地点已经确定，在其他条件相当的情况下，尽量选择近处的学校。如果学校较远，孩子不得不坐很长时间公交车。课后学校里还有孩子想要参加的重要课外活动，你只能坐车去接他，要知道任何时候都是交通的高峰时间。

出生、结婚和死亡

这些生老病死的事情都归你们大使馆的领事部门管理，都需要大使馆的介入，所以最好尽早安排。咱们从结婚开始谈起。

结婚

很多外国人和泰国人结婚，几乎所有的婚姻都是外国男人娶泰国女人。许多大使

泰国结婚花

馆要提供未婚证明，再交很少的费用，就可以去当地的婚姻登记机构办理结婚了。是否举行泰国的婚礼取决于双方的意图。传统上男方要给女方家送礼，礼物价值一般在500~2000美元。如果女方出身中产阶级，并且受过良好教育，尤其是她还是个处女的话，礼物要更多。但是吧女和拖儿带女的离异妇女不在此列（取决于妇女本人，有些仍然索要高额礼品，有些结婚数次）。如果这位妇女最后离开了这个男人，理论上讲，礼品是可以索回的，但外国男人通常就算了。

泰国妇女嫁给外国人以后丧失了很多权利，比如，她不能拥有土地，但有些迂回的办法，她可以保留婚前购买的土地，并且可以传给她的泰籍后代。外国男人如果要单独或与泰国妻子联名购买房屋是有一定条件的，这些规定并非一成不变，所以要与移民局联系咨询，后者自然是支持他们的购房行为的。法律规定，泰国人和外国人的子女拥有双重国籍，直到孩子18岁，由他们自己选择。

离婚同样需要到结婚登记的地方。如果双方没有财产争议，离婚并非难事。许多人，包括泰国人和外国人，宁愿同居而免去离婚的麻烦。有些已经结婚的人也不想受离异之累。但如果外国人的泰国妻子一走了之了，他就会比较麻烦，因为已在大使馆备案，所以他需要请一位泰国律师给他取得离婚证明。

生育

主要城镇的接生条件很好，尤其是在曼谷和省首府。医院提供出生证明，注明婴儿父母的国籍。如果是未婚生育，一定要在出生证明上注明父亲的名字，否则将标注"父亲不详"。你要在省级机构将孩子的名字登记，并取得图章。携带出生证明、孩子的护照照片到你所在国大使馆，给孩子的出生注册并取得护照和你所在国出生证。这会在你携孩子离开泰国回国时免去很多麻烦。如果孩子父母拥有双重国籍，泰国一般承认父亲的国籍为孩子的国籍。如果父母一方为泰国人，孩子也会拥有泰国国籍。如果你的国家承认双重国籍，那么泰国的法律允许孩子拥有双重国籍，至少到18岁。泰国在这方面比较宽松，只要每三年一次护照延期时顺利过关就可以了。

死亡

要在第一时间取得你所在国领事的帮助。给尸体进行防腐处理并运回本国安葬，费用较高，人们通常选择在寺庙的火葬场火化。和泰国人结婚的外国人最好取得一份用英文或其母语以及泰语写的遗嘱，尤其是死者在境外取得的重要财产要由只持有泰国护照的第二任妻子继承时，遗嘱尤其重要。

取得法律援助

大使馆里的领事馆有精选的泰国境内的律师名单，你可以就刑事案件或民事案件用英语和他们交流。英文的电话簿里列有领事馆的电话，网上也可以查到。在没有大使馆的国家通常也有荣誉领事，他可能是个会说你的语言的泰国人。许多泰国律师都有自己的专长，比如土地或离婚，不受理刑事案件。在他们的专长范围内，他们收费较低，而且没有繁文缛节。最常见的问题是：我是在泰国结婚的，可以在我们本国每年注册吗？回答是肯定的。但如果是在西方国家登记结婚的，要在泰国注册就十分困难。

金钱事务

银行业务

泰国的银行业发达，自动取款机随处可见。银行还提供电话和电脑查询业务。外资银行业绩良好，可以进行国际货币转账，其实这些业务在泰国银行一样提供。银行转账收取

泰国硬币

3%的手续费，但是用贷记卡从自动取款机上取钱不收取费用。用信用卡从银行可以提取现金，但受信用额度限制，目前的手续费是3%。电汇需要3天时间，收费更高。个人之间的汇款业务西联银行最快也最贵。出于便利，多数外国人使用曼谷银行和泰国农业银行。这些大银行的支行和自动取款机遍布各地，也许就在你工作和居住的地方。你可以用泰铢和美元在银行开户，把你的薪水直接打入账户，但由于外汇控制法的制约，银行只能支付给你定额的外币。你可以领取当地信用卡，但只能在泰国境内使用。国际信用卡普遍接受，但要收取3.5%的费用。

泰铢

近年来泰铢的地位变化巨大，目前完全可以自由兑换。要注意在泰国境内兑换泰铢比在境外兑换划算得多。由于泰国的迅猛发展和西方经济不景气，泰铢坚挺。泰国物价也相对较低，但是那些大量持有泰铢的人也要考虑到历史上曾有过的秘而不宣的货币贬值。和任何投资一样，目前货币坚挺不能保证未来的盈利。

银行工作时间

曼谷：10：00~16：00

其他：8：30~15：30

星期六、星期日和公共假日休息。

机场就可以以银行汇率进行兑换，没有黑市。在酒店兑换比较吃亏。在旅游区，许多兑换点24小时开放，以官方汇率进行兑换业务，换大额钞票或旅行支票会多得一点。虽然自动取款机普遍接受贷记卡使得旅行支票成了多余之物，但它还是有用的，不仅可以在贷记卡丢失时使用，还可以在去邻国旅游时大显神通。

在离开你的国家之前，你应该检查一下信用卡有效期，以免出国后还要通过邮局

曼谷的银行

曼谷的银行

■ 美国银行

电话：（02）251-6333/250-0775-6

传真：（02）254-4003

■ 东京三菱银行

电话：（02）266-3011

传真：（02）266-3054-5

■ 城市银行

邮寄新卡。要在你的工作准证和住处都落实之后再开银行账户，否则虽然可以向以你的名字开设的银行账户里存钱，但没有利息。你需要带雇主的信件、护照和签证到银行开设有利息的账户，手续简便。

税务

除了外交官和联合国工作人员，其他外国人要和泰国人一样缴纳个人所得税。凡是在泰国境内取得的收入，不管是否在泰国境内支付，都要纳税。雇主有责任从雇员的收入中代扣所得税。一年之中在泰国住满至少180天的纳税人及其配偶可以享受税收减免，每人最高可减30 000泰铢，每个就读全日制学校的孩子可以减15 000泰铢。举例说明你在享受减免之前需要缴纳的税金：如果你年薪是50万~100万 泰铢，大概要缴纳14.2万泰铢

普吉岛的ATM取款机

电话：（02）232-2000

传真：（02）639-2560

■ 汇丰银行

电话：（02）614-4000

传真：（02）632-4818

■ 澳大利亚国家银行

电话：（02）236-6016-7

传真：（02）236-6018

的税金；如果你的年薪达到400万泰铢，所得税会有104.25万泰铢。

包括英国在内的许多国家反对双重纳税，所以如果你是英国人，不必为在泰国境内的收入纳税。其他国家对在境外取得的收入的一部分征税，美国就是这样，所以美国人经常在来泰国之前先检查纳税情况。有些公司同意支付税金，但并非所有公司都这么慷慨。

换汇

在泰国美元依旧走俏，几乎所有的地方都可以兑换，泰铢次之。在市中心的大银行，美元、英镑和其他一些主要货币都可以兑换。在旅游景点和购物中心也可以兑换，但汇率稍低于银行。兑换旅行支票最好在银行，因为汇率要高于现金。泰国没有黑市，但在国外泰铢兑换不太方便。

工艺品（伞）

外国商会

任何国家都可以在曼谷成立商会，许多国家已经成立了商会。详情可咨询大使馆或查黄页。

购物

泰国店铺林立，价格低廉。西方游客在他们本国内司空见惯的"泰国制造"的衣物和家居用品，在泰国本土也可找到，而且同样的东西价格只有那里的几分之一。所以到泰国来不必带太多东西，但脚大的人要带够鞋子。虽然鞋子是泰国制造的，但大码的鞋子（欧码45以上）却难觅踪影。其他的东西如果没有你合适的尺码，都可以量身定做。

有时曼谷就像一个巨大的购物城，但还有一个叫作"中心购物区"的地方，大型商店鳞次栉比。从暹罗广场和暹罗中心开始，经过世贸中心，穿过半岛广场，一直到庄盛百货。附近的快递公司似乎全天营业，还有一家外贸服装小店，专营大码外贸服装，可谓物美价廉。你还可以在那里找到去寒冷地区旅行必备的冬衣。仔细挑选，如

> 对于"我该带些什么"这个问题,回答可以很简单,除了特殊的药品和超大码的鞋子以外,东西带得越少越好,只需带好随身衣物和文件即可。即使是你回国需要的行李箱也可用泰国制造的,而且价格便宜得多。

发现有瑕疵,还可以再打一个九折。所有的购物中心都有美食汇聚的食府、快餐店和超市,内设空调,十分舒适,但在周末人多拥挤。

在购物中心外面的人行道上,摆满了露天的小摊,出售衣服、手表、光盘和其他在你们国家大概违法的东西。其实在泰国也违法。其他主要的购物区包括察图扎可周末市场,在那里你可以买到各种各样的东西,或新或旧,有动有静。市场紧邻空铁,如果你想避开烈日,顺便讨价还价,可以在早晨7:30左右就去,那时小贩们才刚刚打开货物包装。然后你可以到下一站,或在曼谷的炎热天气里散步,10:00大商场开门后,再去那里享受有空调的舒适购物环境。

曼谷以外的城镇几乎都有一些市场,以低廉的价格出售服装、电器、手表等物。其中最有名的是位于清迈的夜市,从晚上一直持续到夜里11:00。几乎没有城镇没有超市,即使位置可能稍远,但所有的出租车和摩的司机都能听懂"超市"这个词,哪怕你说的是"电影院"也没关系,因为电影院多数都在超市里,很少独立存在。

靠近皇家兰山酒店的综合建筑叫水城,以合理的价格出售真正的亚洲古玩。店主出具证书,可以提供包装、托运,并负责拿到文物出境许可证(通常借口说这些文物并非源于泰国,此言不谬)。唐人街还有些中国的东西,如传统的药材。从这里可以去贼街,然后穿过运河到老暹罗——专卖工艺品的市场。

在许多英文书店和二手书店里都有书籍和杂志,但

陶制工艺品

也许不是你需要的。如果有些书对你的工作很重要，最好带来。当然，网上书店一样可以送货到泰国。

大概你从不需要讨价还价的地方是百货店（如果购买贵重商品可以要求打折或赠品）、餐厅和旅游景点的门口。在旅游景点，对外国人的要价高出本地泰国人许多倍，所以明智之举是不讲价、不购买。

如果你在泰国停留时间少于180天，可在机场退税，所购商品要在购买之后60日内离境。实际上，这只适用于价格较高的大型商店，因为价格里已包含了附加税。购物时要记住索要退税单，附单价超过2000泰铢的收据。你要提供护照备查。如果购物总额超过5000泰铢，在机场出示单据和商品，可得到7%退税，要扣除高额管理费。所以只有购买了贵重商品时退税才值得。一般来说，你得到的退税越高，说明你购物时的讲价越失败。比如，你可以在定价电脑商店里买电脑和打印机，然后享受退税，或者在小店里买同样的商品，价格低15%，不提供退税单。

最明智的做法就是去大型奥特莱斯，查看你要购买的物品和价格，然后出去，稍加讨价还价，就能以便宜15%到20%的价格买到同样的商品。小型奥特莱斯的价格优势来自于各种杂费较低、货存较少、赋税较低，而并非是他们的商品质量低劣。各个购物场所都提供商品保修，不过如果没有保修，则价格要优惠得多。

购物支付现金，许多超市和商店对信用卡购物收取3%~4%的费用。接受支票的情况各异。在那些接受美元或其他外币的商店，汇率极低。

多数大型购物中心可免费停车，但因为多数靠近空铁，所以不一定开车去。但大包小包乘车，肩扛手提上台阶令人尴尬。当然有出租车，但你要在烈日下排队等车。

投诉或详情咨询可拨打旅游热线：1155，投诉转1，咨询转2。

健康和医院

泰国大部分地区一年之中绝大部分时间都很热，细菌喜热，所以要保持你的身体、衣物和床单都干爽，只食用新鲜食物。真菌类的传染传播极

医生

快，认真清洗并涂抹抗菌药膏就可以有效治疗。有些人容易生痱子，有人从来没有，对付痱子用痱子粉。

晚上有蚊子袭来，但只有泰国边境的一两个地区的蚊子携带疟疾。通常的忠告是遮盖身体，不过在酷暑难耐的时候，这样的忠告显然有些不切实际。更合理的做法是晚上在外面吃饭时涂抹防蚊液，睡觉时打开空调。必要的话，可以使用电子驱蚊器，药液可持续90天。超市里有专柜出售此类用品，所以不必从国内带去。

被携带疟疾的蚊子叮咬的概率极小，所以这些方法只是为了让你晚上过得舒服些，而不是出于健康的考虑。不过，有些蚊子携带别的东西（不是艾滋病），所以在登革热发作期间，还是要格外小心。登革热多发生在雨季，由大型花蚊传播。交通废气把其他的蚊子赶出了曼谷，但却使这种蚊子大量繁殖。登革热蚊子即使在白天也叮人，十分可恶。如果你感染上了登革热，最初的症状并不可怕。发烧、偶尔呕吐，通常在胳膊或前胸起皮疹，几天后消失。然而10天后，不得了！高烧不退，不能进食，身体虚弱不堪。整个过程可能持续几个星期，必须在医院有空调的病房接受治疗，打点滴。通常最后时期是最危险的时候，出血不止，危及生命，所以不可使用阿司匹林类的血液稀释剂。

蚊子可传播疾病，在叮咬了一个人之后，所吸的血没有完全消化就叮咬了下一个受害者，有时会导致流行病的发生。所以要采取合理的措施，如涂抹防蚊液和喷驱蚊剂，但危险性很低，所以不必杞人忧天，过度恐慌于事无补。

本书后面还列有其他可能性较小的危险，如被蛇和狂犬咬伤等，并有对泰国医院的注释指南。总的来说，泰国的医院比其他国家的医院质优价廉。多数大医院都有专门的保险理赔办公室。如果定下某一家医院，可请该办公室推荐保险公司，了解保险公司的服务和保费。记住，许多国家医院等同于家庭医生，包括眼科和牙科，不论你有什么问题，都可以做到"一站式"就诊。

如果你的雇主提供保险，一般你需要到指定机构。如自己购买，要视自己的预算和需要而定。医疗保险使住院更便捷，你只需出示保险卡或报出姓名，医院就会联系保险公司，由保险公司来支付你在住院期间的费用。如果有保险公司的业务员来访，你不必感到吃惊。医生会向保险业务员详细介绍你的情况，而且保险条文里会要求你签署文件，同意医院告知保险公司你的病情。

保险公司很多，能满足有不同需要的个人、家庭和公司，期限不等。虽然应该按你的能力买最好的保险，但实际上，有些服务是你并不需要的。例如，如果你住在曼谷，你就不需要昂贵的医疗后送，但是如果你经常旅行，那就需要这项保险了。还需

文化震撼之旅 ▶ 泰国

> 在曼谷，富有冒险精神的工薪阶层的外国人会发现公共汽车很有特色。在司机面前摇晃的花环饰物、售票员独具特色的剪票仪式和公共汽车间的飙车，都是每天曼谷文化的一道独特风景线。

要注意的是很多人身保险和汽车保险原理是一样的，需要先支付保费，但赔偿是有上限的。许多住在泰国的外国人一番盘算之后决定不购买任何保险，这个主意也不错。因为许多医院都有附属的客房，所以门诊治疗比住院治疗还要划算。许多医院都有自动取款机。

如果你还没有签雇佣协议，应该争取把保险包括在内。大的公司一般都可从保险公司得到优惠价，如果你的公司不能提供你想要的险种，咨询一下保费数额，可以自付一部分。

在此谈论医疗保险并不意味着泰国充满危险，或许正好相反，在任何一个必须购买医疗保险的国家，保险意义重大。

拥堵的曼谷交通

第五章　实际问题　　125

交通

在一个以交通困扰而闻名的大都市里,一定要认真思考出行问题。在其他城市,即使是在清迈,交通问题并非需要仔细预算,但在曼谷,你必须如此。在此我们考虑一下各种出行方法,也许你要把几种方式组合到一起才能从一地到另一地。

公共汽车

主要城市之间有快速空调公交车。从曼谷,有开往东部和北部的东线公交枢纽和北线公交枢纽。东北线公交枢纽和东线公交枢纽在同一个地方,去往东北方向,而南线公交枢纽有开往南方的公交车。车票既可以在总站购买,也可以通过旅行社和酒店购买。多数是夜间行车,中途停靠几站,提供一餐,有时还有软饮料和毛毯。所有的空调车都设有卫生间,很多还可放映影碟。如果不想看,可以坐在车厢后部。座位可调整倾斜度,十分舒适。

从曼谷到清迈要八九个小时,去东北和南部的时间大体相同。注意有些时间表有

火车道

误。如从纳可海到曼谷的车根据时刻表应该早晨6:00到达，实际上总是凌晨4:00就到了。这个时间要入住廉价旅馆十分不便，但如果你的家在曼谷，乘出租车回家却很惬意。

如果你们是几个人同行，租一辆小公共汽车很方便。可以查阅黄页或向旅行社咨询，通常酒店的车租金较贵。一般价钱是固定的，包括了司机、车辆和油钱。如果一行六人，租车算下来很划算，还可以自己掌握旅游路线和停车点。这样的车，包括出租车，都可以跑长途，到你家接人，送到指定地点。一般事先口头约定车费。

游客应该知道，司机和售票员主要收入是佣金，所以他们尽可能多拉客，在车里穿梭卖票，遇到乘客少的车站飞驰而过，赶到下一站。

在路边招手停车，告诉售票员你在哪里下车。司机根据售票员"走"和"停"的指令行车，外国游客有时会弄混，但不管车里多么拥挤喧闹，这个指令都不会出错。保管好你的钱包和手袋，记住车后排的座位是僧侣的。

火车

列车时刻表和票价都以英文和泰语公布在网站上（http://www.srt.motc.go.th）。你可以在线预订座位或卧铺，有人喜欢去授权的旅行社，可以当场拿到车票。

很多外国人喜欢泰国的火车，车速闲适，定时供应食物和饮料。无论在汽车还是火车上，洗手间的状况在旅行开始时比结束时好。二等车厢内设空调，座位宽敞，长途旅行时，座位可以很快改成卧铺。

火车票价便宜。比如，从曼谷到纳可海的二等空调卧铺票只有500泰铢多一点，行程11个小时。同一条路线如果买一等车厢的卧铺票，要1000泰铢。如果花1500泰铢就可以包下整个包厢，自己使用一个洗手盆。票价不算贵，但已接近同样便宜的机票价格。车速较慢，可以睡得很好。人们至今也没搞清楚，车速如此慢，为何竟能保持每次只晚点两个小时。

如果你去北部或东北部，不必一定从市区上车，可以从任何你方便的车站上车。如果你乘飞机来，不想进城，最方便的办法是推着行李车到桥的对面，就可以直接上车了。

留意游览线路的火车信息，这些特殊的火车票价经济合理。例如从华蓝蒲到化新的车每逢周六、周日和公共假日，早晨6:30出发，10:40就到达目的地。别忘了，泰国人管慢车叫特快，特别慢的车叫快车，如蜗牛般几乎不动的车叫普通车。

游客几乎不坐曼谷城里的火车。不过，虽然车站不好找，车次很少，但却能准点发车。即使车速特别慢的火车也比市内路面交通快得多，而且因为站牌用泰英双语标注，所以比乘公交车或船更容易看出在哪里下车。中心火车站、旅行社和酒店有列车时刻表，但要仔细查看列车是否到你的目的地。

船

外国游客经常忽视在这个"东方威尼斯"的水上交通，有河流和运河。虽然曼谷的运河正在逐渐消失，但水路运输网把这个城市的大部分连接在一起。对船运交通稍

曼谷运河

主要船只停靠站点

由南至北的主要船只停靠站点有：

■ 提夫斯码头和威苏卡萨码头，乘出租车和公共汽车可以很快到达联合国大厦和政府办公楼。

■ 普拉采码头，步行不远可到淡马锡大学、国家博物馆和大剧院。

■ 玛哈勒码头和长塔码头，步行可达淡马锡大学、希拉帕肯大学、王家田广场、大王宫和玉佛寺。

■ 和拉差王码头，在唐人街的中心地区。

■ 孟凯寺码头和奥瑞恩码头，可到达新街的大邮局、法国大使馆、东方酒店和帕蓬商业区。

■ 萨桑码头，可到达萨桑路。

欲知全部停靠站，请查阅南茜·常德勒地图"曼谷中心市场"。

玉佛寺

加规划，就可以避免很多地面的交通拥堵。水上公共交通定时沿河往返行驶，水上岸上都有站，所以即使船驶过了河也不要恐慌。

水上交通的票价低廉，根据距离有所不同，所以你要事先告诉售票员你去哪里，也可以给他看用泰语写的地名的纸条。虽然售票员记忆力超强，一般会记得告诉你下车，但如果你有地图，最好数数有

泰国渔村码头

几站下车,做到心中有数。运河上也有水上交通贯穿全城,在曼谷这样高度拥挤的城市,以这种方式出行是行之有效的。不仅经济实惠,而且便利,在你面前展现出一个崭新的天地。以此开始你一天的旅行是多么惬意啊。

驾驶

很多生活在曼谷的外国人不自己开车,他们的理由如下:

■ 使用公共交通便宜。

■ 飞机、火车、公交、城铁、出租车和摩的可以把你送到任何地方。

■ 包租汽车或出租车进行短期旅行,带不带司机均可,价格合理。详情查黄页,也可直接和出租车司机洽谈。

■ 如果你不是外交官,购买进口车需支付200%的进口关税,本地组装的车除外。

■ 发生交通事故需要种种花费。

■ 曼谷交通拥堵骇人。

如果你离不开汽车,应该购买综合保险。从前保险公司取得无理赔证明可享受折扣。法律强制购买的只有第三者责任险,每年费用是1500~2000泰铢。综合险高达11 000泰铢,但一旦你倒车撞了摩托车,或从超市购物出来发现你的车保险杠瘪了,综合险就物有所值了。汽车主人一般被视为有钱人,所以如果汽车司机把摩托车司机

取得泰国驾驶执照的文件

欲取得泰国驾驶执照,请携带下列文件去驾驶考试中心:
■ 你本国的有效驾驶执照或国际驾照。
■ 在泰国的住址证明。
■ 护照和非移民签证。
■ 来自雇主或泰国重要人物的信函,支持你的请求。
■ 健康证明。
■ 两张3厘米×2厘米的照片。

摩的

撞伤入院,他就要支付所有费用,或由他的保险公司支付。小的事故一般双方当场协商解决。不小心闯了红灯的司机会和警察在现场商量解决。警察通常会就地罚款,这样就免得你再去警察局,费时费力才能拿回驾驶执照。

如果你要考驾照,不用担心。你只需能从远处读出车牌号,通过一次多项选择考试,发动汽车、绕着停车场开一圈撞不到其他东西就行了。在内地,考试更容易。考车牌的官方费用不高,但你也许愿意在口袋里放些百元钞票,对那些帮你过关的考官表示感谢。这一点很重要,因为申请表格是泰语的。

一旦你订购或买好了汽车,就应取得保险公司的报价,许多外国人去下面这些公司:

■ 亚历山大福布斯瓦特那保险公司

电话:(02)213-2000

传真:(02)287-2329

网址:http://www.alexanderforbes.com

■ AXA公共保险公司

电话：(02) 679-8277
■ 泰国苏黎世保险公司
电话：(02) 439-4800
传真：(02) 439-4840
邮箱：tz@zurich.com

出租车

出租车主要有三种。第一种有标着"出租车"字样的顶灯，车内有表，和伦敦及纽约的出租车无异，但无须给小费。第二种发出"突突"的声响，要讨价还价。它们行程比出租车短，噪声大但费用低。如果你们只有一两个人，知道要去的地方，而且天没下雨，还可以用泰语讲价，那就没问题了。第三种是摩托出租车，通常在较长的街道口等客。有些只在这条街上载客，车费是固定的几个泰铢，这里面包括法律规定必须戴的头盔（有些妇女戴层薄头巾避免油污）。有些车可以带你到目的地，价格双方协商。这种方式很受欢迎，很多生意人都喜欢搭乘摩的去会客户。

并不是所有的出租车都按表收费，或按你愿意接受的价格把你送到目的地。不过，出租车数量众多，选择余地很大，所以如果你看不惯他，或他看不上你，没关系，坐下一辆好了。

空铁和地铁

所有的中心路线和车站都可以在南茜·常德勒地图"曼谷中心市场"中找到，更

曼谷空铁

车轮工艺品

加完全的版本在空铁车站能够买到，价格更便宜。在编写本书的时候，地铁正在筹划之中。空铁主要是为人们上下班乘坐的，而不是为旅游者提供的，但在空铁上，你可以看到车开往哪里，所以乘坐空铁不需要任何泰语知识，只要保证方向正确就万事大吉了。不过，也有需要你费体力的地方，通往车站的台阶又高又陡，电梯稀少。电梯的改进虽然已提上了议事日程，但至少目前，乘坐空铁对老弱病残是不大可能的事情，而这恰恰是他们需要的一种快捷舒适的交通方式，能够避开曼谷可怕的交通拥堵。

空铁车次较多，但车站之间的距离很远，通常需要走很长的路或坐车才能到你的目的地。有关部门忽视了在车站设计卫生间，所以你常常会在爬长长的台阶的时候内急。

车从早6:00运行至午夜。准备些5泰铢和10泰铢的硬币，从售票机上买单程车票。票价标注清晰，从10泰铢到40泰铢不等。90厘米以下儿童免票。如果你经常乘坐空铁，可以从售票处购买100~2000泰铢不等的充值卡，工本费30泰铢。这样做并不省钱，但可以免去每次排队买票之苦。你只需要在门口的读卡机上刷卡，在你出站时就能减去卡内的相应数额，并显示所剩余额。在各售票处可以进行充值。但有一点要提醒，充值卡每次只能一人使用，否则会扰乱系统或毁坏你的卡。

如果你工作地点在车站附近，最好也在靠近车站的地方租房，空铁使泰国许多人的通勤方式发生变化，沿线甚至还有公园之类的辅助设施。空铁和地铁的线路和车站都在进一步规划之中，欲知最新进展，请联系曼谷公共换乘系统局。电话：（02）617-7300；传真：（02）617-7133。

两个车轮

许多外国人领教了汽车的延误和停车的昂贵，转而购买摩托车。价格便宜很多，而且大大减少了出行的时间。最大的好处是，遇到红绿灯时，摩托车可以灵巧地钻过去，变红灯时车已走远了。不便之处在于6~9月的雨季，必须在酷暑之中戴头盔，结果头发汗湿，而且满街灰尘，事故风险高，还要在指定车道行驶，否则会被罚款。晚上会被警察拦下"谈话"，可发薪日还没到，囊中羞涩，真叫人着急。

步行

曼谷和泰国多数其他城市都不适于漫步。如果步行，要留意路上的坑洼和人行道上的摩托车；铁蒺藜就在你眼睛的高度，乞丐伏于你脚边；不明物体黏在你的鞋底上弄不掉。穿塑料凉鞋是个不错的选择，因为式样不俗，而且防水性能良好。在雨季还要注意你上衣的肩部应是防水的，可以在兜里放一顶软帽、一件骑车用的带帽披肩，或者是一个廉价的塑料袋，用来遮挡你的头。

如果你能忍受在曼谷街头步行的一切不便，这样其实更节省时间，同时还起到锻炼身体的作用，又能切实体会身在曼谷的真实感受。但是要慎重，仔细研究地图，做到心中有数。如果在英国大使馆外面坐出租车去佛布瑞新路，你会遭遇长时间的拥堵，付高昂车费。但如果仔细看看地图，就会发现在两条单行线之间有一条街一直通向你的目的地，走过去5分钟就到，又没有舟车劳顿之苦。

在曼谷过马路不像在河内那样生死攸关——泰国人会开车绕过你，而不会撞到你——但如果认识路就更方便了。一些地方允许你在车行道亮红灯时横穿马路，但更多的时候你要过天桥。汗流浃背地爬上长长的台阶，静观一下来往的车流，再吃力地从另一端下台阶。如果你熟悉路况，中间又没有隔离带的阻拦，你会发现最方便的过马路的方法不是过街天桥，而是利用汽车排队等红灯的时候过去。还要学会利用购物中心，通常它们会提供捷径，更重要的是，可以顺便在凉爽的商厦里稍事休息再上路。

读标志

无论你开车、走路或上网，总有些你看不懂的标志。有些特别重要的已被翻译成了英文，所以你可以看懂，比如："注意行人"或"迟做总比不做好"。一些不那么重要的标志只用泰语标出，比如："停车"和"危险"。

人们会留意到红绿灯上附着一些标志，不幸的是，它们对不懂泰语的人来说都过于相似。"任意左转"的意思是说只要你在左边车道，可以忽视红灯而左转；"变灯时才能左转"的意思就不尽相同了。如果你不懂泰语，又不能迅速领会后车司机和警察的意图，最好把这些标志牢记于心，至少找出它们之间的差别，分辨清楚。如果你每天走相同的路线上班，学得会更快些。等红灯的时候是很好的学习时间。

　　路名用泰语标注，但在高倍望远镜下，你可以看出泰语下还有小小的英文译名。看泰语的地名比较好，路名有时是按照发音翻译的，有时是把泰语的字母用最接近的英语字母逐字翻译过来，很不适用。泰语的字母根据在音节中的不同位置发音不同，或根本不发音。没有官方的泰英互译（泰语有44个辅音和24个元音），要找到相对应的英文难乎其难。因此，一些翻译过来的地名让人一头雾水，不知所云。比如，所有的曼谷人都熟悉有英美使馆的那条街的泰语名，但问起"无线路"来，却无人知晓。

　　还有一些地名的英文翻译更加让人困惑。比如曼谷最古老的一条街道被译为"新路"。清迈、芭堤雅等地名在英文中被保留下来，但首都却在英语中被重新命名为"曼谷"，对此没什么解释，曼谷本是距离首都30公里远的一个泥泞小村庄的名字。

清迈寺庙

第六章

食在泰国

"从你制作的咖喱,
我品味到无比的芳香。
每个男人品尝了你做的美食,
都会对你日思夜想。"

——拉玛国王二世(King Rama II)的诗歌

岛屿上面的餐厅

口腹之乐

泰国人爱美食，虽然难以抵制美食的诱惑，但多数人仍然保持着苗条匀称的身材。美食无所不在，每个街角和门店都有些特色食物，工作场所以托盘盛放着糕饼。下班之后，三五好友经常相邀而聚，品尝小吃。款待朋友在泰国就意味着食物，而且是美食。如果你请泰国朋友过来喝一杯，他们喝过之后，还是等待你端上食物。如果你身为上司，请他们晚饭后到家里来，他们会如约而至。虽然你是好意，但他们会认为你小气。在泰国，饭吃好了喝酒，酒喝酣了跳舞，如果你能忍受的话，还有唱卡拉OK。

泰国美食闻名世界，曼谷以有来自世界各地的美食为荣，而且价格只有在原来国家的几分之一。大多数食府不收服务费，设施简单的餐厅甚至没有小费。当然，不管在哪里，"别找钱了"这句话都令人欣赏。在酒店和其他档次高的地方，你会看到价格的后面有"++"，表示有10%的服务费和7%的增值税。还有一些中档的饭店是不收任何附加费用的，但从银质的托盘和平绒折叠餐巾来判断的话，似乎应该还有别的收费。在顾客随意给小费的餐厅里，一般给10%。但如果客人消费金额较高，泰国人会自动把小费降低到5%，除非客人喜欢某个服务生而多给些小费。书店里有琳琅满目的书籍指导人们在曼谷和清迈就餐，这里就不赘言了。有一本书叫《泰国上品》（*The Best in Bangkok*），物超所值，内容全面，有较大折扣，是用餐和娱乐指南。

除了一日三餐之外，你也许想在诸如东方酒店这样的地方品味奢侈的感觉，在河畔用下午茶会成为一种习惯。在一些购物中心，如中心百货店，你也能发现很多美食，有泰餐、西餐、日餐等。这些地方通常在顶层或地下室设有食府，供你自行选取食物。你可以亲眼看到食物的制作过程,竖起大拇指和溢美之词同样能表达你的赞美。酱汁、托盘、调羹和水都可自取。你需要先在售券亭买代金券,用于购买食品。100泰铢完全够用了,还包括买可乐和甜食。剩下的代金券拿回售券亭,退还现金。

如果你独自一人或赶时间,那么在这样的食府用餐最理想,因为你可以省去等待的时间,往米饭上放几样菜,自己用盘子一端就可以了。这可能是你在泰国能找到的最便宜的饭菜,有饭有菜还有水,加起来还不到1美元。一顿游艇晚餐的价格和在国外吃快餐的价格相仿。夜生活之后,许多早市已经开始供应夜宵或早餐了。

泰国膳食

泰国膳食不是严格地分为早餐、午餐和晚餐。午餐和晚餐的菜品相似,早餐是米饭和前一天的剩菜,或是米、猪肉糜、鸡肉糜和姜丝一起熬的粥。粥和叫作"马尿蛋"的食物及其他配料一起吃,你可以有选择地添加。

粥对胃的刺激性最小,具有镇定功效,所以最适合夜猫子们做最后一项或倒数第二项活动,通常在早市上从早晨3:00开始供应,也是酒店里的常规早餐。如果拉肚子,吃不添加配料的白粥最好。所以有些人,尤其是单独居住的人士,方便粥是他们的常备之物,在各超市和食品店都可以买到。它们食用方便,只要放在杯子里,倒入沸水,盖上盖子过几分钟即可食用。因为粥并不列在菜谱上,所以如果你在酒店提出想要喝粥,可能会得到同情。解释一下你的肠胃不好,因此只想喝粥。不知为什么,这个"粥"的发音对很多外国人来说非常困难,发音和"笑话"相似,节奏又和"钟表"类同,所以不管对方听了你的发音之后做何反应,你都不要吃惊。如果当时没有粥,店家也可能派人去别的地方买。

调味品

西餐厅里会备有盐和胡椒粉。一般来说,任何餐桌上都有鱼酱和小红辣椒,有时是辣椒鱼酱。你最好只取酱汁不要吃辣椒,它们虽然很小,却奇辣无比。

泰国粥

不同的食物，会有不同的作料（用来蘸食物吃）或配料（由你自己调配）：切得很细的蒜、酸橙、盐和碎花生。即使是在最简陋的地方，桌上也有大瓶的鱼酱，和市场上卖的一样，瓶子上有鱿鱼的图片。鱼酱可以代替盐来佐餐，但不在吃鱼时用。酱油只有吃中餐时才用，所以不摆在桌子上，但你可以要。有些食物为了味道更鲜添加了味精，也有时食物和味精分开提供。要知道，那些细小的白色颗粒是味精不是海洛因，吃面条的时候加一点吧。最近，由于美国对于味精对人体的影响持怀疑态度，泰国一些餐厅开始打出"拒绝味精"的标语。如果你不想要味精，餐厅都可以提供不添加味精的食物。

泰国厨师

日常伙食

泰国人的日常伙食和特殊场合的伙食很不一样。特殊场合很多，给人们提供了邀请众多亲朋好友的机会。每个泰国人都熟悉那些特殊的菜肴，就是你在海外的泰餐厅里见到的那些。如果手头宽裕而且时间许可，有朋友来访时，泰国人多半会准备一个好菜。即使是日常伙食也不尽相同。一般菜不是一道一道地上，而是都摆在你面前，随意取用。也不包括甜点、咖啡或茶，这些都属于餐厅的特殊食品。通常人们只在吃饭时喝白水，啤酒和白酒是分开喝的。喝啤酒和白酒时，有很多下酒的小吃（泰国人认为啤酒不属于酒）。一般吃饭和喝酒是不分开的，从此也可看出泰国人的灵活性。

即使是最普通的一餐也会有泰国食物的精华和米饭。食物可以是又酸又甜，又辣又咸，一道辣咖喱鸡会辅之以淡汤。北方和东北方的米饭是黏米，而中部地区和南方就是香米，香米是泰国主要的出口产品之一。

黏米饭用右手吃，取下一块用手掌卷成扁球状，可以把它放到其他食物或酱汤中，或用它来盛别的食物。如果你够不着某个菜，可以直接要，食品的位置会重新摆放。香米饭一般装在容器里或盘子里，放在中间，有饭勺。用饭勺取饭放到你碗里，不要直接送进嘴里。不必客气，如果碗空了就自己添饭，或请别人帮忙。

在家里用餐不拘礼节，不过外宾在场会使情况有变，菜更丰盛，除非你是在人家正要吃饭时登门。在这种情况下，主人会发出邀请，你应先谢绝，等待再次邀请。要如果你出席典型的家庭会餐,人们总是盘腿坐在地上。如果你感到力不从心,主人一般会给你找个小板凳,你虽然比其他人高了一点,但会舒服些。有些泰国人,尤其是老人、华人或山地部族人总是使用小板凳。

赞美主人的饭香菜美,但不要过分夸张,否则主人会给你添更多的食物,或者显得你言不由衷。当然,如果家人自己吃饭,就不必赞美了。要吃饱,显示出你真的爱吃,但也不要把盘子里的食物吃光,否则主人会自责,觉得菜太少了。说自己吃饱了,这是有礼貌的表示。

在泰国人家里共餐后,你就有了绝好的机会请他们出来吃饭或去咖啡店吃冰激凌、喝啤酒。他们也许不会来,但会欣赏你的邀请。吃饭的第二天不必送去感谢卡片!

下面我们给出一些泰国日常伙食的例子,主要以曼谷地区为主。

日常伙食

一般来说,泰国人的日常伙食包括下面的食物:

- 大量米饭。
- 一道辣菜,通常有泰国咖喱,或是辣椒汁。
- 咸味菜或甜味菜,炸鱼或烤鱼,这是为了给不吃辣的人一种其他的选择。
- 炒菜或新鲜的蔬菜,佐以酱汁。
- 不辣的汤,由豆腐、菜叶、猪肉丸加水制成。
- 最后,新鲜水果作为甜点。

下面是泰国人在家里自己吃的家常饭:

例一:
米饭
绿鸡咖喱
炒蔬菜

泰国咖喱美食

豆腐蔬菜汤　　　　　　　　　蔬菜蘸辣椒酱
新鲜水果　　　　　　　　　　炸咸牛肉
　　　　　　　　　　　　　　腌细粉条
例二：　　　　　　　　　　　豆腐蔬菜汤
米饭　　　　　　　　　　　　新鲜水果

试一试

你可以自己动手试一试下面两个菜，日后也许可以款待你的泰国朋友呢！

木瓜色拉

原料：

1 杯切碎的绿木瓜

2 瓣大蒜

2~3 个樱桃西红柿

1 汤匙干虾

1 汤匙棕榈糖

2 汤匙酸橙汁

2 汤匙鱼沙司

1 汤匙烤花生

（可加小蟹）

木瓜色拉

在木制的臼子里，把蒜和辣椒一起捣碎。加入木瓜后，用杵轻捣。将其余原料加入，搅拌即可。该色拉应立即食用。

椰汤鸡

原料：

鸡肉切成薄片

4~5 片高良姜

2 杯椰奶

2 汤匙酸橙汁

2 汤匙鱼沙司

小辣椒切碎

装饰以胡荽叶

将鸡肉片、高良姜和椰奶放入锅中烧至鸡肉熟，关火，以鱼沙司、酸橙汁和辣椒调味，以胡荽叶装饰。与米饭同食。

十个传统大众菜

■ 酸辣汤

通常由虾和其他海鲜制成，以酸橙和辣椒调味。全泰式酸辣汤有提神功能，但有些辣。很多东西是为了调味，而不是吃的。这个汤全国流行，多数泰国人和外国人都喜欢。

泰国美食

■ 面条色拉

和酸辣汤一样，面条色拉也用酸橙、鱼酱和辣椒调味，上面再加上熟虾和大量香草，是人人喜爱的食物，要说明放多少辣椒。

■ 炒米粉

真正泰国美食，不同于大多数渊源于中国和印度的食物。在甜味、酸味和辣味的面条上撒些花生、辣椒和酸橙，是人们喜爱的午饭食物。

■ 麻辣肉丁

用鸡肉、牛肉或海鲜加上大量蒜和辣椒爆炒，若再佐以适量辣荷力罗勒叶，则味道更浓。伴大量米饭食用。

■ 烤鸡配黏米饭

来源于东北地区，那里食用黏米饭，而不是一般的米饭。把鸡用香草和调料浸泡后烤制。这道大众菜通常从路边购买，很少在家自制。可以在早、中、晚餐任何时间食用，或当作小吃，佐以泰国威士忌或啤酒最佳。

■ 撒穆塔穆

以新鲜绿木瓜制成的辣味色拉，是东北地区菜式，和烤鸡及黏米饭共同配成完美一餐，可早中晚食用。

■ 根撒穆

酸味鱼汤，晚餐食用。真正的根撒穆应该具有酸、咸和淡淡的甜味。做此汤需较高厨艺，所以常以此试验初出茅庐的厨师。

■ 那穆普卡皮

吃蔬菜时蘸的辣椒汁，做法可繁可简，视你的预算和口味而定。这种味道辛辣的酱汁由虾酱、辣椒、大蒜和酸橙汁制成，佐之以蔬菜。

■ 辣味绿咖喱

人人喜爱，与米粉同食。

> ■ 考克露卡皮
>
> 泰国人过去最喜欢的食物，但因为味道浓烈，不受外国人青睐。米饭用虾酱炸过，味道刺激。真正使它与众不同的是众多的配菜：炸制爽脆的蔬菜，煎蛋卷、炸小虾，切成片的洋葱、酸橙块、椰糖猪肉和切碎的绿芒果。

外出就餐

对多数泰国人来说，每天都要外出就餐，可能是街边小吃、与同事的工作餐，也可能是在回家及赴约中的一份辣味木瓜色拉。

游客会很高兴地知道在泰国外出就餐，包括参加婚礼，没有什么繁文缛节，除了不愿在饭桌上谈论死亡和其他一些严肃的话题之外，百无禁忌。任何食物和饮料都可以随意饮用，食物也没有配伍禁忌。如果非要总结一下的话，可以说是"任何东西，任何时间，任何地点"。泰国人喜欢倾其所有大吃大喝，甚至超支。

佛教禁忌并不妨碍泰国人吃肉，即使是僧侣也食肉。饮酒是男人社交生活的一部分，对女人也不禁止。不管男女都可以吸烟，但人们的态度正在发生变化，曼谷的很多有空调的地方出现了专门的吸烟区。还有一些缺乏热情的活动倡导不要酒后驾车，但每个司机都认为，这件事与己无关。

小吃

不吃饭的时候，泰国人就讨论下一餐吃什么，至少在考虑这个问题。为了克服这个念头，他们就吃小吃。这很容易做到，因为到处都是卖食品的小贩。不是你在国内见到的出售陈旧三明治的自动售货机，而是活生生的人，一根竹扁担颤悠悠地担着所有的美食。

泰国小吃

餐厅和精美晚餐

泰国人款待朋友，更多的是去餐厅，他们喜欢成群结伙地一起用餐，这满足了他们的社交天性，又可以多点些菜一块吃。如果你是一个人用餐，也可以要求几个菜每样来

第六章 食在泰国　　143

> 规则也在变。一家小餐厅为了阻止客人自带廉价的威士忌，在墙上贴了一个告示，上写："男客人收费500泰铢。"引起了好奇的男游客的询问。

甘蓝与避孕套餐厅

　　这家著名的餐厅是米凯的作品，几十年来，他一直致力于利用避孕套快乐传播信息的活动。开始的时候，有感于流动人口的增加加剧了贫困，米凯开始力图改变避孕套使用的原有形象，他成功了。在泰国，人们用"米凯"来指代避孕套。这家餐厅就是他努力的成果，它以美味的食物、优越的位置、优雅的装饰，跻身泰国一流餐厅之列。而且，你支付账单的时候，也在为艾滋病和其他性病的防治做贡献。这里有泰国传统美食，外国人也很欢迎。其就餐环境轻松，价格合理，泰国威士忌按瓶收费。在入口处是一个礼品店，你可以买到最具泰国特色的纪念品，个个皆有典故。就餐人数多时需要提前订位。因为从午餐开始营业，所以不便之处是晚10:00就打烊了。不过在那之前已点餐的，可以继续用餐。

一点儿。

　　泰国餐厅的老板肯定是世界上最宽容的，除了几家自命不凡的餐厅之外，他们都允许自带酒水饮用，没有额外收费，还可以无所顾忌地要杯子和冰块。

　　甚至还可以自带食品进入餐厅，有些小贩的生财之道就是游走各餐厅之间，兜售炸鱿鱼、酥脆小鸟和其他美味，可能外国人还不会立刻知道个中滋味。如果这个店没有你需要的全部食物，

泰国餐馆

他们可以从隔壁的店买来。泰国餐厅的这种经营方式保证了在多数地方都可以品尝到不同美食。另外一点游客应该知道的是，地道的泰国餐厅打烊很早。泰国人吃饭较早，6:00就吃晚饭了。所以价格较低的餐厅大约晚8:00就关门了。如果你去得太早，顾客拥挤，炎热嘈杂；如果你去得太晚，食物所剩无几。当然，你可以和当地泰国人一样去低档的小店，任何时候都不愁没东西吃。

泰国海边的一家露天餐厅

再精美的菜肴也比不上女修道院附近的餐厅所提供的精致美食，那里的食物号称以传统方法烹制，专供皇室。另一家更有价值的餐厅叫作"甘蓝与避孕套"，这是唯一一家我们宣传的餐厅，因为消费者的确可以得到实惠。同时，餐厅的全部利润都用于性教育和防艾滋病工程。

开始时，一般泰国餐厅里的英文菜单听起来别扭：母牛轻拍、马尿蛋、鼠粪、象鞭汤等，外国游客大概很不感兴趣。经过几次试验之后，尝过了生的蔬菜、炸焦的辣椒和不知名的动物肉，很多游客开始喜爱泰国菜了。现在泰国菜世界闻名，很多曼谷的餐厅开始对泰国菜进行一些改革，以适应来自世界各地人们的需要。如果你在有英文菜单的餐厅就餐，那说明你已经上了一个档次。

就餐习惯

就餐习惯是不拘礼节的。多数人用勺子和叉子吃饭，右手拿勺取食物，左手拿叉向勺内拨食物。唯一的例外是吃面条，应该用刀叉。

在乡下，经常省去了叉子。吃黏米饭和佐餐小菜时，只需要右手手指。拿一块饭，在手里压成扁球，蘸着小菜吃下。只有在华人家里才使用筷子。泰国人只用筷子吃面条和春卷。在桌上也很少见到盐，泰国人多用咸鱼酱代替。

坐在桌边或在地上围着食物坐成一圈，你完全可以不拘礼节。但是，站着或走着吃饭是奇怪的行为，除非是鸡尾酒会。

像其他国家一样，嘴巴里食物很多时讲话是不礼貌的，也不要舔手指。不要过分贪吃，当然，为了表示你很喜欢食物而吃饱是很正常的。所有的食物都摆在你面前，就说明你可以随意选取你爱吃的食物，不必担心后面还要上菜（除非吃真正的中国菜）。

你盘子里的米饭吃完后，会有人给你添，如果没有，你就自己盛饭。赞美食物可口是很适宜的，但要真诚。你最先学会的泰语单词肯定有"好吃"。泰国人知道外国人吃不了特别辣的食物，所以你不必为谢绝某些食物而感到尴尬，实际上，这样做是明智的。

结账

如果有人请你到家里吃饭，你当然不必付账。在泰国，在外面就餐的规矩是：请客的人付钱。这个规则在泰国人中很清楚，作为客人也要明白。如果你很喜欢某人而请他们吃饭，那么你埋单。当然，有些时候没有明确的邀请，那么地位高者付钱。

如果就餐的人地位相近，泰国人也没有自己付自己账的习惯。他们认为慷慨就是有人主动付账，你应该在大家准备离开的时候说由你请客。要快点学会用泰语说"拿账单来"，这样，在确定大家都吃饱了的时候，就可以请服务员拿账单来（账单这个词在曼谷的多数餐厅人们都能听懂）。如果有人总是不付账，或者要把自己的那一份饭钱还给请客的人，他的泰国朋友会感到不解甚至受辱，认为这样的人太吝啬。他们管这样的人叫"粘屎"，大概是说他一毛不拔吧。这样的坏名声不仅会破坏你的社交生活，而且还会严重影响你的社会地位以及商业机会。

为大家埋单是一个规矩。你和朋友一起坐公共汽车的时候，随着汽车的颠簸，你们分开了，其他的人看见你已经买了所有人的票，他们就不会再买了。如果你发现埋单的总是你，那就安慰自己说，这是因为泰国人很尊敬你，认为你的地位最高，让你请他们吃饭。如果你觉得这好像花钱买尊敬和地位，那说明你已经开始明白泰国的制度了。

炸鸡

精美晚餐

精美晚餐看起来就像泰国烹饪书上的图片,而不是日常饮食。除非在特殊场合,人们不会把蔬菜雕刻成花再吃。家常饭菜和精美晚餐之间的区别不是上菜的顺序,因为所有的食物都是一起上的。主要的区别就在于精美晚餐包括一些需要长时间准备的菜肴,以及菜肴的布置。

看似矛盾的是,泰国的餐厅通常提供的是西方的葡萄酒,价格昂贵又不合本地人的口味,但恰恰是这些餐厅能为你做出真正的泰国食物。你可以要求你的食物不辣、微辣或正常辣。这里菜单的种类繁多,但通常都包括我们前面提到的大众菜肴。随着你对泰国餐厅的了解日益加深,你就会找到一个好地方,能带朋友一起来吃饭,品味泰国美食,而又不虚此行。

泰国水上餐馆

第七章

享受文化

"快乐则永生。"

——清迈一处冥想寺庙里的英文条幅

这本书的本意是要谈谈泰国存在的问题，而不是其吸引人的地方（泰国旅游年的口号就是"神奇泰国"），目的是要帮助外国人尽可能和平地适应文化和物质方面的差异，帮助他们尽快定居和尽量减少伤心与混乱。这不是一本指导衣食住行的指南，偶尔涉及这些方面是为了更好地说明其中的问题。

本章我们要从一个更积极的角度来理解泰国，因为至此你在泰国会遇到的许多文化和物质方面的问题都已迎刃而解，或正在解决。另外，我们还意识到在泰国，不管是本地人还是异乡客，都是快乐的，"快乐"将是你在泰国最先学会的词。

当然，你听不懂泰语（或许直到你离开泰国的那一天），你仍然会难以充分理解泰国的商业文化，它与你本国的情况有极大差异。但是，你可以通过旅游学习泰语。你需要暂时从办公室的冗杂事物中解脱出来，如果你想要为"好玩"正名，相信我，只有理解了这种玩乐，你才能更好地理解泰国，并有助于你和泰国人的交往。在泰国，如果一件事情毫无乐趣可言，那么这件事就是不值得做的。

节日

虽然没有精确统计，但泰国的节日可能比任何一个国家都要多。节日的日期不太固定，因为有些是阴历的，有些是公历的。在节日列表里只有公历的节日才给出了确

泰国蜡烛节雕塑

切的日期。

泰国旅游局［电话：（02）250-5500，在泰国有22个办公室，海外有16个］列出了一年中的多数节日及日期，题为"主要事件和节日"。泰历上标出了多数宗教庆典日、节日、满月日和新月日（有些误差）。飞机上的杂志里也有关于节日的文章；在你还没下飞机的时候，可能已经学会说"你好、再见"了。

我们没有严格区分世俗的节日和宗教庆典，因为它们有千丝万缕的联系，而且一起列出来更方便（一些地方性的节日未包括在内）。

清迈花节

所有的节日都是喜庆的，其中很多是公共假期，银行和政府办公室都关闭，不过，你不必给家里的用人放假（泰历新年除外）。对许多泰国人来说，没有年假的概念，这些节日是他们自己的选择。他们喜欢尽情欢乐，所以吃喝是其中至关重要的一部分。有人说泰国的一些节日并非传统，而是人为的，泰国人对此不以为然。如果没有节日，泰国人就创出一个！

主要节日

一月

- 新年（公历1月1日）
  公共假期，不是泰国传统节日，没有宗教活动，但有很多聚会（和西方一样）。
- 帕塔番侬
  该节为期一周，清教徒从泰国各地以及相邻的老挝赶来，在佛统（Nakhon Phanom）最神圣的四眼佛塔相聚做功德。

二月

- 清迈花节
  日期由当地政府根据气候和花开情况而定。清迈有很多在凉爽季节也开放的

泰国手环

花卉，所以几年前当地政府设立了这个节日，以吸引游客于花朵繁茂的热季前来旅游。现在这个节日成了人们最欢迎的节日之一，以鲜花装点的花车争奇斗艳，花仙子明眸善睐。人们载歌载舞，举杯欢庆。

■ 万佛节

泰历三月的满月之际，节日和庆典兼具，庆祝当年1250位僧侣前来听佛祖讲经布道。晚上的布道之后，人们手执香烛和佛像。也是公共假期。

■ 帕那空奇里节

这是一个相对较新的节日，但具有历史和建筑意义，不是一个开怀畅饮的借口。佛寺里灯火通明，声光电交织，照耀着这个前皇宫之地。泰国的传统歌舞持续一周。推出了一日游。

二月至三月

■ 华人（越南人）新年

在华人居住的市区有舞狮和焰火表演，持续三天。许多酒店部分时间停业。这时，游客会意识到他们的泰国同事有那么多是华人或有华人亲属。

三月

■ 珠宝展览会

出口部门的创意，交易展览在曼谷的大型酒店举办。如果你也是业内人士，或想买货真价实的珠宝，不妨一看。

■ 帕侬蓝（每月的最后一周）

多数在高棉人修葺一新的寺庙里举行，有游行和声光表演。

四月

■ 查库里王朝纪念日（4月6日）

纪念查库里王朝于1782年建立。公共假期。

■ 宋干节/泰历新年（4月13~15日）

第七章 享受文化　　151

这是个世俗和宗教结合的节日,也叫"泼水节",被泰国人认为是个特别欢乐的节日,但外国人可能会对没完没了的泼水感到一些厌倦。宗教的部分在于人们把佛像放在重要的寺庙里清洗(许多泰国人认为在九个寺庙里清洗佛像会带来好运,不过也有人给孩子一点钱,请他们代劳),佛像取出后,接受僧侣的祝福;放生(带走前一年的霉运)。在炎热的季节里,泼水节能使你凉爽,但过去温和的泼水已上升为现在的打水仗。清迈的宋干节要长得多,不仅有本地人,更有曼谷来的游客。他们开怀畅饮,投掷冰水取乐。最后,连泰国人也因为感冒而待在家里了,他们承认,开心也要有节制。

五月

- 国际劳动节(5月1日)
  公共假期。
- 泰王登基纪念日(5月5日)
  纪念泰王登基典礼,为公共假期。
- 佛诞节
  泰历六月十五日。这一天纪念释迦牟尼的出生、成道和涅槃,它们都发生在一年中的同一天。即使你不懂布道,佛寺也值得一去,听听唱诗,看看泰国人沉思的气氛。人们手执蜡烛,双手合十,安详而肃穆。

五月至六月

- 鬼脸节
  起源于黎府的丹赛地区,后逐渐传播到其他地方。同许多泰国的节日一样,鬼脸节也有宗教渊源,庆

佛像

祝众神灵相聚向佛祖致意。最初的起源可能已经被淡忘，但传说的确反映了泛灵论和佛教的和平相处。在欧洲，500万人被烧死之后确立了基督教。在泰国，信徒和非信徒之间却从没有彼此冲突。泰国人以此为肆意狂欢的借口。他们借助于想象，靠服装、彩绘和面具，打扮成神灵的样子。他们会拦截游客的汽车，索钱买酒。他们当然也会邀请你加入，但多数外国游客认为谨慎更可贵。

■ 竹炮节（火箭节）

在很多地方人们把花炮带到开阔的空地上燃放，以乞求东北地区雨水充沛、稻谷丰收（一般都是东北地区的人们庆祝这个节日）。即使当时大雨倾盆，人们也一样放花炮。燃放过程需要很多准备，而且场面十分壮观。你可以找个舒适的位置观看，那里设有临时咖啡厅，供应食物、啤酒和白酒，围桌而坐，欣赏免费的焰火表演。令人惊奇的是，傍晚的时候，表演每每引来暴雨倾泻。不过，这时正是雨季开始的时候。

■ 农耕节

国王在指定的时刻开始官方的"第一次耕种"，通常在皇宫附近的皇家土地上开始，对游人开放。数以千计的泰国人观看，随后拥进去捡拾稻种，自用或出售。这片土地并不用于种水稻，但提供了一个机会让人们可以亲眼见到国王，以及这个以农业为主的国家中最古老崇高的仪式。

七月

■ 三宝节

庆祝释迦牟尼顿悟，向五位弟子说法。

■ 蜡烛节

在东北地区，佛教四旬斋是以手捧蜡烛游行而开始的，这些蜡烛体大而华丽。此后，在为期三个月的四旬斋期间，蜡烛被放在各个寺庙里。

蜡烛节雕塑

泰国清迈的划船比赛

■ 入安居

三个月的佛教四旬斋正值雨季。年轻男子，尤其是即将成亲的人，被任命为牧师，在整个四旬斋期间事佛。此间公务员可以告假。僧侣应该待在寺庙内，据说是为了避免他们踩踏稻苗。他们只能从事寺庙修缮和教学工作（有时在简陋的乡村小学教授各个科目）。普通人应该静思并听僧侣讲道。事实上，到寺庙的游客数量增加了，因为很多泰国人都有亲朋好友做僧侣了，而且在此期间的施舍（尤其是给寺庙和僧侣的）是被赞美的。据说白酒的消费下降，很少组织大型聚会。佛诞节期间没有婚礼，死刑犯也暂不执行，这就意味着节后是婚礼和死刑的日子。

八月

■ 诗丽吉王后诞辰/母亲节（此处原文为儿童节，有误。8月12日）

公共假期。大王宫灯火通明。母亲节同时庆祝，因为王后被认为是一国之母。

九月

■ 船赛

在曼谷，这些引人入胜的划船比赛在朝菩呀河上举行。参赛船只在附近的寺庙里得到检查，其中一些最古老的船现在放在国家博物馆里。在东北地区，国际划船比赛在泰国和老挝之间举行。届时水上船只密布，但没有危险。

■ 纳拉迪瓦

在泰国最南端的城镇，泰族人和泰国马来人参加的集会，包括野猪赛跑、鸟鸣比赛、手工艺和南部歌舞。国王和王后经常莅临。

九月至十月

■ 九皇斋节

在普吉和周边地区，泰国华人在九天的时间里以素食为主或只吃素食。华人寺庙里有很多善举。在素食节结束的时候，很多算命人和灵媒施展本领，或刺肌肤，或踩燃烧的煤块。

十月至十一月

■ 卡欣

佛教四旬斋结束后做功德的时间。许多泰国人团体包车到离家很远的佛寺去做功德，给僧侣捐衣物和其他日用品。其后将有很多婚礼和婚宴。

十月

■ 五世王纪念日（10月23日）

公共假期，纪念伟大的改革家——朱拉隆功国王，人们崇拜的偶像。

十一月

■ 水灯节

泰国最美丽、最安宁的节日之一，起源于印度。在满月之夜，人们用香蕉秆

水灯节

或聚苯乙烯制成荷花形的船，内置点燃的香烛和硬币，满载着祝愿，放到海里，小男孩在中途会将船截获，拿走硬币和船里的物品，人们并不以为怪。清迈的水灯节最有名。

- 大象节（月中的第三个星期）

大象参加争斗和足球比赛。

大象节

这个东北城镇人满为患，所以需要提前订好住处。人们开怀畅饮。虽然孩子们很喜欢这个表演，但最好还是让他们提前回酒店。还要注意的是，在泰国大象受到人们的尊敬，一般温良驯顺，但仍然偶尔发生事故，殃及儿童。你能和大象去理论吗？

- 宽河桥

几年前还是丛林密布的地方，交通只能靠水运，现在废弃的铁路已被清除，已有旅游车开进去。这个节日从电影《宽河桥》上映并取得巨大成功后开始。游客看到的是一座新桥，旧桥在第二次世界大战期间被盟军毁坏了。有精美的声光表演和历史展览。一年之中任何时间都可以参观，不限于展览期间。

十二月

- 国王诞辰（12月5日）

公共假期，举国欢庆。各地竖起国王的巨幅画像，举行不同的特殊活动，充分体现了国民对国王的爱戴。

- 宪法纪念日（12月10日）

公共假期，纪念1932年君主立宪政体的确立。

生命周期仪式

如上所述，仪式往往有节日的成分，而节日又通常以宗教仪式开始。但是，在公共假期和与生命周期有关的仪式之间有明确的界限。生命周期的仪式一般在家里举

泰国新婚夫妇

行，当然也许会从家里到寺庙或从家里到餐厅（但仍然是私人的聚会，只不过发生在公共场所）。

我们在这里讲述生命周期的仪式，包括葬礼，只要有合适的时间和限制，它们都有欢乐的成分。这些仪式虽然基本上是私人性质，亲朋好友必须参加的，但游客也会受到亲戚或同事的邀请到场。他们就是在这里见到一家人、亲属、朋友和整个社区存在的核心。

私人仪式的特征是有请柬，如果是婚礼的话，请柬是精心印制的。在仪式的前一天或仪式当天早晨，你也有可能受到邀请，这种情况很正常，游客不要误以为是被后加上的。不是一定要参加出生庆典、婚礼、葬礼或其他仪式，但一般如果你收到请柬，信封上印着你的名字，应该把一些钱放在信封里送回。礼金多少视情况而定。如果你根本不认识请客的人，可以不加理会。但如果请柬来自于你的老板或关系较好的同事，如助理或秘书，你就一定要参加，而且礼金应丰厚，至少比泰国人送得要多。

你在泰国住的时间越长，受到的邀请就会越多，尤其在结婚扎堆的季节。你不可能接受所有邀请，有人会设法一晚上参加三个婚礼。不过，也不要拒绝所有邀请，即使有些只是例行公事，毫无乐趣，因为这些是使你融入泰国生活的一部分，你肯定不愿意总是做一个局外人。拒绝所有邀请，你就会错过很多泰国人的重要场合，而且，错过许多快乐。泰国人摒弃毫无乐趣的生活和工作，他们会疑惑你为什么来泰国，你自己也会疑惑。

泰国典礼的特色

仪式与道德无关，只是另一种融合你所熟悉的力量和不熟悉的力量的方法，比如秘密社团、男童子军、帮派、灵媒、警察、小妇人和新生儿。在泰国，任何一个团体和个人都参加仪式。出生和再生都会带来痛苦，泰国人的种种仪式就是为了消除痛苦，打破这个循环。

私人的与公共的

如果你回到家中,发现彩电不翼而飞,取而代之的是焚香和鲜花,那是因为小偷已安抚了你家中的神灵,保佑他逃之夭夭了。如果你使得诸神喜悦,小偷也许就不会光顾了;抑或错在盖房子的人,他们省略了乔迁仪式,所以引贼入室。

除了小偷的逃跑仪式遮遮掩掩且日益销声匿迹之外,其他的仪式都在光天化日之下进行,在街头、在寺庙里,或同时在两地,毫无消失的迹象。其中一个重要的原因就是,仪式带来快乐。

公共的仪式从不禁止外国人参加,只要遵守规则,他们是欢迎你的。不过,规则不像"在佛寺门外要脱鞋"那么简单。

舒适的快乐

当你在佛寺的院子里徜徉,会遇到一群正吃午饭的村民欢迎你加入,你欣然应允。一瓶稻米酿的威士忌传来传去,手卷的香烟燃了又熄。人们谈笑风生,一切都舒适有趣。这里发生了什么?婚礼?彩票中了大奖?有人过生日?都不是。环顾四周,为什么有人穿着黑白的衣服?原来这是个葬礼。

如果你不是爱尔兰人,一定会惊讶人们为什么在葬礼上如此快乐。在泰国,每当人们聚在一起吃饭饮酒,就充满着快乐。并非泰国人对逝者不敬,私下里伤心的泪水已洒了无数。葬礼的当日,他们会准备早饭招待来客,也欢迎你参加。把装钱的信封谨慎地放在门口的托盘上就行了。

佛寺

尸体被火化之后，人们用过点心，逝者走上了通往新生活之路。如果他曾是个好人，那么来生会比今生好，难道这不值得庆贺吗？如果死者并非良民，也应该在他的葬礼上忽视这一点，而且为了照顾他的家人，要做出一副你确信他来生会托生为一位王子而不是一条狗的样子来。

一个持续的仪式

泰国的生活就像一个不间断的仪式，没有终点。我们来考虑一下生命周期的仪式吧：出生、青春期、授任神职、结婚和死亡。只提这些并不是因为它们有特别的禁忌需要游客注意，而是从中可以了解泰国人，尤其是显示了佛教和万物有灵论的兼容。

泰国仪式有一些共同特点，游客很感兴趣。其中最神秘的就是白线、数字三和金钱。

白线

如果你的手腕被捆住了，不要叫警察，多半是你的房东在向你表示欢迎。把白线绑在手腕上（当然不是把两只手绑在一起）是对人安康的祝福。

线不一定总是白色的，有些僧侣用红色或其他颜色的线，但是白线在许多仪式上出现，而且是圆圈的样式。授任神职前，所有的参加者坐成一圈，以双手的拇指和食指持一根长线，双手合十。葬礼上，人们持线绕行火葬场三周。婚礼上，结成双环的白线连着两个新人的头。

白线就是一种精神发报机，将美德沿着线连成一个圈。当这样的线圈绑在你的手腕上时，会帮助你留下所有的善良的力量，保护你免予神灵世界的潜在危险。这个线圈有神奇的力量，因为他们的保护力是无边无际的。

拒绝这个线圈就是拒绝他人的好客。不过，尽管白线在佛教仪式上有神奇的力量，绑在你的手腕上时，它的神奇就是得体的礼仪。一位基督

黄金佛像

三个婚礼

在婚礼扎堆的季节里,我被邀请参加一个婚礼。对方是我的好友,我一定要参加。有三家相邻的大型酒店,朋友的婚礼定在第一家。三家酒店是同一个人开办的,名字也一样,只以一、二、三来区别。

我稍稍晚到了一会儿,被迎进去坐下。没看到我的朋友,其他人我也不认识。我放下装着礼金的信封,和其他客人攀谈起来。食物很糟糕,酒是假冒的名酒。我感到诧异,因为我的朋友很有钱。等新郎新娘挨桌敬酒的时候,我发现我根本不认识他们。

泰国传统婚礼习俗

经询问得知隔壁还有一个婚礼,我赶快赶到那里。婚礼已进入高潮,但我还是没有找到我的朋友,原来我又找错地方了。两个小时以后我终于找到了他,我已半醉了。我对朋友说1000泰铢的礼金已经给了陌生人,他们夫妇都感到有趣。我问他:"我记得你说第一家餐厅呀?"他更正道:"我说的是从这边数的第一家餐厅。"我们从不同的方向来的。但无论如何,这是一次有趣的经历。

教传教士说当白线绑在他手上时,他有被扼住咽喉的感觉。多数外国人发现他们最大的问题是不知道如何处理这根白线。

有些游客手腕绑上白线后,担心取下线会冒犯神灵,就等待它自己掉下来。一个外国人在即将离开此风俗盛行的东北部地区回英国时得到了白线,他十分热爱泰国,又畏惧神灵,回到英国后,整整两年穿破旧的衣服,最后白线终于自行松动脱落了。在小酒馆里,人们都用异样的目光盯着他。

如果有人刚给你戴上白线,你就当面摘下来,的确有些粗鲁。但离开他们回到家之后取下来就没有关系了,不过最好戴三天以上。

三

你会反复地看到数字三一次次地出现,佛、法(佛的教导)和僧(僧伽等级),所有的美好事物都与三有关。

时辰

与白线和数字三一样,很多仪式都有关于时辰的说法。每个人,包括国王和政府领导人,进行重要仪式和修改重要决定时都要请教占星家。许多重要事情的开始,如

护身符

修建神舍、房屋奠基、播种、结婚，还有去执行一些危险任务如屠杀蟒蛇等，人们都会去请教职业占星士或业余术士定下吉时（通常为清早）。

如果你的泰国朋友邀请你在早晨6:19~6:27参加他的婚礼，不是玩笑，一定会按时开始的。你可以不去参加仪式，只去参加晚上的婚宴，实际上，多数客人只被邀请出席婚宴。你应该在晚上把写有你名字的信封放进心形的盒子里。

金钱

金钱，泰国人仪式的第四个特点，是不言而喻的。在仪式中，金钱的使用有时是象征性的，但多数是用来炫耀主人的地位和权力。仪式的场面根据主人的财富而有所不同，但即使是很穷的人家也会在人生的重要阶段举行仪式。根据约定俗成的互惠原则，金钱在不同的仪式上流动。

金钱通常是放在信封里的，然后被放在托盘里或盒子里，信封是封着口的。但总有人负责把送钱人的姓名和数额记得清清楚楚，便于日后回报。

外国人是不在这个圈子里的，不过，也会有你的饭吃。不要认为这是拿钱买晚餐，太庸俗了。你可能喜欢在仪式或晚宴上当时给贺礼，装不装信封都可以，直接把钱交给主人，解释说（除婚礼外）你是要做功德，他们会帮你这个忙收下钱，不是你帮他的忙。

炫耀金钱的一个明显的例子是人们手执金钱树，浩浩荡荡去佛寺。所谓金钱树就是小型的树，树枝上粘满了钞票。由家人或组织的首领拿着，敲锣打鼓，边走边舞，招摇过市。如果在路上你遭遇这样一群"强盗"的话，应该给一两张钞票。

有些游客没想到泰国人如此拜金，他们原来认为泰国人相互协作，生活安宁，金钱的无所不在打破了他们原有的浪漫想法。所以，在他们看来，那些气味芬芳的花枝粘上炫耀的钞票后失去了魅力。但是，如果没有金钱，也就不会有仪式、食物、畅饮和快乐。

这些互惠的仪式维持了泰国社会的和谐，金钱不但没有破坏社会关系，反而有助于社会关系的稳定。金钱本身是中性的，多多益善。

第七章　享受文化　　161

出生

　　婴儿出生的确切时间是泰国人占卜的关键因素。关于前世的因果报应的说法告诉人们在适当的情况下和具体的时间地点，人会得以再生。因此，出生的时间要详细记录，以便在孩子出生30天之后第一次算命用。

生成灵魂

　　出生后不久，孩子就成了一个仪式的主角，这个仪式的名字是"出生三天后生成灵魂"。这是一个人出生后要经历的诸多仪式中的第一个，日后他还要去佛教僧侣那里求一个灵符。但第一个仪式上僧侣并不参与，完全是万物有灵论的。

　　这个仪式的原理是，婴儿是神灵送到母亲的子宫里的。到底有多少泰国人现在还相信这个说法就很难说了，因为现在实行计划生育，反性传播疾病运动高涨。泰国的做法十分可爱，由僧侣给一堆堆的避孕套施法保佑。人们分发印有佛经"出生即受难"的卡片，附赠色彩艳丽的避孕用品和标语"不生娃娃，要只小猪"。这指的是在有些地区，对实行计划生育的家庭奖励一头小猪！

　　现在如果一个女孩说她肚子里的孩子是神灵送来的，那么她会受到鞭打，直到她说出神灵的名字。虽然很多乡下人也颇怀疑其纯洁性，但还是不敢冒犯神灵而不给孩子举行生成灵魂仪式（但很少有城里人还相信这个了）。

　　出生三天的孩子要被放在柳条制的筛米的托盘中，轻轻地摇动，象征着把稻米和糠区分开，把善和恶区分开。神婆被告知："三日神灵之子，四日人类之子，谁家的孩子，快来抱走。"一位老妇女（永远不会是孩子的母亲）就会给神灵一个硬币，把孩子买走。如果神灵日后想要回孩子，也找不到孩子的母亲。有时神灵是很好骗的，尤其是有钱的时候。过去，还要在孩子的床上方点燃蜡烛，持续一个月。即使没有正式的第三日仪式，你也可以去参加。如果这户人家穷困，你可以象征性地给孩子母亲一些钱，或者给个礼物。

泰国北碧，一个怀抱孙子的奶奶

禁忌

怀孕的泰国妇女传统上有很多禁忌，比如，不能打鱼、吃辣椒、说谎、拜访病人，以及参加葬礼，任何违反都会危害孩子的健康。很少有怀孕的妇女会去参加葬礼，但是她们不再遵从不吃辣椒的制约，斥之为"愚蠢的迷信"。传统上还要求生产后7~21天的妇女待在灼热的火炉边，尽管这个习俗在东北部地区的妇女中还广泛流行，但曼谷的妇女早已将它摒弃了。

第一次理发

孩子满月的时候，父母要大宴亲朋，孩子也要进行第一次理发，被叫作"生成灵魂一个月"，此举可以使孩子免受藏在头发中的邪恶神灵的伤害。较之出生三日的仪式，满月仪式更加公开，宣告了孩子的出生，度过生命中最危险的时期，将要被介绍给佛教团体。

三

在这两个仪式中，数字三都出现了，第一次是在孩子出生三天的仪式上，第二次是在孩子出生后30天的仪式上。而且，三十天的仪式上请九个僧侣唱经。很显然，九是三个三。在泰语中，"kaw"的发音既有"九"的意思，又有"前进"的含义，所以用来标记生日意义非凡。

泰国美食

起名

泰国人的名字是父母所起，他们通常请僧侣或长者为孩子挑选一个合适的名字，或名字的第一个字母或音节。这个名字有两个以上的音节，在所有法定或官方场合使用。名字通常是梵文的，而且有美好的含义，比如长寿、太阳或幸福之光。除了这个名字，绝大多数泰国人还有小名，只有一个音节且多数和动物有关，如青蛙、猪、老鼠、胖子等。起小名是为了避免引起神灵的注意，孩子出生后30天之内如果叫他的大

曼谷风光

名,会引起神灵的注意,产生不吉利的后果。现在,多数泰国人一生都使用小名,很多人从来不知道,也从没想过问问他们朋友的大名是什么。

赞扬与辱骂

孩子的小名听起来没有一个有赞美的含义,都是一些贬损的名字。这种做法的起源是人们相信神灵被美丽的孩子所吸引。不管当代泰国人相信与否,还是能听到有母亲赞扬别人家的孩子"长得丑",当然更多的是说"这孩子真可爱"。

这种辱骂式的赞扬很难翻译,游客的发自内心地赞美别人孩子的语言,多数能说点英语的人都可以听懂。现在的泰国人,尤其是年轻的一代,不再相信神灵的说法,和西方人一样真心地赞美孩子。不过,外国人听到你说他的孩子又白又胖不一定会认为是赞美。即使知道泰国人的习俗(以防万一有人说你的孩子是个讨厌的青蛙),也不要轻易照搬。比如你用英语或泰语对一个泰国中产阶级的人说:"天呀!你有一个多么丑陋的小怪物啊!"这并不会拉近你们之间的距离,要知道,他在哈佛待了10年啊!

泰国人认为男孩子长得像母亲、女孩子长得像父亲是非常吉利的。所以你经常会听到人们直接对母亲说:"她像她爸爸",这是一种赞美,还含有祝福的成分。同样,告诉父亲他的儿子长得像母亲,也不会令他生疑。如果游客对孩子的性别确定无疑的话,放心地遵循这个习俗吧。

生日

泰国人认为人生的每个第十二年都至关重要,所以通常在家里举行特殊的晚会,邀请九个僧侣唱经。最重要的是60岁生日,标志着从积极的社会里全身而退。

泰式蛋糕

泰国人经常在生日时邀请人们去家里,他们发出邀请时通常不说明理由,不过可以问问别人。没有特定的生日礼物,送什么随意。去任何泰国人家庭都可以送鲜花和水果,妇女们经常下厨帮忙。女宾们不必一定帮忙,但带些自制的或店里买的蛋糕都可以。

在泰国,鲜花、水果和泰式蛋糕很便宜,因此包装应该考究。一塑料袋的泰国点心,不管多么美味,都太落伍了;而精美的盒装的外国巧克力在泰国价格昂贵,受人青睐,可以在出国旅行时多买些。名牌钱包价格低廉,里边装上钱才可以作礼物送人,没有人喜欢空的钱包。

青春期

游客能看见泰国孩子的头发修剪得很短,只留顶髻,这是在为"顶髻修剪"仪式做准备。届时,顶髻将被婆罗门的牧师剪掉,孩子受到佛教僧侣的祝福。亲朋随后参加宴会。

这个仪式标志着青春期的开始,在孩子11岁或13岁时进行,但从来不在12岁的时候,因为泰国人认为奇数是幸运数字,而偶数不吉利。不过,第十二年不算不吉利,它是十二这个周期的结束。在这一年内不得举行仪式,因为十二年历法来自于中国,而"顶髻修剪"仪式起源于印度。(有些婆罗门牧师追溯其祖先的起源,但他们发现其祖先是泰国人,而不是印度人。他们在皇家还保持着重要的地位,但是在重要仪式上的角色很多已被佛教僧侣代替了。)

"顶髻修剪"仪式现在已不像过去那样普遍,很多父母不再费事举行这个仪式,除非他们的孩子一向体弱多病。那样的话,灵媒会建议举行这个仪式。但在每年的三月,皇家都举行仪式资助贫穷的孩子,由皇家的婆罗门牧师为孩子们剪去顶髻。

神职授任

成为僧侣的神职授任仪式被认为是成人的标志。多数泰国男人都在一生中的某个时间做僧侣,通常是结婚前。很多人只保持较短时间,有时只有几天,但多数会度过整个四旬斋，为期三个月，与雨季巧合。所以，多数神职授任仪式都在七月举行，就在四旬斋之前。

任职资格

成为僧侣的男性必须至少20岁，身体健康，无传染性疾病，未曾杀害父母或僧侣，必须取得父母同意，没有家庭或经济责任，没有债务。现在又新增加一条：必须接受至少四年教育。

动机

成为僧侣的目标一直没变：通过学习、清贫和冥思获得更多的佛教知识，得以启迪（战胜痛苦），为父母带来荣誉。

妇女

妇女不能成为僧侣，所以她们竭力劝说其丈夫或儿子加入神职。她们并不认为这种禁止有性别歧视的成分，而且尽量通过积功德加以弥补。清晨给僧侣施舍食物的人多数都是妇女。如果妇女今生积了足够的功德，来世就会托生成男人。

尼姑

一些妇女削发为尼，身穿白袍，住进佛寺的尼姑区。她们也由善男信女供养，得到他们捐给寺庙的食物、日常用品和钱。日常生活与僧侣十分相似，多数时间用来学习、沉思和为信徒解惑。

尽管尼姑被要求过禁欲的纯洁生活，但她们和僧侣一样不受誓约的限制。在任何仪式上她们都不行使职权，只在人手紧张时帮忙。比如，宋干节时，尼姑坐在僧侣附近，为众多信徒往手腕上绑神圣的线。举行仪式的时候，她们和信徒坐在一起。有些年轻女孩出于各种各样的原因做一定期限的尼姑，有的是为了还过去生病时许的愿，有的是做过错事要避免不良后果，有的是要免除

佛像

不幸。这样的临时尼姑都不用剃头，有些人特别严肃。

尼姑同样要遵守针对妇女的禁忌，比如不可触碰和尚或他的衣服，不可直接递东西给他，但如果人们有东西要给尼姑，可以直接递给她们。

誓约

男人在出家之前，要牢记训诫，必须用佛教语言——巴利语说话。他们还要思考僧侣必须遵守的227条规则的含义，其中最重要的是不近女色、不杀生、午后不食、不沉溺于魔法和不饮酒。如果他不能信守誓言，可以要求修道士将其豁免，他便还俗了。

苏宽纳克仪式

在所有的宗教仪式中，神职授任仪式的佛教色彩是最浓的。首先举行一个世俗的仪式，用来保护他免受邪恶神灵的伤害，尤其在他剃度和取得神职期间，他是最容易受到伤害的。在此期间，他的名字是"龙"，来自于一个想当和尚的年轻人的佛教传说。这个词的使用强调了他既非俗人又非僧侣的传统身份，也许其作用和人们的小名一样，是为了迷惑神灵，使其不敢对龙轻举妄动。

苏宽纳克仪式可以在家里举行，也可以在寺庙里举行。隆重而持续时间较长的仪式会在神职务授任仪式之前或前一天晚上举行，有时干脆取消，要当和尚的年轻人让僧侣、亲戚或理发师把他的头发剃光就行了。

剃掉头发和眉毛标志着断绝一切虚荣和美色，然后他穿起白袍成为一个特殊仪式的主角。在仪式上没有僧侣的介入，但他们可以出席，仪式由一个职业司仪和助手主持。司仪要唱颂母亲赋予孩子生命所经历的痛苦，强调完成自己职责的重要性，一直持续三四个小时。

在仪式的最后，亲朋好友围成一圈，手持白线，将三套（三根一套）点燃的蜡烛按顺时针方向传递。在每年五月的佛祖诞辰日和七月的佛诞日，还有另外一种形式，不是传递蜡烛，而是手执蜡烛绕行寺庙三圈。按照习俗，来宾应该捐钱，把钱放在花环上或受神职的年轻人的颈间，或置于托盘上。

神职授任仪式

包括妇女在内的任何来宾都可以参加仪式，如果受到邀请，可以送一些受神职的年轻人在寺庙里所需要的东西。

第二天,受神职的年轻人在大伞下被抬进寺庙。绕行三周后,他将一个硬币抛向空中,表示和物质享受决裂(早有小男孩等在一边哄抢硬币),然后被抬进去。

受神职的年轻人身穿白袍,跪倒在他父亲面前,他父亲将橘红色的长袍递给他,领他来到等候一边的修道士面前,其他的僧侣也都等在佛像前的高台之上。对修道士三拜之后,年轻人请求受职。修道士握住他的手,背诵经文,说明肉体是暂时的,并把黄色的带子放在他身上,表示其接受任职。然后年轻人在两个负责指导他的僧侣的带领下离开,穿着橘红色的袍子,复述见习修道士的十条基本誓言。

过去,见习修道士要花几年时间修行,但现在,要求受过四年教育起到同样的作用。两个仪式接连举行。

他的父亲把施舍碗和其他礼物呈献给修道士,后者把碗移过这年轻人的头顶放在他肩上。年轻人面对佛像回答问题,以确定要遵守僧侣的规则。两位指导僧侣随后请求其他僧人接受这个新成员,并对他的行为提出希望。

仪式上,僧侣唱经,新成员从一个银质容器中取水倒进碗里,象征着将他的功德转给他的父母,他的父母同样将功德转给他们的父母(他们可以从中受益,得到重生)。至此,这个泰国男人一生中最重要的仪式就完成了,标志着他成了一个佛教徒,离开家庭,完全是一个成熟的人了。该仪式还加强了两代人之间的联系,强调了家庭和社区的重要性。

婚姻

选择伴侣

泰国人可以选择自己的如意伴侣,没有过多的外界干扰,这可以说明泰国人独立的本质。虽然在全亚洲择偶情况都在朝着这个方向发展,但能够给孩子如此自由的家庭还是很少的。泰国的父母虽然不横加干涉,但可以影响孩子择偶,尤其是在富裕的和有影响的家庭里更是如此。在农村,人们更注重门当户对。因为没有种族和宗教的制约,通婚很普遍,尤其是在泰国女孩和外国男人之间。

给爱人戴戒指的男子

婚姻的种类

结婚仪式多种多样，上至精心准备庆典，下至没有任何仪式。两个人可能同居生子，不举行任何仪式就算结婚了（离婚同样也容易）。但是，多数家长都希望他们的孩子举行结婚仪式，在上层社会，豪华奢侈的婚礼是必不可少的。

泰国法律要求结婚必须在地区办公室登记，但不登记也没有惩罚，所以很多人并不登记。虽然法定一夫一妻制，但有钱的男人通常有几个小老婆，她们没有合法身份，但根据泰国法律，她们的孩子是合法的。夫妻双方都可以提出离婚，只要在地方办公室签署一份同意书就可以离婚了。如果只有一方提出离婚，就需要提交对方遗弃或一年以上不给家用的证明。无论官方统计还是民间统计，泰国的离婚率都居高不下，离婚之后通常再婚。

婚礼

只有初婚才举行婚礼。双方家庭事先商量好婚礼的花销，男方给彩礼。结婚当天，新人先在大清早给僧侣食物，得到他们的祝福。过去通常是男方家往女方家送礼物，但现在已经少见了。婚礼上，新郎跪在新娘右边。待星相家或僧侣选定的吉时一到，他们的头就被长辈用神圣的白线相连，并将圣水洒在他们手上。水从他们手上流到插着绚丽花朵的碗中。随后，来宾们如法炮制，洒水庆贺。

僧侣可能出席仪式，但泰国的婚礼没有宗教色彩，也不发誓要相爱相守白头到老。重要的是，婚礼上的白线把两个人连到一起，但却是两个独立的圆圈。这说明个人的身份得以保留，但他们的命运连接在一起。

婚礼有很多不同的种类，当然多数婚礼都比从前要简单。在许多乡村地区，还保留着"同情的魔力"的习俗，即新人的婚床由一对老夫妻来收拾，象征着婚姻幸福。他们有戏剧化的表演，躺在新床上，互相说着吉利的话，比如："这床对我很吉利。我想睡在上面的人一定多子多福，财源滚滚。"

老夫妇然后把很多象征多子多福和财富的东西放在床上，有公猫、几袋米、芝麻、硬币、一个石

石杵

杵和一碗雨水。新人要和这些东西共处三天（公猫除外），怪不得现在中产阶级的夫妇都愿意在婚礼之后就去普吉岛度蜜月呢。

不可避免的问题

如果你在这个神奇的国家住了一段时间，还学会了一些泰语，你会对这个问题非常熟悉："你结婚了吗？"你不可能逃避这个问题，只是早晚而已。如果你未婚，只能如实说"还没有"，即使你是个同性恋者，也得这样说。如果你都39岁了（你已经连续10年39岁了），你还年复一年地说"还没结婚"，听起来不太正常哦。

最后，你终于屈从民意，要和泰国人喜结连理了，人们仍然会问你"结婚了吗"，但你终于可以自豪地说"结婚了"。这种自豪可以持续到人们问你下一个问题："有孩子了吗？"等你带着三个小孩子在医院的产房外等老四出生的时候，旁边的人开始问你："你叫什么名字？多大岁数？结婚了吗？"

死亡

在所有生命周期的仪式中，泰国人认为葬礼最重要。葬礼不仅标志着一生的结束，还是通向新生的起点。死亡只是转世，是人生必不可少的一部分。

重生

如果有人身染重病，亲朋好友会引导他的心智转向佛祖或佛祖的教义，这会给临死的人以心灵上的安慰，做好重生的准备。

对重新投胎的信仰是泰国人生命和宗教观的一部分，他们认为人的肉身存在是由善与恶的精神平衡决定的，在今生或来世可以通过行善来改变命运。由于从今生到来世的过程十分重要，所以死者的亲属通常竭尽所能，使仪式隆重复杂。

处理尸体

死后，尸体由家里人沐浴、熏香、穿上新衣服，放到垫子上。亲朋好友排队为他分离的灵魂祈祷，把水洒到他的右手上。要在他的嘴里放一枚一泰铢的硬币，使他买路进入炼狱。他的双手行合十礼，以白线绑住。两掌之间放一张钞票、两枝花和两支蜡烛。脚踝也用线绑住，嘴和眼睛用蜡封住，尸体放在棺材里，头朝西——太阳落下的方向，也是死亡的方向。

在棺材的头上点一盏长明灯，帮助灵魂找到通往西方的路。棺材附近放着死者的个人物品，如床垫、被子、盘子、食物、衣服和一把刀，以便他在炼狱里使用。来客可以帮助死者家人准备葬礼晚餐，给一些小面额的钞票积功德。这些钞票通常绑在竹竿上，像旗子一样插在棺材旁边。

在死后的三天，僧侣在死者家里唱经，并在这里吃早餐。在只有一两个僧侣的小村子，人们派信使到其他村子去请僧侣参加葬礼，他们的出席是不可缺少的。

葬礼

棺材被扛出房间，先出脚那端，后出头那端。在农村，建在支架上的房子前的水缸被倒置，梯子也倒过来放，象征着生者的世界拒绝死者，使鬼魂不要归来。

死者家人拿着他的照片、点燃火葬场柴堆时用的火绒和用来装遗骨的罐子，带领队伍走向火葬场。后面是两人一行的僧侣队伍，他们手拿系在棺材尾部的白线。棺材后面是村中的男人，男人后面是女人。人们抛撒稻米以安抚被葬礼吸引来的神灵。

到达寺庙之后，人们扛着棺材逆时针绕场三周。一对和尚随后将椰水洒在死者脸上，然后亲朋也把芬芳的水洒在尸体上以保佑他。

人们把白线从棺材的尾部解下来，移到头部。最年长的僧侣把象征死亡的白布从棺材上拿起来，这时僧侣开始歌唱，讲述着痛苦和死亡是难以避免的，然后棺材被放进火葬场里，或放在柴堆上，尸体化为灰烬。

习惯上葬礼宴会就在佛寺的院子里举行，欢迎人们参加，来宾不要穿色彩鲜艳的衣裳，死者家人都穿着象征悲痛的黑白颜色的衣服，但这并不是一个哀伤的场合。

那个晚上和随后的两天晚上，僧侣来到死者家里唱歌，祝福逝去的灵魂，保佑生者。随后是对所有来宾开放的聚会。人们吃饭喝酒做游戏，希望死者的家人快乐起来。没有理由再悲伤，因为死者已经进入了重生的永恒轮回，得到了完美的安宁。

爱好与运动

泰国人早已不是你印象中的样子了，外国人对泰国人的印象是过时的。印象中，懒散的泰国人坐在那里，观看稻谷的生长，以一种无所谓的态度处理问题。但现在泰国人态度积极，经常同时打两份工，业余时间学英语，清晨即起，给僧侣送食物，参加仪式和庆典。他们令人吃惊地充分享受着社会生活和物质生活，并使其保持平衡。几十年前，人们谈起泰国人就会说到他们无所谓的态度，从始至终。本书要告诉你的是，这种态度从前有，现在还有，但不再是一种全民哲学。

尽管传统和现代的经济生活已经很充实，但泰国人还是能找出时间从事更多的活动，游客可以量力而行，投身其中。这些爱好对游客大概是全新的，会打乱你的生活平衡。较为极端的活动有武术和泰式冥思，中庸些的有中国传来的气功、泰式按摩、传统烹饪和舒缓的泰国舞。你不可能参加所有的活动，但只要你有时间，不论男女，都能找到适合自己做的事情。

泰拳

具有泰国特色的活动有很多，比如泰拳、斗鱼、斗鸡和斗牛，但吸引了整个运动界和外国年轻人的是泰拳。学习泰拳需要教学双方的承诺和义务，外国人还需要学习足够的泰语才行。

对很多外国人来说，服从是一个问题。泰拳的训练和泰式冥思类似，都和小学校一样，以绝对服从为基础，不要创新和幻想，食物简单，住宿简陋。并不是所有的机构都接受外国人，接受外国人的地方多数要求学员住宿学习，价格低廉，每周只要50~250美元，包括食宿和学习训练设备。高档的泰拳馆有空调，但一般都比较朴素。关于泰拳培训的全面信息可查阅网址：http://www.muaythai.com。泰拳正在成为世界

日落背景下的泰国拳击手

性的运动,但以严格的泰国传统和方法为基础,对男女都开放。

泰式冥思

在泰国许多外国人成为受人尊敬的僧侣,泰国人称赞这些外国人保留了佛教精神和教义,而很多泰国的年轻人却投身现代化的生活。多数外国人对泰式冥思情有独钟,他们希望学会冥思的技巧,帮助他们处理、理解甚至享受生活的压力,改善性情,促进工作。其他人认为泰式冥思具有另类的快乐,以不同的视角看世界,世界更美好。

外国僧侣的签证

外国男人如果想在泰国担任神职成为僧侣,从而研究佛教,就需要取得非移民签证,可视任期续签。但由于没有关于尼姑的官方文件,所以妇女仍需取得旅游签证,除非她们能得到其他类型的签证,比如年满50岁的退休签证。

任何事物都不能阻止外国人受任神职当和尚或尼姑,他们的宗教派别也无能为力。就佛教而言,一个人可以信仰基督教、犹太教、穆斯林、印度教或其他宗教。那些不接受双重信仰的宗教没有佛教这样宽容,所以你在献身佛教之前要三思。

从另一个角度说,你根本无须担任神职。很多佛寺都欢迎外国游客进入并在那里生活,不必发誓,也无须更换衣服。其实,很多泰国人周末到森林中的寺庙里去,和游客有同样的目的。他们陷入冥思,说明他们在追求理解与和平。很多寺庙都有不同的冥思的方法,最具泰国特色的是行走冥思,身体的每一个动作都小心翼翼。几家寺庙里,外国僧侣或泰国僧侣开设了英语的冥思课程。欲知详

正在冥思的佛像

情，请阅读《泰国佛家修道院和冥思中心指南》或查阅网址：http://www.dharmanet.org。

泰式冥思有两个基本的体系：第一种是静心凝神冥思法，与不同国家不同宗教的冥思方法相似；另一种是更具泰国特色的小乘佛教冥思法，观察并研究通过思想和行为达到身心合一的方法。

按摩和烹饪

按摩用品

泰式按摩和烹饪课程不仅外国人的妻子喜欢，而且她们的丈夫也非常喜爱。关于这方面的书和课程都很多，大家可以各取所需。学会为你的家人和朋友做一桌美食，或回国后从事新的工作，这取决于你想投入多少。学习按摩和烹饪对语言的要求较低。在曼谷有得到承认的传统泰式按摩中心，其他的学校也有类似课程，但按摩手法更加柔和，以指压为主，而不是用整个身体的一部分来按摩。

烹饪学校很多，大概最严肃的是UFM食物中心，电话：（02）259-0620-331，授课语言是泰语，毕竟这是培养泰国厨师的学校，但如果外国学生达到四人，也可以开设英语授课班。英语媒体和黄页上还有其他课程的消息。

教英语

教授英文可以作为一种爱好——回报不高，但与泰国人接触的机会多。教英文也可以作为一种职业。如果以此为职业，那么你一定要有较深的资历和丰富的经验，否则很可能入不敷出，并丧失了生活的乐趣。因为泰国人热衷于学英语，所以不难找到私人学生。外国年轻人在曼谷以外的学校容易找到更有趣的工作，收入较低但朋友很多。有一个介绍曼谷教学工作的网站：http://www.ajarn.com，在上面还可以定期查阅《曼谷邮报》上的有关信息。

潜水

只要有海滩和外国人的地方就有潜水课程班，这当然是因为有理想的潜水条件和丰富的热带海洋生物。吸引海洋生物和外国游客的是海边的礁石，如果潜水活动不

潜水

当，使它们受到了侵蚀，吸引力就会大大下降。有感于此，很多潜水学校把责任作为教学内容的一部分，但还有很多学校没有意识到这一点。学习潜水一定要找一位有经验的老师，他对本地区适于潜水的地方和危险之处都了如指掌。此外，还有帆板运动和划独木舟课程，同样要找经验丰富的教师。这样，他不但能指导你如何进入岩石间的神奇私密世界，而且能指导你如何出来。

夜生活

夜生活通常不算爱好或运动，但对一些外国男人来说，夜生活起到了这两个作用。如果没有醉醺醺的争吵，夜生活应该是快乐的。你会发现其实在泰国，酒后吵闹的情况比其他国家要少。

泰国以夜生活和妓女而闻名，这两者密不可分。曼谷主要的酒吧、餐厅、色情表演和按摩厅都是外国人云集的地方。那里还有个不错的书店，为那些经常光顾色情场所的人提供了很好的借口。另外，有一些不错的点心店和露天购物区。头顶的电线上有成排的燕子，见证着每一辆开进曼谷罪恶中心的车辆。

一般来说，有外国男人陪伴的外国妇女在酒吧里是受欢迎的。在新珐布瑞路，巨大的按摩厅令人难忘。有不少书都详细介绍了曼谷、清迈、普吉和芭堤雅的酒吧盛景。每周五《曼谷邮报》的"夜猫子"专栏都会记述曼谷的主要夜生活区的见闻。当局为了防止曼谷成为一个大酒吧，对下流的夜生活实行分区管理，上述场所都在新区范围之内。在曼谷以外也出现了一些新区，满足越来越多的汽车一族。

虽然泰国的夜生活看起来充斥着酒吧和吧女，但实际情况并非如此。酒店里有夜总会和迪斯科，一些酒吧也有现场音乐会。有些是男女同性恋者光顾的地方，也有些地方全是十几岁的少年，还有的地方各色人等混杂在一起。据报道，这里还有一个异性恋者聚会的地方，但我们没有找到。

博物馆

公立的国家博物馆和地方博物馆除了星期一、星期二和公共假期之外都开放。许多私人美术馆和博物馆在星期一关闭。

国家博物馆位于淡马锡大学旁边,初来乍到的游客最好先去参观此地,会给你留下很深刻的印象。有免费的英、法、德、日、西语导游讲解,因时间不同,请在馆内咨询。欲知参观路线,可在馆内购买手册。如果你有意做导游志愿者,请向管理方咨询,你一定收获颇多。

博物馆内收藏着东南亚佛教艺术品和佛教前期的艺术品。该博物馆原来是一个宫殿,于1928年开放,宽敞明亮,气氛轻松愉悦。该博物馆和全国各地的博物馆联系密切,你可以找到关于所有博物馆的信息和泰国的信息。

健身中心

泰国的气候和多数城镇的街道都不适于走路和慢跑,很多外国人喜欢在有空调的环境里锻炼。如果你喜欢独自健身,小区里又没有健身房,你可以考虑自购器材。泰国制造各种健身设施,或是从中国低价购进,以合理价格在超级市场或通过广告出售。但是,很多人觉得需要有团体的支持才能坚持下去,所以他们成为大型酒店或独立健身中心的会员。那里设施齐备,有游泳池、网球馆、壁球场、桑拿房、慢跑跑道等,还有教练指导你如何使用各种健身器材。

在你家和单位周围一定有健身中心,多数人都喜欢去同事推荐的地方,这样可以使你在团体中坚持更久的时间,但也有些人在健身的第一个月就退出了。如果你和小鸟一起起床,但又不想动的话,可以去公园或任何室外空地打太极拳(早5:00~7:00),那并不是老年人的专利。

电影院

当泰国人不看七频道的电视剧的时候,他们喜欢去看电影。很多影院宽敞舒适,座位安排合理。但不要只顾享受而忘了在放国歌的时候起立,电影开始前总是放国歌的。外国电影会有泰语配音,有时也放原版电影。从英文媒体上可以得知电影资讯,打电话预订最佳座位。

英文报纸上还提供"小众兴趣"电影的详细消息以及放映的地点。

曼谷一家健身中心内景

艺术、工艺和启蒙

想要继续某种兴趣或爱好的外国人在泰国是没问题的，如果要发展新的爱好，就看他们有多少时间了。除了我们上面提到的活动，还有其他课程，如艺术、陶艺、烹饪、泰国音乐和泰舞，专门有老师教授个人或团体学生。

更有亚洲特点的运动是风水、太极拳、泰拳和瑜伽。清迈和曼谷的主要佛寺都开设英语的冥思课程，很多教师是外国僧侣和经验丰富的前僧侣。更多信息请致电咨询：（02）251-1188。

阅读

泰国人有悠久的读书传统，在国内出版很多泰语书籍。经常可以看到泰国人等车的时候读书（多数是小说）。大多数购物中心都有书店和书摊。绝大多数书籍都是泰语的，几家购物中心也有日语书店，而任何一家书店都有英语书柜台。

就像世界上多数书店一样，书在书架上只能陈列一段时间，但购物中心里的书店大多是大公司的分店，可以在网上找到你想要的书的电子版本，最好记下作者名字和书名。最大的书店是亚洲书店，发行最大、分店最多。动手查查黄页，可以知道更多书店的信息。泰语书籍通常价格便宜，进口的英文书或少数人感兴趣的书价格可能和在欧洲一样贵。

近年来出现了一些新的出版社，专门用英语出版泰国学术著作。盗版仍然是个问题，但不像过去那么严重（还没有人因此上法庭）。现在老书重印的数量在上升，通常是翻版印刷，但学术书所占比例较小（有时在小客栈的二手书店里能找到一些绝版的英文书籍，值得一看）。多数英文书分为三种类型：小说（有些很好，多数是国际畅销书，还有很多是刚离开泰国监狱的外国人写的）；泰国主题的书（包括图片书、指南和语言课程）；管理书（购买者多数为泰国人，他们深信按照外国管理书去做，就会事业有成）。

女学生

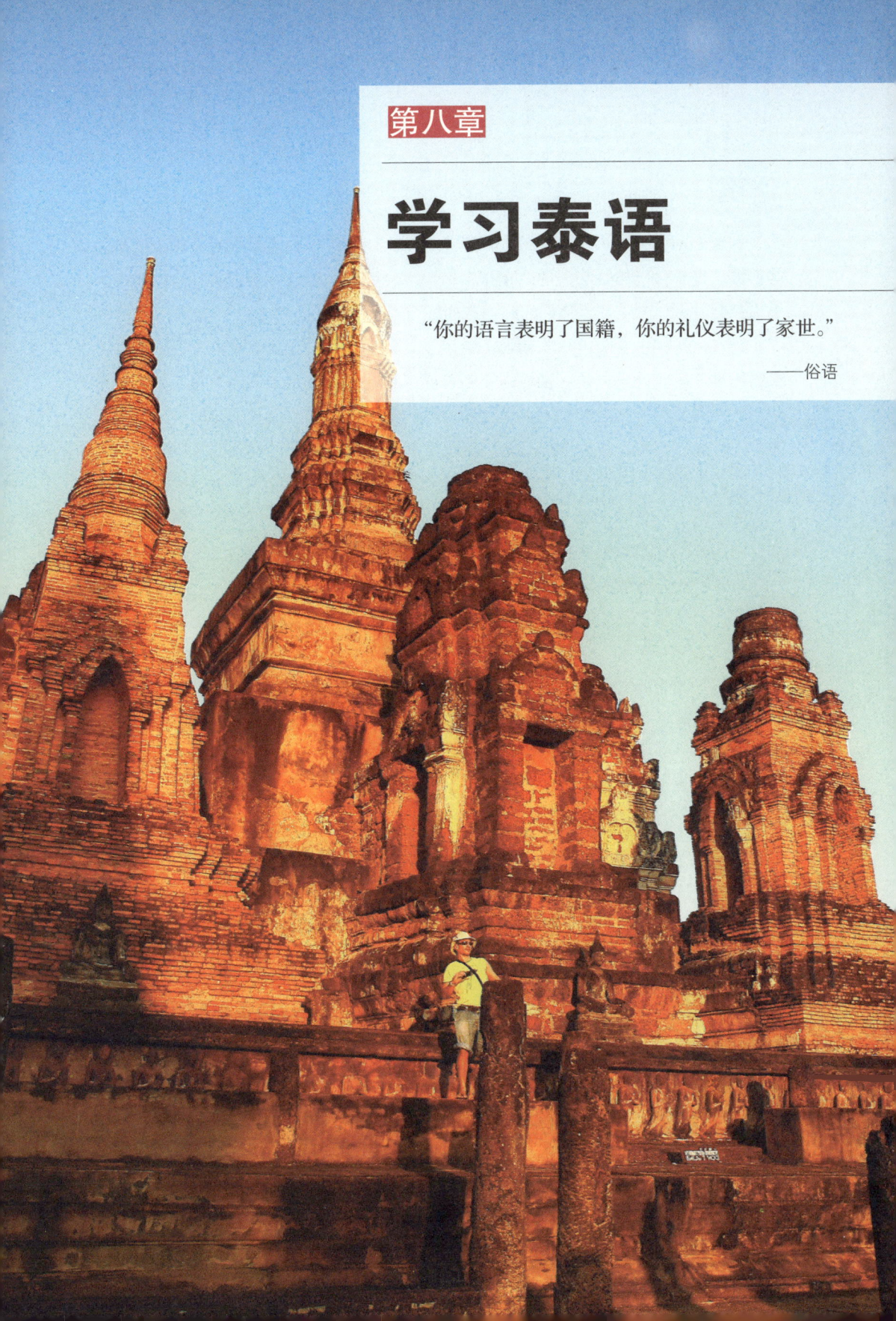

第八章

学习泰语

"你的语言表明了国籍,你的礼仪表明了家世。"

——俗语

泰语

能说泰语的外国人不再像过去一样是稀罕人物了，但在不是针对外国人的地方，对泰国人说泰语仍然是必需的。在很多情况下，人们会欣赏你努力讲泰语的态度。如果你只会讲做作的英文，你们之间的沟通渠道就会关闭。

诚实的外国人会告诉你，对西方人以及日本人、印尼人或非洲人来说，有声调的泰语很难学。但外国人学好泰语并非不可能，那些满口流利泰语的外国人就是最好的证明，这在几十年前以前是不可思议的。尽管学习泰语很难而且费时间，但现在有很多学校、成套的教材和资料帮助你，所以学泰语应该会带给你欢乐而不是痛苦。

初到泰国时你有很多冗杂的事物要处理，想把学习泰语这件事推后，但这并不是一个好主意。一旦你开始工作就会发现工作千头万绪，很难找到时间学泰语，而老板也在你初来乍到的时候最有同情心，会给你学习的时间和资助。同时，也正是在这个时期，你会和大量泰国人打交道，他们可不是都会讲英语的。

有些公司会在员工来泰国之前给他们开办速成班，或在他们到来之后给他们几周或几个月来学习泰语。

泰国的语言学校和私人教师良莠不齐。如果你遇到一个不好的教师，不管他/她多么善良或漂亮，最好找个借口离开，另觅良师（不要预付学费，如果上免费的试听课并感到满意的话，一定要确定是这个老师教你，除非你同意更换其他人）。很多学校和个人在英文媒体上登广告。每天有固定时间的初学者可以去口碑较好的美国大学校友协会语言中心学习，电话：（02）252-8170。

美国大学校友协会语言中心每五周招收一批学生上精读课或晚间课，每次三小时。还有全日制课程培训初学者一直到说写流利（达到小学六年级水平，初学者需要12~18个月达到该程度）。学习方法多样，可以适应不同的外国人的需要。各国学生

皮皮岛风光

采取小班制（最多8人）混合上课。因为学校本来是为学英语的泰国年轻人设计的，所以你能找到很多和蔼可亲的人可以练习泰语。

设施良好的语言试验室在固定时间对所有人开放，提供语音语调和元音长度的操练。美国大学校友协会语言中心印制教材和制作磁带，也许貌似枯燥，但反复的练习是学习外语所必需的。所以，即使你不准备参加他们的课程，仍然可以从美国大学校友协会语言中心办公室购买教科书和磁带（其他学校列在本书后面的"信息资源指南"中）。

I LOVE YOU

ผมรักคุณ
ฉันรักเธอ
เรารักกัน

泰文

学习泰语并不是取得签证的好借口，即使是美国大学校友协会语言中心和其他学校的教师也只持普通签证往返泰柬边境。那些在全日制泰语学校注册的学生更容易获得非移民签证延期。

用英语书写泰语的特点

似乎泰语还不够难，所以泰国没有官方的泰英译法，只有一个叫作"泰国皇家总系统"（RTGS）的东西，但无法区分元音的长短，招致众多非议，也促成了真正的罗马字符发音体系。比如，泰国人都做功德，这叫作boon，如果按照RTGS就写成了bun，西方人会把它读成类似蛋糕的一种食物名。做蛋糕和做功德相去甚远。有时看起来好像故意误导西方人，其实不然。不过使用合理罗马字母的近似表达之后，如果选择不当的话，会造成更大的混乱。

每一本指导性书籍和字典都有读音指导，很多书还在元音需要短促发音时，就在元音和双元音上标名了声调，这样便于阅读。但是用文字处理程序不能显示那些声调符号，所以不得不用纸笔来写。还有些学校和书籍用翻译的方法，发明自己的声调标志系统，或以括号在每个音节后面加一个字母来表示前面音节的声调。

语言指导及教材尽可能贴近泰语的原来发音，但其他地方则花样翻新，令人困惑。常见的做法是用英语字母代替泰语字母，前者有5个元音和26个辅音，而后者有24个元音和46个辅音。

这里以sawatdi为例（现在或许你还不认识这个字，意思是"你好"）。在英文和

> 泰国国王的名字被译成 Bhumibol，如果按照罗马化的发音规则，接近于 Phumiphon。请记住，在泰语翻译中 ph 的发音时吐气，像英语中的 p 而不像 f，而 u 发音像 look 中的 oo，不像是 put 中的 u。

泰式艺术品

泰语中唯一的共同之处是都有三个元音和三个辅音。泰语里有不止一个字母都表示英语里的"s"音，一般泰语中此音开头时用升调，但这个词却是用降调。实际上音调应该在元音上，但这个词发音时元音"a"在辅音"s"之后，不过并没有体现在书面语上。

在泰语里，辅音之间必须有元音相连，如果偶尔两个辅音在一起，中间没有元音，那么这两个辅音的发音则会发生变化。

已经糊涂了吧？那好吧，咱们继续来说那个你从伦敦、法兰克福或美国一上泰航的飞机，空中小姐就会对你说的词。"w"音无声调，由一个短音"a"和后面的"s"相连，降调。最后一个音节是"di"，更准确地说，是"dii"，发长音，中间音调。

咱们并非要翻阅整部字典，我们的目的是要说明看到泰语用类似的罗马字符表示的时候要十分当心。在泰语中最常用的表示否定的说法是may chay，都用降调。

对你来说还不够难是吗？泰国人喜欢使泰语看起来像英语，即使是泰国航空的名字也是如此，Thai写成ay-t-y，不过开头的ay通常写得像英文字母t，最后的y写成英文字母y的样子，中间的泰文字母t写得就像个小小的元音。

不用问下列哪一种写法是正确的，sawatdi，sawatdii，sawasdii，还是像飞机上杂志里所写的Sawassdii？没有一个是正确的，你想怎么写可以随心所欲。名片也是一样，最好先听听泰国人是如何读你的名字的，那大概就是你的名字的读音了。即便如此，还会有一些其他的含义。并不是只有来自于母语没有声调的国家的人才感到困惑，一位中国大使来泰国几年后才知道过去她的名字一直被写成Hoy（升调）Kheng（升调）。Hoy的字面意思是贝类，俚语中指妇女的隐私部位，而Kheng的意思是坚硬，俚语中指性。所以最好先向你信任的人请教一下。

泰文（我爱泰国）

当然，真正的解决办法是泰国人想出一种既现实又准确的官方翻译方法。实际上在19世纪70年代就有人提出这个问题，但被斥为没必要。同时，越南早在几个世纪前已经有欧洲类型的字母表，中国在20世纪也引进了一个，马来西亚则彻底放弃用阿拉伯字母写马来语，直接用英语。

另一个方法是让那些想学习泰语的人先学习国际音标，这并不复杂，因为国际音标完全以阿拉伯字母为基础，但问题是很难找到熟悉这个系统的教师和教材，这个系统需要有特殊的电脑程序。

所以，你在翻译上会遇到麻烦，不能找到近似的泰语发音。如果你对学习泰语的态度是非常严肃的，可以花些时间先学习字母，放在单词中学习，而不要独立地学。读可乐瓶上的商标和商店的招牌都是有趣的方法，那些都是用泰语字母写的英语单词。查双语字典也是个好办法，在翻译旁边都注有泰语。经过一些实践之后，你完全可以猜个八九不离十了。到那时，你就可以开始学习泰语了。

泰语有五个声调，简单清晰。当然，这是相对而言的。如果你学过中文的普通话，应该对声调没问题，因为它们大同小异。中间一个声调中立，和中文声调没有真正区别。中国人说泰语的问题是元音的长短。下表可以大致代表泰语的五个声调。

泰语的特点

高
　　　降
中　　　　　调
　　　　调
低
　　　升

那些不知道什么是声调语言的人应该知道：单词中的每个音节都有固定的声调。如果你要找一个人Noy（降调），就和Noy（低音）不同。如果为了强调，你说："你知道吗，Noy（升调）？"人们会告诉你："抱歉，没有Noy（升调）这个人。"如果你真的找到了Noy（降调），用你有限的泰语告诉她或他"你很suway"，你或者是说他们美丽或者是说他们倒霉，取决于你的声调。的确有人既美丽又倒霉，其中有些被叫作Noy。Noy被外国人说得南腔北调，令人生疑。不过当你觉得你不知道如何正确地说某个东西的时候，这里有个小贴士送给你。和其他语言一样，同一事物在泰语中也有两种说法，泰国人经常把这两种说法连在一起说。所以他们可能用中心泰语suway和古泰语ngam一起说"美丽"，就成了suway-ngam，尽管用各种声调说这个词吧，大家都会听懂的，不过首先你要学会发开头的这个音ng。

除了有五个声调之外，泰语的元音有长短之分，辅音有送气不送气之分，所有这些很难用英语字母表来准确翻译。最好的翻译可能是最糟糕的泰语，好像klay既表示近又表示远。还有一个例子来自于美国大学校友协会语言中心的问答练习：

问：Mai mai mai mai
　　（新木材烧着了吗？）
答：Mai, mai mai mai mai
　　（没有，新丝绸没烧着。）

如果这还没有难住你，想象一下上面的句子没有空格，或连续发音：
Maimaimaimaimai

如果用泰语字母来写就是这个样子，泰国人很少用标点符号，但现在小说里开始悄悄使用了。在他们觉得话题有所改变的时候，就留一个空格。你可能会认为既然泰语音节很短，空格又少，泰语会比英语节省一半的地方，你又错了。一页英文翻译成泰语要一页多，究其原因，发音短但书写并不短。元音可以写在辅音的上下前后，甚至周围，但发音在辅音之后，而且从左向右读音节。

谢天谢地，虽然泰国人书写不留空格，但他们说话却相反（除非你是第七频道的新闻播报员）。请法国人注意，说泰语要有停顿。泰国人和其他国家的人一样，单词之间有间隔，因为多音节单词的每个音节都有声调，音节之间有停顿。你一旦学会了单词和停顿，你就开始学会泰语了。

柳暗花明了吗？的确如此。虽然书写泰语没有空格和标点，但说泰语却少不了它

电话里的 khrap

一个外国人正用泰语打电话,一个泰国人坐在附近用心地听着,他只能听到一半谈话。

"喂(升调)"

"khrap(高)"

"Khrap"

"Khrap"

"Hello"

"Khrap"

"Khrap"

"Khrap。你好。khrap"

外国人挂断了电话,旁边的泰国人说:"天啊,你的泰语说得真好呀!"

们。这就帮助你把人们说的话分成了清楚的句子,同时有了含义。尤其是中部泰语,严格地建立在等级制度之上,每一句话都以 khrap(男性说)和 kha(女性易装癖者说)结束,这两个小词既没有意义又含义无穷。对大多数泰国人来说,这是有礼貌的语言习惯,而且会变成你的语言习惯,速度之快超出你的想象。这也是表示赞成的常用方法,屡试不爽。

朋友和家人之间常常省略掉这些小词,内陆地区更少使用,如果到了东北地区,人们说方言时根本不用。没关系,还有其他的小品词能把句子很好地分开。其中最有用的一个词就是 leu,人们总是用升调说,如果元音较长,你可以把这个词拉得更长。翻译过来意思是:"你说了吗?"你要问的事放在前面,而不是后面,比如"maa(升调)leu(升调)"就是问:"你说狗了吗?"在听声调和意思的时候这个词很有用。"maa(升调)leu(升调)maa(高,意思为马)"。如果你没听清回答,可以用同样的方法再问一遍,泰国人对此比多数欧洲人有耐心。

曼谷风光

有用的单词、词组和短语

泰语（你好）

对于母语不是声调语言的外国人来说，最简便的方法是学习常用语。比如，不要只学习"厕所"这个单词，要学习整个句子："厕所在哪里？"这有助于泰国人听懂你的话并帮助你学会更多的单词。"厕所在哪里"可以换成"邮局在哪里"。在任何语言中，这都是有意义的。很难想象，你走到陌生人面前，用英语只说一个词"厕所"。

话虽如此，我们还是给你一个常用词汇表，新来的人不必依赖这个词汇表，最好去买一本英泰字典，向泰国人请教如何发音。很多外国人都认为高顿·艾里森（Gordon Allison）的《英泰大词典》很好用，而且便于携带。

因为多数单词都只有一个音节，每个音节都有声调，所以句子重音和欧洲语言不同。多音节词通常都是外来语，重音在最后一个音节，如果你说Pepsi别人听不懂的话，就把重音放到最后一个音节上用降调再说一遍，肯定会有人把"百事"给你拿来（多数西方的外来语都以降调结束）。

这个词汇表非常有限，但并不是要教你泰语，而是要告诉你交流不需要很多词汇。万一你已认定泰语是世界上最难学的语言，我们也可以让你知道泰语的语法多么简单。所以，你花在声调和元音上的时间可以从简单的语法上得以弥补。

我们已经说过，这个词汇表作用有限，如果你能找到一位讲英语的泰国人教你如

元音

- i   同 in 中的 i
- ii   同 feet 中的 ee
- ai   同 pipe 中的 i
- aa   同 farther 中的 ar
- a   是 aa 的缩写形式，如 cat
- e   如 hen
- ay   同 hate 中的 a
- oe   同 turn 中的 ur
- u   如 flute

- uu   如 food
- eu   同 fur 中的 ur
- ao   同 now 中的 ow
- o   同 bone 中的 on
- oh   同 toe 中的 o
- eua   双元音，由 eu 和 a 合成
- ia   双元音，由 i 和 a 合成
- ua   双元音，由 u 和 a 合成，如 tour
- uay   u 变成 uay，如 suay
- iu   同 yew 中的 ew

除非单词以元音和鼻辅音结束，否则不论如何翻译，单词结尾的辅音都发 p、t 或 k 的音。你经常可以看见阳性代词 khrap 写作 khrab，但发音为 khrap。

辅音

k   与英语中的 g 相似，泰语中没有单独的 g，所以外国人通常以 g 替换 k。比如，kin（吃）发音很像 gin（不是饮料）。这是一个不送气不发音的字母。

p   与法语中的 p 相似，介于英语的 b 和 p 之间，例如 pay，意思是"去"。

t   与英语中的 d 相似，但不完全是（泰语中有清楚的 d 音）。不送气，不发音。

r   在泰语中恢复，有时过度发音，尤其是在媒体中，另外一个大潮流是把它发成 l。

kh   如同英语中的 k。

ng   在词首时给外国人造成很大麻烦，英语中有这个音，但多在词中间，如 singer（仅见南部方言），但不同于 ginger。

苏梅岛风光

泰国国立法政大学圆顶建筑

何发音的话,它的用处更大。假如除了你的母语之外,你还对其他语言略知一二,那么这个发音指南会对你有所帮助。

更多了解泰国

作为外国人,你完全可以到泰国的牛津大学和剑桥大学——朱拉隆功大学去学习。朱拉隆功大学是泰国唯一一个名字在大学前面的学校,其他的如淡马锡大学、清迈大学等都是名字在大学之后。

你可以学习纯学术的课程,或者是为希望了解泰国的外国人开设的课程。为期两周的精读课程每年七月开始,提供食宿,内容包罗万象。已取得任何一所大学的学士学位的人可以学习为期两年的硕士课程,主要以英语授课,但有机会学习泰语读写,授课的专家讲述泰国的文化、哲学、政治和经济。

可直接和大学联系,或访问艺术学院的泰国研究部。朱拉隆功大学交通便利,可在学生餐厅用餐,大学里有几个图书馆,对作家和研究人员会有很大帮助。如果有部门领导的支持,很容易取得图书馆的出入证。

如果你的兴趣更加学术性或更具体化,别忘了下列资料来源:

■ 暹罗社团

电话:(02)661-6470

由皇家资助,可以申请会员资格。其刊物《暹罗社团通讯》声名远扬。你可以要求使用资料室。

■ 内尔森·黑斯图书馆

电话:(02)233-1731

泰国最老的英文图书馆。漂亮的殖民时期的建筑,紧邻不列颠俱乐部。

■ 国家图书馆

电话:(02)281-5212

几百年来藏书丰富,须取得会员资格,但免费入会。

第九章

在泰国经商

"有银为我弟，有金是我兄。"

——泰国谚语

那些到泰国工作的人或对泰国的商业文化感兴趣的人，应该买一本2004年修订版的《外国人在泰国经商指南》。我们在此无法一一重述其内容，但需要指出的是任何要在泰国工作的人都要取得工作准证和适当签证。本书主要介绍泰国的商业文化，以帮助外国人在较短的时间内就能适应。

在海外和泰国境内都有一些机构介绍泰国的商业文化。假定每个外国经理在此停留三到五年，那么对这样的指导机构的投资是个好主意，但也有不同的看法。有些企业总部甚至认为对泰国知道过多会降低员工对企业的忠诚度。观点各有所异，行情变化无常。我们无法确定当今思潮是否在引领海外公司更好地适应泰国的商业方式——这样似乎是双赢的——但是企业自己可以决定这样做是否会增加企业利润，促进员工动力。现在，很多外国人会讲泰语，更多的泰国人说英语，所以有很多企业很注重降低成本，认为只要让员工大概了解他们的工作就可以了。现在很重要的一点是企业当地的经理本土化，一位操流利英文的泰国经理远比可以说泰语的欧洲人或美国人更适合这个工作。外籍经理的日子终结了吗？当然不能这么说，不过比起一二十年前的时候，他们风光不再。

在20世纪七八十年代，和平公司的志愿者先接受了几个月的深度培训，到泰国之后又得到了更多的指导，他们多数是在泰国的学校教英语，效果很好。在已经跨入21世纪的今天，很多掌控数百万美元的经理人要在工作中不断地学习。

商业与文化

和其他东亚和东南亚的国家一样，泰国的迅猛发展吸引了大量外国企业和投资。

曼谷之夜

几乎所有在曼谷建立起来的外国公司都感到有必要任命一个外籍经理,但不幸的是,公司无法给他提供语言和文化方面的知识,来帮助他在陌生的国家开展工作。也有一些例外。许多日本和韩国的公司给所有即将来泰国工作的员工提供文化知识和语言培训,他们做得很成功。

过去一些国际化的公司和组织负责对员工在各个国家之间进行调动,但在文化方面提供的指导甚少。多数大使馆认为,只要有一两名精通泰语的泰国和泰国人的侨民就可以了,其他外国员工还是生活在和其本国生活类似的环境里。这或许有经济原因:大使馆的高级人员已经在缅甸接受了一年的培训,所以不大可能再在泰国进行一年的语言培训。多数大使馆和联合国机构都认为人员轮流制度比术业精通更重要。

几乎所有的大使馆都有国家俱乐部或组织,对所有的人开放,他们为泰国人开设课程讲解英国、法国、日本或德国的语言和文化。除个别组织外,他们都没有给外国侨民开设关于泰国的语言和文化课。如果外国人只是出于社交的目的,来此结识其他外国人,那没什么。如果他想用本国那套方法教育泰国人,就没那么轻松了。如果他只想和外国人做生意,这么做行不通。如果他是在泰国管理泰国人工作,要完成每年的任务,并且赚钱,那就太不妙了。

泰国人做生意是认真的,但并不是他们每个人都能够为了和外国人做生意而处理一系列的外国文化、态度和语言方面的问题。如果外国人想做生意,就要知道泰国的商业规则和西方的并不完全一样。你那些操流利英语的泰国对手经常会跳槽,所以你常常发现刚刚熟悉的面孔不见了,你又要重新熟悉陌生的泰国面孔。不论你和对手之间的私交多么好,你们两家公司之间的关系多么融洽,如果他能说你的语言,而你却对对方的语言一无所知,那么你总是处于劣势的,进而影响到你在公司里的地位,要知道现在的竞争多么激烈呀。

外国经理

忘记所谓的"一分钟管理"吧,要花时间和你的员工相处。处理与工作有关的事情时要和他们单独相处,社交场合上则要与大家相处。每周一次员工会议,可以向他们传达公司总部的信息,

女经理

总结这一周的情况，适时表扬，不要批评。不要把这种会议当成一个捷径，用来布置下一周的工作，笼统地表扬这周的成绩。可以提些问题，但别期望太多。

除了管理员工，你还要根据企业的性质，不同程度地和泰国商业客户、政府官员和有影响的人物接触，要建立联盟，看清敌人，消除他们的威胁。你需要建立一个直达上流社会的信息网络。做这一切，你都需要一些得力的助手。

买办

所有在泰国的早期的外国企业能够得以生存下来都是通过一个泰国买办，这个人很有影响力，他忠于泰国，但挣外国人的钱。买办受人尊敬，地位重要。

买办这个词在英语和泰语中都在使用。在英语中，由于和帝国主义扩张的联系，买办一词有了贬义。在泰国，它早已失去了原义，现在指商业掮客（无贬义）。虽然应该尽量避免这个词，以免公司总部召回你这个疯子，但是外国企业家和经理还是需要一个现代买办，以利于企业的生存和繁荣。可以给买办一个新名字，如合伙人、代理人、助手、顾问，甚至秘书。不管叫什么，要知道得力的买办是必要的。

买办的角色、权力和报酬因受聘的原因而不同，即使是那些完全凭自己的努力在泰国建立起成功的企业的外国人也需要泰国的合作伙伴。有些外国人可能在泰国生活了很多年，说流利的泰语，被泰国人所接受。他们还可能拥有国家荣誉，接触上层社会。因为他们用泰国人的方式思考，所以万无一失。很多泰国人赞扬他们，即便如此，他们仍然谦虚地公开地把一切成就归功于他的泰国良师益友。

对大多数外国经理来说，他们并不关心名望和财富，他们只对最有效和有利的管理感兴趣。你的买办会告诉你如何摆脱冗杂的官僚政务，使你和你的企业不会窒息而死。谈判桌前会有象征性的讨论，一些气氛轻松的讨价还价，拍些纪念性的照片。所有实质性的工作都已由你的

兑换外币处

曼谷商业大楼

买办和对方的买办在幕后（不是你的背后）进行完毕，他们是昔日同窗。至于项目执行、进出口规则和建筑许可等，都由买办替你摆平。

你的现代版的买办会忠于你和你的公司，可能他干这一行已经很多年了，你只要适应并和他友好相处就行了。如果已经建立了友好的合作关系，你真是有福气啊，破坏这种关系对你危害不浅。

如果你的前任经理很失败，很可能没有买办。仔细审视你的员工，他们可能因为良好的教育和英语水平而得到雇用。虽然教育程度和英文水平高的人员日益增多，但他们仍然受到青睐。几年前，真正受到良好教育的泰国人十分稀少，他们彼此联系。你尤其要注意中年人，遇到合适的人要立刻做决定。如果你要开一家餐厅，也许用不着和王室有关系的买办，做过警察的人可能更合适。

如果没有合适的人选，你就不得不聘任一个。但要注意，如果只因为某个泰国人有良好的社会关系就聘用他，很可能发现他其实工作不力、不诚实，而且很难把他甩掉。最好的办法是从其他的外国公司挖过来一个，但这样做不容易，而且要支付较高的薪水和免税奖金。

重新组织

不管你的买办如何优秀，他也不会管理好你的员工或处理好办公室的日常工作。最好的情况是日常工作进展顺利，无须太多监管。如果不是，你就要悄悄做些改变，直到你满意为止。不要心急，慢慢来，新官上任做些改变是人们意料之中的。这听起来有些不择手段，的确如此。上任之初，要立即点燃你的三把火，否则很快就会被遗

商业合作

忘。要把下面的将公司比成家庭的说法铭记于心。但在这个家里，有人生老病死，结婚出嫁，然后有人取而代之，重要的是这个家庭的延续，而不是某个人的延续。必要时要狠心出手，就如同刮骨疗毒，然后就要集中精力恢复公司的元气。

好的管理者会使每个人都觉得在公司的变革中，他们的责任更多，升职的机会更大。要使他们知道，在公司的预算和规则的范围内，你会按照泰国传统做法提拔和奖励那些敬业的人。最大限度地关心那些努力工作并支持你的人，这并不意味着你忽视生产。要让员工知道，不遵守公司的规则就会被炒鱿鱼。

组织管理走上正轨之后，你就可以松一口气了，有时间更多地了解你的员工。要对他们友好，但不能成为朋友，要使工作场所气氛愉悦，要使自己更受欢迎。现在开始专心工作，不过你可能已经猜到了，这对西方人和泰国人的意义是不同的。

工作

泰语中ngan这个词有两个意思：工作和聚会，但不要因此就认为泰国人分不清工作和聚会，也不要认为他们会像去参加聚会一样积极地去上班。其实，这只不过说明只要可能把工作变成聚会，泰国人一定不会错过机会。

现代工业的观点认为工作和聚会是对立的，而且会认为泰国人的态度实在难以理解。这个词汇的来源能揭开其中的奥妙。

在泰国这个以农业为主的国家里，人们按照血缘、居住地和友谊聚在一起，才能进行一些单个家庭无法完成的艰巨任务。所以，tham ngan 的字面意思就是"聚在一起"。

合作

在现代的城市环境里，到朋友家里聚会并不意味着大家要手拿铁锹去院子里挖坑，但仍然有集体合作的含义。这样的工作同泰国多数工作一样，是由妇女完成的。

第九章　在泰国经商

> 当企业开张、迁址或建起分公司时，要请九位僧侣到场祝福。僧侣们用过餐之后，工人们才能吃。

男人只是帮助在外面搭起凉棚，他们坐在树荫下，喝着威士忌，等着妇女们把饭做好。一块做饭是乐趣，而一个人做饭则是烦人的琐事。

多数人宁愿准备聚会也不愿下田种稻，做农活没什么乐趣可言，但大家在一起劳动就好多了。劳动集体化的合作形式能产生一定的经济利益，但值得注意的是，参加劳动的总人数大大多于实际所需要的人数。没有人希望被排除在外，这倒不是因为大家觉得邻里之间要互相帮助，而是因为不参加集体劳动就意味着被集体排除在外。

在合作的劳动中，由主人家提供劳动前后的伙食。大家在不同的人家帮忙，角色也在不停地转换。所以，至少在一年之中的某个时候，工作和聚会即使不是完全一样的，也是密不可分的。

在躬身劳作的时候，可以有机会考察一下未来的女婿是否有足够的力量和耐心，又可以和朋友挺直脊背坐在阴凉下休息，吃喝聊天。

动力

人们并肩插秧或收割时，有时开展友谊竞赛，看看谁先干完。曼谷的公共汽车司机有时比赛开车，使得原本枯燥乏味的工作有了一丝乐趣。这样大家会有短暂的动力你追我赶地工作，而不是只想坐在树荫下抽支烟。

城市工作环境通常缺少这样的传统动力模式，泰国人同样会努力创造机会。成功的办公室和工厂里，人们喜欢自己的工作，并且有很多机会聚在一起进行社交活动。有些外国经理习惯于每年一次开车出去旅行，并且在圣诞节请员工喝

曼谷的公共汽车

工作中的快乐

在每年的11月或12月各公司组织出游。届时,每个雇用了泰国员工的公司就会自发地组成组织委员会,成员都是各办公室或公司的社交领袖,部门经理可能不在此列,但前台接待却可能名列其中。

组织委员会安排租车、收钱,并购买棉线和其他要献给僧侣的物品,还要保证做功德的人有足够的吃喝。然后快乐之旅开始了。他们可能只是去邻近的佛寺,更可能的是开车穿过整个国家,到从来没有去过的佛寺去捐献。这些旅行和类似的活动使工作场所变成了欢乐之地。

啤酒,他们应该在娱乐活动方面有更多的经费。

在泰国,很少有人愿意干没有乐趣的工作,好在组织聚会的机会比比皆是。外国经理的任务就是坐在一边欣赏,也许作一个简短的发言,表扬每位员工的努力,指出未来公司要进一步扩大,还有,在聚会结束时埋单。

当工作了无生趣的时候,就会越来越慢,甚至完全停滞。经过这么多年,泰国人以在较短的时间内能生产出高质量的产品而闻名,但他们在纪律和效率方面却没有良好的国际声誉。他们充满热情地开始一项新的活动,但如果没有立即见到回报或工作枯燥,他们会弃之不顾。在农业的社会里,来自于家庭和邻居的压力使劳动者坚持下去,但在办公室和工厂里这样的压力是不存在的。

妈妈和孩子

> 销售经理为了把经理助理的空缺留给他的侄子而忽略更有经验的申请人，本来他可能会得到一个忠心耿耿的助理，但如果他知道他的侄子懒惰、愚钝，工作一定不得力，他还会支持他，但也许热情减少了。

家庭

在许多大型企业，原本素不相识的人在一起工作，每天打交道。即便如此，还是有许多在曼谷的企业员工以家族为基础。如果有新来的人到美国大学校友协会语言中心学习泰语，他会发现几乎所有的泰国教师都有某种关系。在那种情况下，类似家族性的企业应运而生，而且在很长的时间里卓有成效。教师们互相帮助，把一份枯燥无味的工作变得有声有色，和谐的同事关系使师生双方受益。在泰国东北部的廊开市有一家中国人经营的餐厅，15~20个泰国雇员负责同一家餐厅的服务已经有20年了，他们在同一时间上班，彼此关照，有人请病假或去上厕所的时候替他们照顾客人，他们不是家人胜似家人。那家餐厅是泰国东北最成功的商业范例。

除了普遍的小型家族企业和一些引人注目的例外情况之外，在农村所形成的关系与城市的工作环境的关系有不同的形式。不过，农村的关系对找工作是很重要的。比如，一个来自东北地区的农民来到曼谷，如果他的叔叔是一个出租车司机，那么他第二天就会开上出租车（即使他还要向乘客问路）！

就像美国大学校友协会语言中心的情况一样，家庭关系有助于提高生产力，而且对他人也有帮助，当然也会造成一些问题。

裙带关系

裙带关系会影响工作机会和投标选择。公司的外方高管没有提拔亲戚的社会压力（除非他娶了泰国人为妻），但他应该意识到他的泰国顾问可能会将个人关系置于公司生产之上。

裙带关系不一定是消极的，它是对乡村理想的一种创新，乡村的连接在一起的经济和社会关系在城市中被分离。现代化和城市化在短时间内颠覆了泰国人传统的社会关系。对泰国人来说，一生在公司里与陌生人为伍而不能与家人为伴，不仅不自然，而且是一种不安全的生活。所以泰国人在公司里营造出家庭氛围就不仅自然而然，而且富有人情味，这样做还有利于提高工作效率，所以在削弱这种和谐工作环境之前一定要三思。

在我们看来，裙带关系在任何一个农业环境的国家里都是正常现象。公司的管理者要意识到可能产生的负面影响，但如果一味铲除这种裙带关系，会破坏工作秩序，降低发展速度。

身兼数职

虽然裙带关系在某些条件下可以稳定员工，但对于另一个城市工作习惯——身兼数职，我们就很难找到其积极意义了。睡眼惺忪的政府公务员大概在夜里倒卖房地产。你下班回家之后你的秘书还待在办公室，多半不是忙工作，而是在帮她丈夫的生意复印或打电话。公关员每个星期四失踪两个小时，可能是给隔壁的泰国老板上英语课去了。每天清早来打扫卫生的女孩在晚上大概就是影楼的领位员。

大家如此拼命的原因很简单：钱，或者缺钱。泰国处在一个快速发展的时期，人们对于汽车、房产等需求旺盛，并为之不断奋斗。泰国的国内市场从没有像现在这样需求旺盛，但这一切并非唾手可得，而是要付出代价。只要你和你的公司付出相应代价，那么万事大吉。如果有员工身兼两职，但工作出色，那就不关你的事了，不过如果他们每天趴在桌子上打盹，你也不能坐视不管。

即使是有钱人也不甘于只做一份工作，究其动机，对地位的追求超过了对金钱的渴望。比如费尔德·马歇尔，在1973年没下台之前重权在握，身兼代总理、内务部长、泰国皇家军队总司令、曼谷银行董事会主席等数十个要职，试想一下，在每个职位上都兢兢业业，谈何容易！

曼谷的建筑

批评

在泰国，面对面的批评被视为一种粗暴的形式，会对人造成伤害，从而破坏表面的和谐。对泰国人来说，打破平静是彻底消极的概念，所以，如果想积极地处理纠纷，公开的批评极其少见。往好处说，批评是没有礼貌；往坏处说，就是蓄意冒犯。

批评

建设性批评

在西方，两个人公开意见不同，在会议上批评对方的观点是可能的，而且似乎是值得赞美的，但最后能达到建设性的折中，两个人还是朋友，下班以后会一起去喝上一杯。也许有些外国人的确有这样的本事，但在泰国人看来，有受虐狂之嫌，别指望泰国人会有同样的做法。其区别就在于解决冲突和避免冲突。在西方，人们会故意公开地表达不同意见，这被认为是健康的状态，如果没有相反的意见，会有人刻意扮演唱反调的角色，从而显示公平性。当各方摆明了事实、阐明了意见之后，会得出综合性的结论。

在泰国，人们有不同观点，但都刻意避免对这种不同表达批评。解决相左意见的方法更多的是幕后操作，而不是当面辩论。

人们不仅不喜欢批评，而且认为批评破坏了社会制度。下级应该服从上级，批评上级，就是怀疑上级永远是正确的。批评下级，表示下级应该负责做决定，或者上级下达给他的命令不完整，或者上级不该把工作委派给一个能力不强的人去完成。当众批评下级既表现了上级的无礼，又表现了下级的无能。

如果上级被批评，他多半会想方设法去除批评的根源。即使下级的意见合理，可以节省大笔开支，也不会被采纳。即使真被采纳了，下级的命运也不是表扬或升职，而是解雇、降职或调离。

被批评的下级无法去除批评的根源，但他会想方设法尽快地一走了之，否则就要当众丢脸，这必然产生个人恩怨。他会一连数月耿耿于怀。批评过他的那个上级下达给他的任务会被蓄意拖延，或分配给不得力的人去做，还宣称："老板让我交给你的。"

避免公开批评某一个员工，也不要背后私下非议，那会降低上级的威信，伤害企

泰国一家度假村风光

业的生产力。员工的消极的抵抗难以还击，日后的批评都无法消除这种抵抗。

间接批评

那么可怜的外国老板怎么办呢？难道他必须容忍上班迟到和工作不努力，不能有一丝怨言和批评吗？

也许的确如此。虽然你的同僚和上司会批评你身为经理无所作为，但容忍比压制效果更好。至少，你要意

白象

识到所处的工作环境较为困难。德国人喜爱的"强硬但公正"的老板到了泰国是行不通的，除非他三缄其口。在泰国成功的老板要受雇员喜爱，尽可能少干预他们。当然不是说老板要挽起袖子动手干活，他们要吸取白象的教训，寓批评于表扬，寓惩罚于褒奖。

白象

白象一经发现或出生就被进献给国王，作为国家和平和繁荣的象征，白象受到特别礼遇。

过去，国王把白象送给贵族喂养是一种荣誉。喂养白象的开销不成问题，因为那些贵族位高权重，富甲一方。但事实证明白象是一柄双刃剑，它们既可以提高贵族的地位，又可能榨干他们的钱袋，关键是他们急于向上爬。

冒犯了王室的贵族不会受到批评，他会收到白象。这样的荣誉是不能拒绝的，但大象既不能干活又不能卖掉或送人。所以他们一定会小心翼翼地谨言慎行，避免将来再收到类似的荣誉。

我们并不建议用这样的惩罚来使女佣尽职尽责，或让秘书少去几趟小卖部，恰当的方法是间接批评。

类似于一个政治家对媒体批评另一个政治家，公开的批评之于泰国人，就如同战争一样，这样的冷战一直存在于敌对的派别之间，但在同一个派别内部的成员之间是不会发生的，除非发生了分裂或内讧。

温和地责备

间接批评不意味着嘲讽,泰国人很幽默但反感讽刺。"你的车今天早晨又让火车撞成两截了吗?"这样的话不是间接批评,只会让迟到的员工明天来得更晚。

在西方,迟到的员工会马上受到责备,事情过后大家都各就各位开始工作。但在泰国,这个员工会在午饭后,甚至第二天因为工作出色受到表扬。表扬之后老板会问一些个人问题,在别的地方人们会认为是干预个人生活,但在泰国,这被认为是上级关心下属,比如问问:"家里一切都好吗?孩子的病好了吗?还住在原来的地方吗?上班很远是吧?"如果你还想说得明白点,最多问一句:"上班路上要花多长时间啊?"

点到为止,如果继续刺激对方,要考虑是否会影响工作秩序。如果你一味想加强工作纪律的话,最好回德国去吧。即使你真的要提醒某个员工不要迟到,记住要单独找他谈,而且要间接批评。他会告诉你一大串个人的困难,其实和迟到毫无关系,你非常怀疑这些都是借口,但是仍然要充满同情地倾听,因为这才是正确的上下级关系。

在谈话过程中要找到一个恰当时机告诉对方他的问题所在,外国人可能会觉得最好的办法就是解释守时的重要性——你如果7:30还没来,那么尼特和诺伊就进不来门,莱克和托义就会错过接收邮件。其实不然,更好的办法是拿出老板的样子来,依靠泰

如何批评

间接批评是一门微妙的艺术,不可千篇一律地照搬某一固定模式,但下列基本原则可供参考。

- 竭力避免正面冲突。
- 亲自会见当事人。
- 掌握面谈时机,最佳时机是事态平息之后,切忌在你怒发冲冠时面谈。
- 巧用赞扬冲淡批评,恰当比例是九分赞扬加一分批评。
- 婉转责备、善用外交辞令,以褒喻贬的同时提出建议,取得对方的口头承诺。
- 从始至终态度亲切,购足奶油蛋糕,做到人人有份。

最后一条原则是重中之重,亲切友善而不居高临下,一定会令你得到应有的回报。

> 如果你想对女佣的工作表示不满,也可以用"重申规则"这个办法。外国人的妻子可以告诉女佣男主人对自己很不满意,因为自己应该操持家务。如果你还是单身汉,应该问题不大,但要尽快结婚,否则这个家就要由女佣说了算了。娶女佣为妻可不是解决问题的办法,很多娶了女佣的外国朋友发现,他们有了妻子,却丢了女佣。

国人遵循的"领袖原则"来助你一臂之力。每个人都有上级,充分利用你的上级。

推卸责任

要让员工知道你的上级委派你负责员工的行为,如果秘书没有按时上班,是你而不是她要有麻烦。虽然对她来说没有人比昨夜与她厮守的男友更重要,但谁也没有制度重要。

在工作中正确使用把责任推给自己上级的技巧,被间接批评的员工就会对你心生好感,然后再给对方一点表扬。如果实在找不到可表扬的事情,请他吃点奶油蛋糕,恐怕人们是不会拒绝的。

管理工作中一个很重要的部分是被员工喜欢,至少是不被讨厌。如果你的员工讨

曼谷商业区

厌你，他们就不会被你打动从而遵守公司的制度。如果在总部的上级因此找你的麻烦，那就更有好戏看了。要注意一个外国经理可能在一无所知的情况下，就被公司总部替换了。总部会有人来视察，你的员工历来就和总部的人有某种关系。如果你对你的泰国员工不好，他们就会想方设法拔掉你这个眼中钉。

投诉

如果你新买的闹钟才过两天就坏了；水龙头漏水时，水管工只是把手绢缠在水管上止漏；如果你的汽车从修理厂取回来时里程表上多了1000公里，该投诉了。

遇到上述情况时，很难保持彬彬有礼、十分友好、忍气吞声。但是如果人们喜欢你，他们会给你想办法免除一些费用，或在下一次给你些优惠。当然，善良也要有限度，泰国人会教会你这些的。如果你能动动脑筋思考利害，而不是口不择言地乱发脾气，你会发现不是人人都想要占你的便宜，不愉快的经历也

泰国白领女士

有以愉快收场的时候，所以要实事求是。如果修理工干得不好，不要急着换人，虽然实际上在泰国更换修理工比在其他多数国家更容易，但人无完人。只有在迫不得已时才投诉。

提问

泰国人不喜欢批评，而且如果提问有可能隐含着批评的话，他们也会设法避免。因为在讲座之后的提问意味着演讲者讲得不够完美，或提问的人没有听懂，所以很少有人提问。大学里的演讲者在每个讲座之后会问一句："有问题吗？"从来没有。过一两天或几个月之后也许会有问题，但一定是私下提问，并且会表明老师的讲解很清晰，只是学生愚钝没有理解罢了。

虽然外国的教师喜欢在一起哀叹泰国"缺少智慧的启迪"，私下抱怨死记硬背的方法阻碍了深刻的评价甚至惩罚了创新，但他们都愿意在泰国教书。很多人之所以喜

第九章　在泰国经商　　203

> 泰国人常说一句话，大意是如果你负责某件重要的事物，必然会得到一些好处，就是"近水楼台先得月"之意。

欢在这里工作，就是因为泰国的学生对老师极有礼貌，从不苛刻。

善解人意的教师会留出时间让学生私下提问，并在下次课上不留痕迹地把提到的问题讲解一下，从不指名道姓。这样的工作并不会花更多的时间，因为不必处心积虑地苦思冥想如何在讲座中一语惊人。所以这样的工作使人神经放松，而且更安全，因为避免了不知道如何当场回答提问的尴尬。

教师之外的其他工作报酬更高，但地位没有教师高。如果你想装作对地位身份不屑一顾，只想做一份好工作的话，那么就和泰国人的想法大相径庭了。这种分歧会在日后产生冲突。

在泰国第三级的教师有特别尊荣的称谓，该称谓可用于称呼僧侣，充满了尊敬，代表了地位，但比以前淡化了。对商人的称谓也表示尊敬但不代表地位，在讲座、会议和讨论这样的地方没有他们的身影，他们就只有用钱来弥补。

重要的或有趣的事情都是在讨论会前后大家一起喝茶时说的，会议上的激烈言论总是外国人发出的，泰国人的参与就体现在偶尔打个哈欠上。

合作握手

严守禁忌

对在泰国工作的外国人来说，明白他们敏感的东西并且避免批评是一回事，能遵守这些禁忌又是另一回事。有些人会争辩说外国人不该改变他们的行为，因为正是他们不同的分析能力和行为方式使他们得以聘任的，泰国人很难做到这一点。

有些外国人会通过行为表明西方的职业道德里包括了公开的批评，要首先考虑医院的患者和大学里的学生，然后才是员工的感受。如果外国医生发现泰国医生开的砒霜剂量足以置人于死地，他该怎么办？如果外国教师发现大学教授让家里的女佣批改考卷，他该怎么办？

也许你首先要考虑进行干预的动机是什么，是要贬低那位泰国医生或教授，公开显示自己的高明（在西方无可非议），还是要帮助当事的患者和学生？如果是前者，那么提高你的自我形象只是暂时的，对你长期在泰国工作的影响是一场灾难。如果是后者，公开的批评也不是最好的办法。

悄悄介入

即使是处在那种极端的情况下，泰国人也会找到一种补救的办法来避免冲突。

医生多半不会让患者听天由命："哦，这是他们命里注定的！"他们会悄悄介入。或许主治医生离开之后，他会把砒霜改成阿司匹林，过后再私下问那位医生度假回来之后开这种药有多久了。批改考卷的事，泰国的讲师会主动请缨，要帮助教授批阅试卷："我不揣冒昧，但我想您如果允许我批改的话，我一定会大大地从中受益。"如此一来，既纠正了局面，又对自己的将来有好处，比把你自己的未批改考卷送到教授的女佣处要安全、有效一千倍。

如果这种聪明的干预无效的话，就要用其他的策略了。如果那位高级医生坚持让患者立刻把砒霜喝掉，初级医生可以尝试以下办法：显示自己的无知，使上级改变主意又不会丢面子。"先生，打扰了，患者服的什么药啊？你刚才是说维生素C吗？这个药有什么效果呢？"运气好的话，高级医生会回答："维生素C？我没说，那个药没用。我说的是阿司匹林，不过好像我拿错瓶子了。护士，阿司匹林在哪儿？"这样的聪明做法既能挽救患者的生命，化敌为友，又有利于今后的发展。但是不要说："砒霜？老鼠药是不是更好些？"

贪污

泰国人不喜欢贿赂和腐败，但不会拒绝帮忙之后对方赠送的小礼物。西方人不愿承认参与这样的行为，但他们意识到如果希望货物完好地运到港口，及时办好手续并装船的话，必须要有人关照，当然要付出比工资高的奖励。

贿赂

关那尔·米德（Gunnar Myrdal）在他那本著名的《亚洲戏剧》中说，在亚洲的跨国公司中，日本人最愿意使用贿赂以保证交易和生产朝着对自己有利的方向发展，确保公司正常运转。紧随其后的是德国人、法国人和美国人。大型的贿赂通常有中间人介入，此时的买办和旧时的媒人起到了相同的作用，能够防止双方出现尴尬局面。

开口

我们已经强调过中间人对外商的重要性，否则外商会花很多时间和金钱在政府中或对手中物色一个要人。卓有成效的代办会告诉你什么时候那位重要人物拿到钱之后开口为你说话。

职业中间人顾全公司的利益，拿不菲的顾问费。除此之外，还有短期的中间人。

清迈夜市

政府中的某个职员会代表他的上级来通知外商，办成某事需要多少钱。当然，无法判断他的话是否属实，这就是为什么贿赂的绝大部分都是事成之后兑现。中间人是个投机商，如果事情办不成，他就一无所获。

通常无法贿赂到最高层人物，主管投标的低级官员能给投标者提供非常有价值的投标信息，并做出有利于某个投标者的介绍。等标书到了委员会一级，只要有一位委员开口替你说话就足够了。如果你能打通一位和委员会主席说得上话的委员，没必要贿赂所有人，和主席说得上话意味着大部分的钞票都进了主席的腰包。但如果低层官员被发现受贿就会丢掉饭碗。

外国公司不仅参加贿赂，而且也是受害者。外国公司要知道合同副本并不总是会到有实力的公司手里，所以为了避免这个后果，有些公司会把工程交给两个或更多的公司来做，一段时间之后再决定意属何方。这样做是很危险的，因为有关公司可能会集中精力于如何打败竞争对手，而不是如何做好工程。

而且他们会联合起来提高价格，牟取共同利益，这两家公司的董事长极有可能是同一个人，这样的巧合在泰国屡见不鲜。

天衣无缝

贿赂和神灵世界一样看不见摸不着，它当然是存在的，但公司的年终账目上根本看不出来，所以难以判断泰国的贿赂是否比别的国家多。人人都知道去普吉岛度假的钱是哪里来的，但人们闭口不谈。

在泰国人们管贿赂叫"吃饭"，每个人都得吃饭呀。

曼谷神像

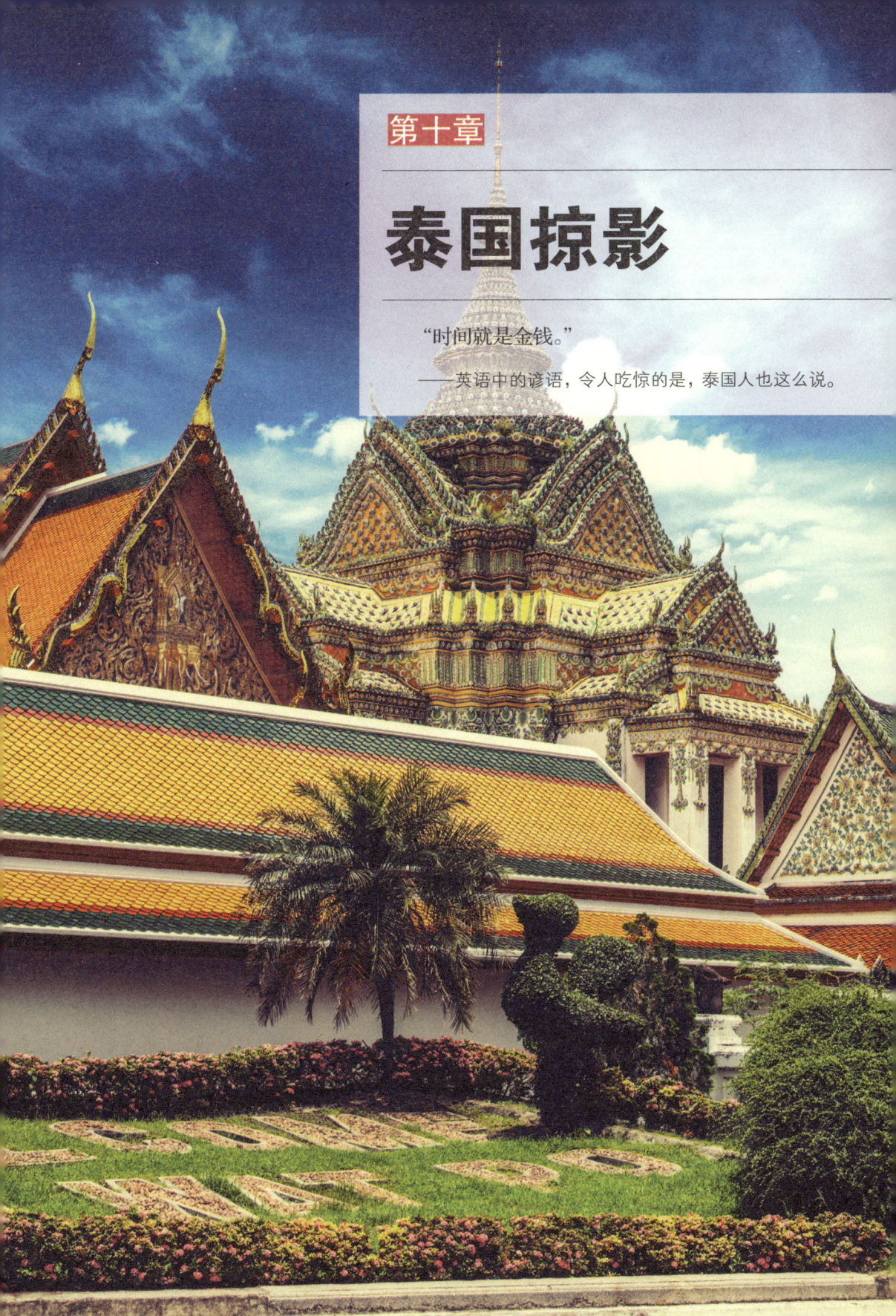

第十章

泰国掠影

"时间就是金钱。"
——英语中的谚语,令人吃惊的是,泰国人也这么说。

国名
泰国

首都
曼谷

行政机构
全国共计76个府,每个府下设县、区和村。

面积
517 000平方公里

时间
格林尼治时间加7小时(GMT+7)

电话的国家代码
66

已知最早的史实
大约在10 000年前已经有人居住。也许是世界上最早的农民(4000年前)和冶金匠的居住地。

泰国寺庙

气候

季风气候,湿季为每年6~10月,干季为11月~次年5月,每年的5~6月气温最高,可达三十几度。北方和高地区气候凉爽,尤其在11月~次年2月间。全年平均湿度可达66%~82%。

人口

全国人口6672万,1/3是城市居民。75%的泰族人又分为说四种不同方言的族群。华人和马来人是最大的少数民族,在山区居住着山区部族人。

泰铢

宗教

人口中95%是小乘佛教徒,其余是印度教徒(大部分是华人)和穆斯林(大部分是马来人),还有0.5%的基督徒(华人、泰族人和山地部族人)。

官方语言

泰语,但有各种地方方言。华语的方言在商店里都能听懂。英语是学校里教的第二语言,但使用并不广泛。

货币

泰铢。

信用卡

在很多口岸市场、超市、饭店和旅馆都可以使用信用卡,一般加价3%。在大多数银行可以用信用卡提取现金。

贷记卡

在泰国任何地方的自动取款机(ATM)上,都可以用贷记卡提取现金,不收取费用或收取很少的费用,但并非每一台ATM都能识别所有贷记卡。

支票

不广泛使用。

银行账户

如果是外国人而且不是常住者,只能开无利息的活期账户。

水

只可饮用瓶装水或开水。

国内生产总值(GDP)

4167亿美元(2013年统计)。

工业

旅游、纺织和服装、农产品加工、饮料、烟草、水泥、少量制造业,如珠宝、电器及部件、计算机及配件、集成电路、家具、塑料、钨和锡。

出口

纺织品、鞋、水产品、稻米、橡胶、珠宝、汽车、计算机和电器。

进口

投资产品、中间产品、原材料、消费品和燃料。

政体

- 泰国自公元1238年起一直是一个独立的国家,也是东南亚地区唯一避免殖民统治的国家。
- 自1932年以来,因受英国政治体制的影响,实行君主立宪制。
- 500名众议员和总理都是通过每四年一次的国民选举产生。
- 任何一项宪政改革都必须经过参议院投票表决。
- 泰国实行多党制。
- 经过多年奋斗,后民党如愿以偿,并于1997年9月27日经过表决通过产生了泰国第16部宪法。这是第一次由平民政府制定的宪法。该宪法包括允许监督当选官员及保护人权等条款。
- 在1997年表决通过的这部《人民宪法》中，规定实行民主选举，实行12年免费公共教育（其中9年为义务教育）；建立几个监督机构，其中包括法院、反贪局和人权委员会等。
- 自1932年以来，军队大部分时间内听命于总理，常常在军事政变中夺权。随着经济现代化、经济增长和东盟成员国之间国际化的进展，军事政变已成为过去。人们将这看成是具有过渡性的历史事件，由1932年之前的绝对君主统治到其后的君主立宪制。
- 泰国最高法院的所有法官均由国王任命。

曼谷玉佛寺

- 国王在政府中并不活跃，但在一个等级分明的社会中，国王及王室成员都受到无比的尊敬。因此，国王的主张及其榜样作用对所有泰国人都是极为重要的。普密蓬（BHUMIBOL）国王在1946年登上王位后，一直发挥他巨大的影响，并和国内四个主要政党保持着亲密的公开接触。没有严重的反君主运动，君主的政治角色主要是万人瞩目的楷模。在1981年的军事政变企图中，国王的风格和威望是发挥得最好的例证之一。当"青年穆斯林"接管政权时，国王及其王室成员和总理一起离开了首都，并在考拉特（KHORAT）建立临时宫廷。政变以失败而告终。
- 王子玛哈·瓦基拉隆功（MAHA VAJIRALONGKORN）在1972年刚刚20岁时被正式任命为王位继承人，因此查克里王朝在后来得以安定延续。

芭堤雅伸向海里的木桥

泰国名人

普密蓬·阿杜德国王（King Bhumibol Adulyadej）

普密蓬国王像

他的名字有时拼写成普美蓬（Phumiphon Adunlayadet）（意为土地的力量、不可战胜的权力），被称为拉玛九世，是查克里王朝的第九位国王。他1927年11月5日生于美国马萨诸塞州的坎布里奇，1946年成为泰国国王。作为朱拉隆功国王的长孙，他于1950年4月28

苏梅岛倒映在水中的佛塔

日和诗丽吉·吉滴耶卡拉（SIRIT KITIYAKARA）公主结婚，并于1950年5月5日正式登基。自1932年建立的君主独裁统治从此被废除了。普密蓬国王没有实在的政治权力，国王最重要的作用是国家的象征，是泰国国家统一的标志。国王一直活跃于各种仪式中，经常抛头露面，极力斡旋于泰国各政党之间。1972年普密蓬国王任命他唯一的儿子瓦基拉隆功（Vajiralongkorn）为太子，他还有三个女儿。

诗丽吉（Sirikit）王后

1932年8月12日诗丽吉王后生于泰国，她的父亲是驻英格兰和法国的大使，她的母亲拉佳婉丝·诗丽吉·吉滴耶卡拉（Rrjawongse Sirikit Kitiyakara）一直随她父亲在欧洲任职。诗丽吉在巴黎遇到了未来的泰国国王——普密蓬，他们于国王加冕典礼的前一周回到泰国结婚。

诗丽吉王后与其丈夫一道，为提高泰国国民尤其是农村妇女的福利待遇不懈奋斗，在她的带动和资助下，泰国建立了传统手工艺和纺织项目，提高了泰国农村妇女的生活待遇。

国王和王后共有四个子女：

乌波耳·雅他那（Ubol Ratana）公主

乌波耳·雅他那公主于1951年4月5日出生于瑞士洛桑，于1973年毕业于美国麻省理工学院，获生物化学学士学位。她和皮特·杰申先生结婚，现在她和她丈夫及子女都生活在泰国。子女分别是昆·普劳帕林·杰申（Khun Ploypailin Jenson）、昆·普米·杰申（Khun Bhumi Jenson）和昆·诗丽吉·杰申（Khun Sirikitiya Jenson）。不幸的是，昆·普米·杰申在2004年12月突袭普吉的海啸中丧生。

玛哈·瓦基拉隆功（Maha Vajiralongkorn）王太子

玛哈·瓦基拉隆功王太子于1952年7月20日生于曼谷。毕业于澳大利亚皇家军事学院并在泰国皇家军队中服役，他被授予军衔而得以继承王位。他和索姆萨瓦莉公主结婚，生有公主诗丽芭·朱塔邦。

玛哈·查克里·诗丽敦公主（Maha Chakri Sirindhorn）

玛哈·查克里·诗丽敦公主于1955年4月2日生于曼谷，获得古代东方语言学士学位以及教育和发展博士学位。诗丽敦公主极力推动泰国文化的保护活动，在皇家军事学院教授历史课，空闲时则写书，她还主持了几个慈善基金会。

朱拉蓬公主（Chulabhorn）

朱拉蓬公主是普密蓬·阿杜德国王最小的孩子，她于1957年7月4日生于曼谷。她是一个天才科学家并获得化学博士学位。她创立了朱拉蓬研究院，促进了泰国科学研究事业的发展。她和空军中尉、战斗机飞行员维亚·迪塔萨瑞结婚。他们有两个女儿，诗丽芭·朱塔邦公主和阿迪塔亚敦·吉丽昆公主。

他信·西那瓦（Thaksin Shinawatra）

曾任泰国总理

他信·西那瓦生于泰国清迈的一个富商家庭，就读于泰国警官学院，在美国获得法律学学位，于1978年获得美国得克萨斯州休斯敦大学刑事审判学博士学位。

回到泰国后，他开始了警官生涯。14年后他离开了警界创立了他自己的主要为亚洲媒体服务的通信公司。他信也是天生的企业家，很快就发现了潜在的新的经营项目，传呼机、移动电话、软件和通信卫星是其中的一部分。

1994年他信又重返政坛，加入了恰姆龙·诗丽蒙（Chamlong Srimuang）领导的帕兰大玛党（PALANG DHARMA）并任外交部长。后来当恰姆龙辞职后，他信在1997年任代总理。

1998年他信创立了泰爱泰党并在2001年1月的大选中获得压倒性的优势，同年他成为泰国第54届政府总理，在2005年3月连任。于2006年下台。

作为泰国最富有的人之一，慷慨的他信总理以他的正直、坦诚和号召力为泰国人民所敬仰。他就职时泰国的经济不稳定，但他成功地稳定和发展了国家经济。他信领导的政府首次为穷人提供低价医疗保障和减轻债务，提高贫困家庭的福利。

英拉（Yingluck Shinawatra）

曾任泰国总理

英拉是他信的妹妹，嫁给一个商人，育有一子。与哥哥一样，她也出生在清迈，她的支持者都集中在北部和东北部。英拉是父母的第九个孩子中第二个成为总理的，也是泰国的首位女总理。虽然没有任何从政经历，她在44岁的时候以绝对优势当选泰国总理，实行多党合作。英拉早期在清迈大学求学，然后去美国攻读MBA，在从政前她是个成功的商人。她被认为是尚未回到泰国的哥哥他信的化身。上任之初，英拉

曼谷商业区风光

就面临历史上自2004年海啸之后最大的自然灾害,在那场海啸中,洪灾肆虐数月,中央地区被淹,工厂关闭,经济受损严重。英拉一向坚持民族统一的原则,不与对手交恶,这一策略消除疑虑,大获成功。2014年5月下台。

法拉·帕瑶姆·卡拉亚诺(Phra Payom Kalayano)

法拉·帕瑶姆·卡拉亚诺是个坦率的佛教僧侣。他相信通过讲故事可以更好地传播佛教的教义。作为娱乐大师和雄辩的讲演人,他的布道中充满了幽默的典故和传说,泰国人酷爱这些讲道,因为它们充满了指导性、实用性和娱乐性。他的布道讲演被录制成磁带,销售量时常超过泰国最流行的歌曲。

法拉·帕瑶姆·卡拉亚诺不但是精神领袖,而且也是相信人人平等的草根激进分子。在诺查布里(Nonthaburi)的瓦德桑卡纳寺庙(Wad Suan Kaew),住持帕瑶姆建立了一所学校,对数百失业人士进行职业培训。帕瑶姆和其他激进分子不同的是,他还是一个热情洋溢的环保主义者。他建立了简朴的加工厂,对废弃物进行分拣、重复

利用和循环使用。瓦德桑卡纳寺庙是提供该服务的唯一寺庙。法拉·帕瑶姆希望提高泰国人的环保意识，他认为泰国人正在变成毫无节制的消费者。

法拉·帕瑶姆通过他对教育、环保和宗教等方面孜孜不倦的工作，获得了全国人民的尊重与支持，他仗义执言而且无私无畏，对于滥用权力为自己牟私利的强权在握的僧侣，他毫不犹豫地进行公开的批评。

人们认为在泰国对佛教僧侣的信任在降低，但法拉·帕瑶姆的理想重新点燃了人们对佛教学说的热情。

库克里·帕蒙杰（Kukrit Pramoj）（1911—1995）

库克里·帕蒙杰是一个优秀的政治家，也是泰国文学巨匠。这位拉玛国王五世的孙子被称为"文艺复兴之人"，他的兴趣广泛，成就卓著，涵盖了从古典舞蹈和戏曲艺术到政治和文学的广博领域。

库克里·帕蒙杰就读于英国牛津大学，他开始为著名的《暹罗早报》自由撰稿，而后他的作品迅速增多，发表了多部重要的文学作品，这其中已经翻译成英文的是《生生世世》（*Many Lives*）、《赤竹》（*Red Bamboo*）和《四君主》（*Four Reigns*）。最后的这部多卷著作被认为是最重要的。书中所描写的是，当时正处于20世纪30年代的政治动乱之中，一个国王被废黜，另一个国王被暗杀，主要讲述了在动荡时期处于恐怖和不安中的大臣们的故事。最重要的是，本书揭示了泰国人民对王室的不变的热爱与忠诚。这本书的范围和文学风格奠定了库克里在泰国的文学大师地位。

库克里曾就读的英国牛津大学

在20世纪40年代，库克里重返政治舞台并成为1975—1976年度总理。作为伟大的政治家，他的成就包括在1974年促进泰国宪法的产生，于1975年结束泰国和中国长期对抗的状态，建立了外交关系。

库克里于1995年去世，享年84岁，去世当年获泰国国家艺术家称号。

帕蒂尔温桑查姆·哈达（Prateep Ungsongtham hata）

帕蒂尔的经历读起来很像是一部忧伤的小说，但有着完美的结局。帕蒂尔生于1952年，在曼谷南部运河贫民区长大。10岁时，她为轮船除锈为家人赚点饭钱。帕蒂尔的愿望是上学读书。经过艰苦工作和积攒之后，在她10多岁的时候，最终得以进夜校听课。

在20世纪70年代，曼谷大约有100万人住在贫民区，大部分人非法居住在海港附近的帕蒂尔废墟区。政府并不对他们提供社会福利，完全无视他们的存在。由于无学可上，孩子们大都城了大街上的流浪儿，沦为吸毒者或卖淫罪犯。

曼谷南部运河

年轻的帕蒂尔决心让这些青年们不再浪迹街头，并到学校接受教育。帕蒂尔16岁时把她的小房子将就着改成了托儿所和教室，她和姐姐轮流教邻居的孩子，每天只收一泰铢。她非但没有得到国内外的援助，反而不断受到当局的威胁，说要关闭学校，逮捕帕蒂尔，因为她的学校是违法的。她和政府进行了八年抗争，最后当局终于承认她的工作和学校的合法性。她的事迹传开以后，善良人的捐款源源不断，建立了"生命之灯"基金，照顾那些居无定所的穷人。

帕蒂尔老师在1978年获得瑞芒·玛格赛公共服务奖。她嫁给了一位日本商人，但仍住在老地方。多亏了帕蒂尔的努力和像她一样的泰国人的支持，贫民区的人现在也享有和其他泰国人一样的权利，居住条件大大改善。想到帕蒂尔，你就不会轻言泰国人为了钱什么都能干。

松拉克·西瓦拉克萨（Sulak Sivaraksa）

松拉克·西瓦拉克萨生于1933年，是泰国著名的知识分子和社会评论家，在泰国以时常有令人惊奇的观点而闻名。在英格兰和威尔士接受教育，26岁时回到泰国（松拉克喜欢称之为暹罗）。他创办了讨论政治和社会问题的杂志。后来，他又建立了一些非政府机构，涉及人权和草根文化。

松拉克疾恶如仇，这为他带来了很多敌人，但支持者更多。他因坚决反对非法军事政变的立场而锒铛入狱，书店被烧毁。他两度流亡美国和欧洲，于1992年回到泰国。松拉克通过出版物和非政府机构，为泰国的社会变革奠定基础。

作为有知识的佛教徒和民主人士，松拉克相信有意义的社会变革必须受到个人的影响。他就佛教的教义和实践以及其他宗教的价值广泛写作，他认为这些是非暴力社会变革的载体。在他看来，宗教和社会变革密不可分。

1995年，松拉克被授予正直生活奖，又被称为诺贝尔创新奖。

恰姆龙·诗丽蒙（Chamlong Srimuang）

一个泰国媒体的评论家观察到泰国的政治家鲜明地分成两派：强硬派和僧侣派，这可不是鹰派和鸽派的泰国版。强硬派的缩影是1932年民主党建立以来的军队统帅。僧侣派有严格的道德信条，关注诚实和社会问题。强硬派敏于行，僧侣派诚实平静，却讷于言。

出生于1935年的恰姆龙体现了这两种特性。虽然出身行伍，他在20世纪80年代

曼谷摩诃十二宝座厅

进入政界后，设法改变了军人的形象，而且早年从军的经历并没有妨碍他和学生一起反抗1992年的军事政变。

泰国人民对军事统治和政治腐败深感厌恶时，恰姆龙提出了新的观点。他因在政界罕见的诚实、谦虚和坦诚而被媒体戏称为"清洁先生"。他既陈述观点，又身体力行。作为1985—1992年间的曼谷市长，他给很多地方带来了秩序和清洁：曼谷街道、运河和市场。曼谷的顽症，如洪水和交通问题，也得以控制。他大力反腐，为他赢得了尊敬，为泰国的政治制度赢得了信任。

攀牙湾风光

恰姆龙是一个虔诚的佛教徒，他谦恭简朴。他过着朴素的生活，衣着简朴，每日只吃一餐素食。他被与甘地相提并论，获得了政府服务奖。他20世纪90年代中期退出政坛，后又应他信之邀重返政坛，做总理的副手。

斐迪·帕诺蒙（Pridi Panomyong）(1900—1983)

1932年，斐迪·帕诺蒙，这位毕业于巴黎大学的泰国律师，领导了彻底改革泰国政治制度的革命。随后帕恰提波（Prachathipok）国王被剥夺了权力，泰国从绝对的君主统治走向了君主立宪制。国王流亡英国，帕诺蒙在泰国政府的不同部门任职，最后于1946年出任总理。

斐迪的生活和工作完全投入到改善泰国底层人民的事业中，但在十分关注皇室的泰国人中，他从来没有受到欢迎。因被指与暗杀继任国王有关，他逃往美国，并于1983年去世。

为了纪念他的成就，联合国教科文组织于2000年追认他为20世纪最伟大的人物之一。今天泰国的年轻一代深感愧对于他。

阿德·卡拉邦（Ad Carabao）

阿德·卡拉邦领导一个七人摇滚乐队，该乐队是在20世纪70年代大学生反对军事政体时形成的。卡拉邦的意思是水牛，乐队把泰国的农民比喻成水牛，而乐队就是他们的代言人。他们的歌是激进主义和革命的本质，歌名有"乞丐""平民""泰国制造"和"民主"等。其中的不同政见和民族主义的内涵不可避免地表达出社会斗争、不平等和草根的异议。

和仅在泰国声名显赫的一些名人不同,卡拉邦享有国际声誉,常常远赴英国、德国和法国演出。虽然乐队在1996年解散了,但以卡拉邦为代表的歌手仍然重整旗鼓,用歌词和歌声投身于政治风云中。

顺通铺(Sunthorn Phu)(1786—1855)

这位17世纪的桂冠诗人有时被称为泰国的莎士比亚。顺通铺的确是国宝,但他的力量在于简单的文学风格和语言。当宫廷诗人规定了高贵的艺术或使用华丽的文体时,顺通铺却拂袖而去,用简单的语言写通俗的诗歌,反映现实、浪漫、艰辛和逝去的爱。因此,他的作品最契合大众品味。

顺通铺是个诗歌奇才,背诵诗歌是每天的必修课。19世纪80年代他在宫廷侍奉拉玛国王二世,那时被认为是艺术和文化的黄金时期。他的许多作品都类似游记,以诗歌、谚语、戏剧和歌曲的形式加以表现,但其中最广为人知并深受喜爱的是历史故事《人鱼传说》(Phra Aphai Mani),讲的是一位魔法笛手用音乐吸引爱人,杀死魔鬼的历险记。

由于缺少翻译,所以顺通铺在泰国以外鲜为人知。但在1986年,他诞辰200周年

泰国海滨景色

时，联合国教科文组织公开承认了他的重要性，并指出他是一位古典主义的诗人。他的生日（6月26日），在他的出生地拉扬（Rayong）举行庆祝仪式，有表演、诗朗诵和木偶剧《人鱼传说》（*Phra Aphai Mani*）。

"大鸟"桑才·来西因台（Thongchai McIntyre）

绰号"大鸟"的桑才·来西因台于1958年出生，母亲是泰国人，父亲是英国人。他是泰国的超人气演员和歌手，他主演了多部电视剧和电影，但最著名的是他的音乐。他的歌简单率真，得到大多数泰国人的认可。他外形俊朗，待人随和，是泰国流行音乐的常青树。在他长达30年的音乐生涯中，他演唱了数百首上榜歌曲。在他46岁时仍高居流行音乐排行榜的榜首，打动了整个民族的心弦。"大鸟"的歌在泰国无人不知，无人不晓。

附 录 FULU

文化知识小测试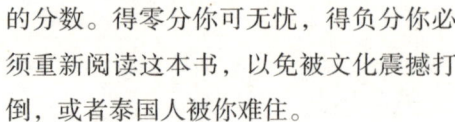

要在一个全新的文化环境里游刃有余，绝不仅仅是记住一串社会禁忌那么简单。要想成功，你就要形成那种感觉，使正确的行为自然而然地产生，这要经过时间和经验的积累，历经失误和挫折。本章是一个文化测试，检验一下你是否能把自己放在泰国的社会环境中思考，而不是仅仅知道"不能做什么"的规则。1~19种情景是每个游客都可能遇到的，10~17种情景适合外籍经理。

人非圣贤，孰能无过？对与错的判断难免流于主观和武断，文化的学习亦不可量化，除非戏说。

对测试问题的回答评分为10分，从–5分到+5分（偶尔大错有–10分），不确定的判断为零分。之所以使用幼稚的"+"或"–"符号，是要说明无论你的反应如何，都会产生积极或消极的影响。

做这个测试的方法有几种，最简单的是按照要求选择，查看所得的分数。得零分你可无忧，得负分你必须重新阅读这本书，以免被文化震撼打倒，或者泰国人被你难住。

如果你不想做这个测试就不做，反正没人看着，可以通读一遍。即使你对我们的话持不同意见，你也要设身处地地去想。如果你们不止一个人，比较答案会很有趣。想要公正的话，可以把得分栏和讲解部分遮住，用铅笔做题，方便别人再做。

不要太介意分数。

情景一

在餐厅用餐完毕埋单之后，服务员用托盘拿来找回的零钱。你拿起来，给她合理的小费。她妩媚地微笑着，先对你行合十礼。你会怎么做？（选择一个答案）

A. 不理会
B. 再放下5个泰铢
C. 微笑，继续和朋友谈话
D. 起立还礼
E. 仍然坐着举手随意还一个礼

评论

A和C是正常反应，E会被认为行为古怪，D会被误认为是一种讽刺，所以

陶器

美食

是无礼的行为，B会带来又一个灿烂微笑和合十礼，使事情回到出发点，不过如果那女服务员真的开心的话，也物有所值了。但我们给了负分，因为此举有愚弄别人娱乐自己之嫌，如果你的朋友哄堂大笑，女孩一定尴尬。

得分

A. 0
B. -1
C. +5
D. -5
E. -3

情景二

你去请一位泰国朋友出去吃饭，他接受了你的邀请，正要出门的时候，他的泰国朋友们来了，对他说要去尼克餐厅吃饭，请他同去，你的朋友说："好啊，一会儿见。"你边开车边私下盘算他的慷慨要花去你多少银子，在一大群说泰语的人之中，只有你一个讲英语，真郁闷。正在此时，你的朋友说："咱们去哪儿吃啊？宋德恩餐厅怎么样？"你将如何回答呢？（选择一个答案）

A. 当然不去，他刚才告诉你他的朋友要去尼克餐厅。
B. 好吧，就去那。
C. 好主意，以后再去尼克餐厅。
D. 我同意，但是你的朋友在尼克餐厅等你怎么办？
E. 如果你不想和你的朋友们一起吃饭，为什么刚才不告诉他们我们要去别的地方吃饭呢？

评论

不管是多么好的朋友，E类回答都是无礼的，是十足的西方推理，可以在心里想，切不可说出口。你的朋友是希望对每个人都以礼相待，所以责备他是不公平的。如果他告诉朋友们你们两个要出去吃饭而不邀请他们，就说明你们没时间招待他们。既然一起吃饭象征着友谊，那你无异于拒绝友谊。请朋友和你一起吃饭是泰国人性格的一部分，同时也是一种语言习惯，意思和字面意思是不同的。

D听起来合情合理，但有批评的意味，同时使你的朋友左右为难，要在你的意愿和他的朋友之间进行选择。A不行，因为直接批评了你的朋友。如果你真的不想和他的朋友在一起，B还可以。C最好，因为你肯定了

鲜花

他对朋友们的邀请。如果你们走进宋德恩餐厅发现他的朋友们都在那里，那就笑一笑和他们一起吃饭吧。

得分

A. -3

B. +4

C. +5

D. -2

E. -5

情景三

正当你在寺院散步时，一群人热情地邀请你坐下和他们一起吃辣咖喱、喝米酒，这两样你都不喜欢，也无意加入他们之中，你会怎么做？（选择一个）

A. 撒谎说你刚吃过。

B. 道歉，说你要赶时间。

C. 拒绝，解释说你既不吃咖喱也不喝米酒。

D. 勉强吃一点，希望赶快离开。

E. 置之不理，快步离开。

评论

在泰国，请人吃饭的情况很多，而且诚心诚意，A的"刚吃过"是标准回答。没时间（B）根本不成其为借口，就是对发出邀请的人的间接侮辱。C还算合理，但热情的主人会找出别的东西给你吃。D有礼貌但没必要，而且吃一点之后也很难很快离开。E不会使他们不

快，但如果你每次都这样做，就无法从你的泰国之行中受益了。

如果你真的想加入，也不必等人们重复他们的邀请，尽可以坐下一起吃。在一些更正式

果汁

的场合（比如参加朋友的家庭仪式），说"吃过了"没有用，任何借口都是失礼的。

得分

A. +5

B. -1

C. 0

D. 0

E. -2

情景四

你在街上向一个泰国小伙子问路，他朝他行走的方向一指，说要给你带路。你们边走边谈，他抓住你的手。你会怎么做？（选择一个）

A. 把自己的手拿开，独自走路。

B. 逆来顺受。

C. 解释说自己不习惯这样，温和地把手拿开。

D. 自得其乐。

E. 用你的另一只手替他理一下头发。

评论

在泰国拉着陌生人的手不是标准的行为，但如果你是男人，这种情况比你在国内遇到的要多，并不表示同性恋。

对男性　如果你喜欢，D适合你。但如果你不喜欢，又担心你的外国朋友见到，没必要忍耐。采取第三种做法（C），态度友好，不会使双方感到尴尬。安全的做法是在靠近对方的那只手里拿点东西。

微笑

对女性　这个陌生人对你很无礼，犹犹豫豫只会令他得寸进尺，该有所行动了。即使你喜欢和陌生的异性拉着手，大街上也不是合适的地方！

对男女　当然，替他理理头发会带给你无穷的麻烦。

得分

	男性	女性
A.	-5	+5
B.	0	-5
C.	+4	—
D.	+5	-5
E.	-10	10

情景五

在下列情况下，什么是最合适的表示感谢的方法？请选择。

(i) 没反应
(ii) 微笑
(iii) 微笑点头
(iv) 说"谢谢"
(v) 行合十礼

A. 付车费后出租车司机对你微笑。
B. 一个僧侣给你一些东西。
C. 酒店门童为你开门。
D. 你从街上的小贩那里买东西，他对你说"谢谢"。
E. 你的女佣告诉你她杀死了要咬你孩子的毒蛇。
F. 一个陌生人给你指路。
G. 一位彬彬有礼的移民官给你的签证延期，没让你第二天再跑一趟。

评论

该练习要表明的是在泰国用何种方式表示感谢，部分取决于对方为你做了什么，但很大程度上取决于彼此的身份。其他的因素，如年龄等，这里没有涉及。同样的事情，对老年人的感谢要大于年轻人。如果你对某个出租车司机的服务满意，说一句"谢谢"并不过分。

情景六

你正和一位泰国朋友及他7岁的孩子

坐在拥挤的公共汽车上,一个老人上车来,你会怎么做?(选择一个)

　　A. 什么都不做。
　　B. 让孩子把座位让给老人。
　　C. 请朋友把孩子抱在腿上,给老人腾出点地方。
　　D. 把自己的座位让给老人。
　　E. 给老人让座,还为他购票。

评论

你给老人让座(D)是尊重他年长,但孩子受到格外照顾,在汽车上应有比较安全的座位,所以不能选择(B)。如果你的朋友自动把孩子抱起来,那很好,但提醒他这样做(C)有批评的意味。在当今社会,选择(A)没什么大问题。如果老人没有请你为他买票(E),这样做是一种侮辱。如果他真这样做,不要给他让座。

得分

A. 0
B. -5
C. -2
D. +5
E. -2

情景七

你在街上闲逛,路边小摊旁坐着的陌生人冲你说:"喂!"你会怎么做?(选择一个)

　　A. 认为他找麻烦,快步走过。

泰国风情

B. 也冲他说"喂"。
C. 继续走路。
D. 告诉他这样说很无礼。
E. 抬起脚对着他。

评论

"喂""你"或"先生"可能是你听见泰国人说的第一句英文，这些小词给外国游客留下了很坏的印象。不管你多么容忍，"喂"都会令你不快。但用脚对着他（E）和行合十礼一样不合适，惹下麻烦也是罪有应得。

（A）很安全，但不要认为他是在找麻烦。除非你能用泰语说，否则告诉对方这样说很无礼（D）于事无补，因为他们通常只会说几个恼人的英文单词，你会使自己陷入被动局面。也冲他说"喂"（B）不会给你惹麻烦，但会加强坏运气。

如果你想吸引他人的注意力，可以说泰语中的"喂""你"或"先生"，他们经常这样说，但用很有礼貌的语气，而且通常有很好的理由这么做（看外国人转身可不是好理由）。所以，尽管喊叫者并不想失礼，但采取中性的做法较好，淡然一笑，继续行走。不要让这样的小事破坏你的泰

泰式饰品

国之旅。要知道，99%的泰国人做梦也不会说"喂"，剩下那1%的人如果知道那些英文单词的话，也会说"劳驾，先生"。

得分

A. 0
B. −4
C. +5
D. −1
E. −5

情景八

泰国人会根据下面哪一点来判断你的身份？（可多选）

A. 社会联系
B. 家庭
C. 教育
D. 收入/财富
E. 职业
F. 着装和举止
G. 年龄
H. 汽车和房子
I. 宗教
J. 种族
K. 讲泰语的能力
L. 是否友善

评论

几乎每一项都能揭示你的身份，尤其是前五项，但是宗教、种族、语言能

泰国甲米莱雷海滩风光

力和是否友善则不能看出身份地位。恭维你皮肤白皙或夸张地表扬你能说几句泰语和地位无关。

	选择	不选择
A.	+1	−2
B.	+1	−2
C.	+1	−2
D.	+1	−2
E.	+1	−2
F.	+1	−2
G.	+1	−2
H.	+1	−2
I.	−5	+1
J.	−5	+1
K.	−5	+1
L.	−5	+1

情景九

外国人如何才能受欢迎？（多选）

A. 说话做事不要冒犯他人。
B. 诚实坦言。
C. 做真实的自己才能受人尊敬。
D. 慷慨大方。
E. 入乡随俗，像泰国人一样做。
F. 微笑随意。

评论

无论何种情况，B 和 C 都会造成危害，程度依你的身份而定。A 是百战百胜的法宝，避免留下坏印象比追求受人欢迎更安全。如果外国人真想受欢迎可以用钱买到（D），不过没有礼貌恐怕也无济于事。

如果没有附加条件"像泰国人一样做"，E 是最危险的做法，比如，虽然僧侣可以跷起二郎腿，但你不可以那样。另外，你不能像对你行礼的人一样回敬同样的合十礼。如果实在不知道该怎么做，干脆什么都不做，只要微笑随意就可以，这是最安全和有把握的做法，你一定会受欢迎的。

得分

A. +5

B. -5

C. -5

D. +5

E. -5

F. +5

情景十

你在泰国工作，有一个项目已经延时一年了，你去工地视察，但没有发现令人信服的误工原因。视察过后，泰方经理和人员请你去谈谈印象。你会怎么做？（单选）

A. 告诉他们工作进展很差劲，如果他们不赶快改善就要被炒鱿鱼了。

B. 问问大家延误的原因。

C. 单独问项目经理误工的原因。

D. 历数项目的目标和历史，列出遇到的困难，赞扬他们克服困难，使工作能像预期的那样进行。

E. 不悦地比较该项目和另外一个类似的项目，做一个鼓舞士气的讲话。

评论

要避免直接的批评，只有他们喜欢你，你的话才会产生积极的影响。他们会尊敬你的身份，但如果你不受欢迎，工作是不会有成效的。D做法在这种情况下是最理想的，面对一群观众，你可以随心所欲地发表长篇大论。但要当心，赞扬微不足道的成绩在西方会引来轻松的笑声，但在泰国这种讽刺只会使形势激化。

D做法的真正好处在于它会为你赢得所有人的好感，表明无论过去发生了什么都不是某个人的过错，使你处于有利情况，便于你日后和泰方经理的合作。和泰方经理独处的时候，如果你确信他喜欢你，可以考虑对他说，上面的大老板总是追问工程进度问题，使你很难办，因为"他们不知道咱们的困难啊"。指责一个人的做法（C）不仅不会加快工程进度，反而会使进度更慢。同样，不管是直接批评大家（A）还是间接批评大家（E），都只会事与愿违。

如果追问延误的原因（B），即使你本着"咱们一起来解决问题"的原则，也只会带来沉默，使你难以继续下去。这样的沉默可能是因为不愿当众说明，可能是暗示着没有合理的原因。没有合理的原因不代表没有原因，如果人们真的喜欢你，发现你富有同情心，可能会想办法让你知道个中缘由，比如工人们20%的工钱都被工头克扣了。

大象

得分
A. -5
B. 0
C. -10
D. +5
E. -1

情景十一

你接到一份请柬去参加公司一位行政人员的婚礼，时间是星期六一大早，你很想搞好关系，但这已经是这个月之中的第三场婚礼了，你不认识新郎和她的家人，你情愿和家人待在一起，睡个懒觉，和孩子们玩玩。你会怎么做？（单选）

A. 去参加婚礼以保持良好关系。
B. 谢谢她的邀请，不去参加婚礼。
C. 去露个面就走。
D. 送给她一个内装丰厚礼金的信封，告诉她你抱歉无法参加。
E. 把信封交给另一个同事带去。

评论

对待请柬和对待口头邀请是不同的，不能轻慢（B），但也不必置家人于不顾，应该送一笔不菲的礼金，交给她本人或同事，放在特意放置的托盘上。当然信封上要写清楚你的名字，彰显你的慷慨，友好的关系得以保持。

得分
A. 0
B. -5
C. 0
D. +5
E. +5

情景十二

一个年轻的员工从没和你说过话，而且从你一来就躲着你。有工作要交给你时，也是通过其他人。他的工作似乎没问题。开始你以为他生性腼腆，但你见到他和别人交谈甚欢。所以，你开始觉得是你冒犯了他。你会怎么做？（单选）

A. 叫他进你的办公室喝咖啡，不露痕迹地问他一切都好吗。
B. 叫你的秘书找出问题所在。
C. 分配给他需要更多接触的工作，

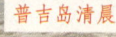
普吉岛清晨

以促进彼此交往。
D. 每次见到他都极其有礼貌地交谈。
E. 顺其自然。

评论

在泰国下属和上级保持一定的距离是再正常不过的事了，每个人都有差异，但为了得到尊敬，应该有一定的威严。这并不意味着要让你的下属害怕你，你大概和一部分员工说话多一些，而有些员工则几乎没和你说过话。

故意让某位员工敞开心扉（A）会使他感到迷惑不解，担心是否自己做错了事。（B）做法毫无疑问地显示出你不满意，所以意味着员工做错了。（C）或（D）不是完全错误，但目标直指那个员工。

如果你习惯上见到员工时都交谈几句，那么不要因为这个人似乎缺少反应而不理他，像对待其他人一样对待他。顺其自然吧，你大概没有冒犯任何人，他生来少言寡语（如果一向善谈的人忽然缄口不语，那就要想一下是否与你有关）。虽然泰国人越来越习惯于和外国人一起工作，很多人不断调整自己的行为，但有些人做不到。不要操之过急。

得分

A. –5
B. –5

泰国彩绘瓷咖啡具

C. –1
D. –1
E. +5

情景十三

一个办公室员工告诉你一个司机经常偷办公器材，你问他如何知道，他说和其他员工一起目睹过至少一次，但他解释说这个司机为人凶悍，人人都怕他。他也请你调查时别把他牵扯进来。你会怎么做？（单选）

A. 解雇司机。
B. 坚持让这个报信的人和司机当面对质，如果他拒绝，就不管这件事了。
C. 叫警察来。
D. 询问每个员工是否曾看见什么。
E. 召集所有员工，包括司机在内，开诚布公地摊牌。

评论

此事非同小可，你一定要迅速做出

公平的决定，不能因为一面之词而解雇一个员工（A）。贼通常都是凶悍之徒，泰国人极力避免个人报复而不愿出面指证是合情合理的。召集所有员工（E）似乎给了嫌疑人清白，但你不可以让这件事不了了之（B）。

如果司机被指杀人或强奸，应该立刻报警，但办公设备被盗，警察很难找到目击者，即使有证人，办公室的和谐也被破坏了。你身为老板，应该处理此事。要知道，这样的指控不可能是虚构的；办公室员工可能为了讨好你而告诉你偷盗的事，但如果不属实，他也没有好处，而且还会得罪司机。另一方面，告发的员工有可能搞错，或者把一件小小的偷盗夸大了。

你应该立刻告诉所有员工在办公室待命，一个个地去见你，以防有人称病或逃跑。然后再叫来司机。你一定不希望过早走漏风声，司机开着你的奔驰或丰田车跑掉。告诉他公司丢东西了，有人指控他。如果他供认不讳，你就让他辞职了事。如果他矢口否认，让他坐在你办公室外面，使他清楚地听见你命人把物品清单拿来，要确保整个询问过程中他一直在场。叫每个员工进来，即使他们没什么说的，也要他们在你办公室待十分钟。把所有证据弄清之后，判断以下司机是否有罪，然后再叫他进来。

即使没有找到不利于他的证据，也不要立刻说出来。如果他有罪，他多半认为你已经掌握了证据。如果他坚称自己无罪，但当场辞职，你要立刻答应，给他结算工资。如果你确有证据，告诉他目击者很多，他被开除了。一定要他把所有的钥匙、证明等都交回并立刻离开。员工会赞赏你，办公环境会更加愉快，因为没人喜欢凶悍的人。你还要知道，即使司机谦恭地离开，还对你行合十礼（不要还礼），但你已经结下一个敌人。

得分

A. 10

B. -5

C. -4

D. +5

E. -5

情景十四

你的秘书一向喜欢说闲话，有一天他告诉你行政助理想推荐他的兄弟来接替司机职位的空缺。他每天都请人事部的官员吃午饭，在一次午餐时介绍了他的兄弟。你一向依靠人事官员推荐候选

泰式窗户

人的。你会怎么做？（单选）

A. 责备行政助理，告诉他你不允许裙带关系。
B. 告诉人事官员把行政助理的兄弟从申请人名单中去掉。
C. 等待推荐，见过其他申请人之后再做决定。
D. 告诉秘书少管闲事。
E. 仔细挑选，在人事官员在场的时候，挑选你认为合适的人选。

评论

兄弟之情先于公司利益，两者之间不一定是矛盾的，行政助理想要帮助兄弟也是人之常情，所以A不可取。B同样不好，因为你的行为会被理解为批评。平静地选择另一个候选人（C）是较为折中的办法，不会有人丢脸。如果你真的不喜欢裙带关系，自己决定。你的秘书也许没有什么值得怀疑的动机，她至少来告诉你这件事了，也许她喜欢你，也许她正在研读现代管理学的书，不要告诉她少管闲事。大概她的确是在管闲事，但她也关心你的生意。只管去挑

大象邮票

选合适的候选人吧，如果恰好是行政助理的兄弟，不要介意，没准这样更好。

得分

A. −10
B. −5
C. 0
D. −10
E. +5

伞

情景十五

你在内地检查一家完全是由泰国人管理的分公司，你不认识任何员工。你有7000泰铢的预算在当地购买一台冰箱。你会怎么做？（单选）

A. 告诉负责人去买冰箱，7000泰铢，把发票给你。
B. 分别让两个人去打听冰箱的行情。
C. 让负责人搜集具体情况，以便于你和曼谷联系，看看是否运来一台更划算。
D. 自己去买。

评论

你是负责检查的老板，所以不要自己去买东西（D），除了身份的问题，还有实用的问题：你可以趁机考察团队的运作如何。（A）让负责人全权负责是个好主意，你可以日后考察冰箱是否价值7000泰铢。但这种做法不能使他意识到他和你一样，最终对公司总部负

或对曼谷办事处负责。C没有显示对任何人的怀疑，而B有怀疑倾向，需要注意。应该合理信任你的员工。你掌握着最高预算，收据可以反映其精确性。

得分

A. 0

B. −4

C. +5

D. −5

情景十六

因为公务去拜访以为很重要的泰国人，你被请进办公室坐下。一个女孩手端托盘进来，躬身跪下，将一杯咖啡和一杯水放在你面前，主人面前没有。你不喝咖啡也不渴。你会怎么做？（单选）

A. 告诉那个女孩你喜欢喝茶。

B. 告诉主人你喜欢喝茶。

C. 不动咖啡和水。

D. 喝掉咖啡以免冒犯主人。

E. 喝一小口咖啡，其余的不动。

F. 喝水，咖啡不动。

泰国茶具

评论

在细小的礼节上感到困惑至少说明你在分析情况。请客人喝水是普遍存在的礼节，没有必要喝掉。这种礼节还扩大到包括咖啡，提升了客人的地位。不管你喝不喝，都不会冒犯主人或使其高兴，但是再让女孩拿茶来不合适。你可以告诉主人你不喝咖啡，尤其作为常客，但除非主人问起，不要说你喜欢喝茶。如果问你喜欢喝咖啡还是茶，你可以说出你的喜好或谢绝。传统上客人应该等主人邀请后再喝。如果不想喝，说声"谢谢"，不动它们就可以了。

得分

A. −5

B. −1

C. 0

D. 0

E. 0

F. 0

情景十七

从泰国北方成功实地考察归来，签了几张和当地泰国人的合同。去参加社交酒会的途中，忽然周围的一切都停了下来，仿佛中了魔咒一样。司机看着你，等你的命令。透过玻璃窗，你可以听到大喇叭的声音。时间是下午6:00。你会怎么做？（单选）

A. 问司机发生什么事了。

针织品

B. 告诉司机把车停到路边。
C. 说:"继续开车,等什么?"
D. 继续谈话,让司机管开车的事。
E. 告诉司机立刻停车。

评论

在远离曼谷的郊区和部分市区,每天早晨8:00和下午6:00通过喇叭放国歌。没有必要靠边停车,只要在路中间静静地停车一分钟就可以了,会给你的同事留下好印象。打开车窗听听音乐。如果开门下车立正可能太过分了。但如果你置之不理(D),会显示出你对当地风俗的无知。你赶时间,所以询问司机发生了什么(A)完全是浪费时间,但可以理解。

得分

A. -1
B. 0
C. -5
D. -2
E. +5

现在趁热打铁回答下面的问题吧,主要针对年轻读者。

二十个问题

这个正误测试是针对各个年龄的孩子的,在你认为正确的问题后写T,在认为错误的问题后面写F。每答对一题得一分,错一题扣一分。如果认为问题过于简单,括号里有补充问题。这个测试可以同时读给几个孩子,还可以让他们加上新的补充问题。

问　题	T	F
1. 禁止在寺庙的院子里吃东西。(有什么食物对泰国人是禁止的吗?)		
2. 在寺庙的佛堂里要脱鞋。(还有什么地方要脱鞋?)		
3. 生理期间的妇女不准进入寺庙。(进入的规则是什么?)		
4. 中午之后僧侣不吃食物。(僧侣最重要的五个规则是什么?)		

续表

问 题	T	F
5. 不该对着僧侣跷二郎腿坐着。（坐姿与地位有什么关系？）		
6. 多数泰国人在稻田劳动。（泰国主要的出口物是什么？）		
7. 所有的泰国人都被称为Khun。（翻译成英语是什么？）		
8. 只有特殊的朋友才可以叫泰国人的小名。（泰国人的小名起源如何？）		
9. 进入泰国人家时要摘掉帽子。（讲讲帽子和鞋子之间的关系。）		
10. 泰国人便后用水和左手清理臀部。（如厕习惯和社会行为关系如何？）		
11. 泰国佛教僧侣不吃肉。（为什么？）		
12. 妇女不能触摸僧侣及他的袍子。（妇女如何递东西给僧侣？）		
13. 泰国人认为头发不洁。（解释为什么不能触摸头和头发。）		
14. 在佛教四旬斋期间泰国人不饮酒。（何时是四旬斋？）		
15. 任何人都可以做僧侣。（要求是什么？）		
16. 所有的泰国女孩都把开衫开口冲后穿，是为了抵御鬼怪。（为什么这样的行为有保护作用？）		
17. 一个泰国母亲可以赞扬另一个母亲的"丑陋"孩子。（出生庆典和神灵信仰的关系如何？）		
18. 下级总是为上级埋单。（在餐厅付账的礼仪是什么？）		
19. 泰国人喜欢公正的批评。（间接批评的基础是什么？）		
20. 泰国人一般认为没什么问题解决不了。（说一说泰国人避免冲突的原则。）		

答案

正确：2，4，5，6，9，10，12，17

错误：1，3，7，8，11，13，14，15，16，18，19，20

补充问题没有提供答案，但在本书中都可以找到。你当然也会遇到书中没有提到的情况，你是独一无二的，所以你遇到的情况也如此。

当你置身一个全新的环境，深感困惑的时候，写出你自己的测试。想到所有可能的反应，运用你掌握的关于泰国的知识，给这些答案做出正或负的评价，然后按照正确的去做。

有些人认为这种理解新文化的方法分析过度，甚至有些冷血和工于心计。还有人认为这个方法提高了他们认识

泰国寺庙风光

事物和认清自己位置的能力。也许最有价值之处在于用真实情境学习文化的方法，化沮丧为游戏，甚至是一种快乐。以此观点来看，文化震撼是富有成果的和积极的，为我们的思想和行动提供了食粮。

在泰国的生活就是一场无休无止的快乐游戏，我们在本书中列出了游戏规则。可以用下面这些话来概括：

生活妙趣横生，为什么行色匆匆，
体味其中的乐趣，你将得到永生。

行为准则

正确的行为

- 避开你不喜欢的人、事和情境，而不要抱怨或企图改变他们。
- 把佛像放在高处，恭敬地对待。除非情况特殊或有许可，否则把佛像带出国是违法的。
- 召唤侍者和仆人时要手掌朝下，手指伸直，快速摇动。不要拍手、打响指或发出嘘声。
- 吃喝之后付钱，而不是事先付钱。请客的人掏钱。如果没有明确谁请客，地位高者付钱。AA制很少见。
- 做事要谨慎，因为这是成熟的象征。
- 穿衣要符合自己的身份，参加聚会着装要合适，妇女不能穿短裤和暴露的衣服。
- 参加仪式时在僧侣吃完之后才能吃。
- 吃东西时同时用勺和叉子。
- 有人随意地邀请你吃饭时可用"吃过了"来回答。
- 不要把脚放在桌子上。
- 适时恭维，泰国人钟情于此。
- 要慷慨，这是重要人物的标志。
- 要私下拆开礼物。
- 介绍时先对地位低的人说话。
- 叫别人的名字，不要称呼姓氏，对成年人可称呼头衔，没有头衔的前加先生。
- 在泰国邀请不够具体，所以如果对时间和出席要求严格的话，请发请柬。

泰国工艺品

- 如果你邀请别人到你家里来，要准备好饭菜。
- 在别人面前或中间穿过时要低下身子。
- 在任何时候都要格外尊重僧侣，妇女严禁触摸僧侣和他们的衣服。
- 用右手递东西给别人，以左手托右臂以示尊重。妇女不能直接递东西给僧侣。
- 对皇室要尊敬，电影院的屏幕上出现国王像时要起立。
- 去佛寺建筑和别人家时要脱鞋。
- 按照指定地点就座，地位高者在前，地位低者在后。
- 说话要轻声，不要喧哗。
- 面带微笑会令别人喜欢你，微笑可以表示歉意、感谢和回答儿童及仆人的合十礼。
- 不发脾气。
- 对僧侣、老人和上级行合十礼。
- 在僧侣和老人后面行走要轻。

不正确的行为

- 不要用脚对着别人，不要从别人的东西或身上迈过去。
- 不要用手指别人，可以指动物或物品。
- 不要触碰别人的头和头发，如果不小心碰到了，要道歉。
- 有僧侣在场时，不要在地板或椅子上跷二郎腿。
- 除非参加葬礼或时髦的年轻人聚会，否则不要穿黑衣服。
- 不要当着泰国人的面倒掉米饭，那是他们的命根子。
- 不要乱扔东西，那是无礼行为。
- 不要对用人、劳工和儿童行礼，头越低越表示尊敬。地位低者先行礼。不管收到什么样的礼，以较轻的礼回敬。
- 如果洗衣店的是一位男工，他拒绝为你洗女式内衣，不要感到惊讶。

词汇表

常用单词和短语

chuay-duay	救命！（如果受到攻击）
chuay	帮个忙（如果请求帮助）
chuay noy	请帮帮我（有礼貌地）
mor/phaet	医生
rong paya BAN	医院
sa-BAY/sa-BAY dii	健康
sa-BAY dii may?	你身体好吗？
may sa-BAY	我感觉不太好
jep	疼
jepnii	我这里疼
prik	辣椒

say prik	放点辣椒
may say prik	不放辣椒
dii	好
dii may?	好吗？
may dii	不好
suay	漂亮
suay may?	她漂亮吗？
may suay	不漂亮
suay dii	很漂亮
he-LOW	喂（仅限于打电话）
sa-WAT dii	你好（面对面）/我很好
sa-WAT dii may?	你好吗？
khao jai	明白
khao jai may?	你明白吗？
may khao jai	我不明白
tao rai?	多少钱？
paeng	贵
may paeng	不贵
paeng may?	贵吗？
arai?	什么？
arai-na?	你说什么？
cheu aria?	你叫什么名字？
bpai	去
bpai nai?	你去哪里？
khun	你/先生/太太
khop khun	谢谢
aroy	好吃
aroy mark	很好吃
aroy may	好吃吗
may aroy	不好吃（最好不要说）

数字

soon	0
neung	1
sorng	2
sarm	3
sii	4
har	5
hok	6
jet	7
peht	8
gow	9
sip	10
sip et	11
sip sorng	12
sip sarm	13
sip sii	14
sip har	15
sip hok	16
sip jet	17
sip peht	18
sip gow	19
yii sip	20
yii sip et	21

泰式甜点

文化震撼之旅 ▶ 泰国

yii sip sorng	22
sarm sip	30
sarm sip et	31
sarm sip sorng	32
sii sip	40
har sip	50
hok sip	60
jet sip	70
peht sip	80
gow sip	90
roy	100
sorng roy	200
sarm roy	300
pahn	1000
sorng phan	2000
meun	10 000

信息资源指南

初来泰国的人更多是被日常生活的需要所牵扯，而不是泰国文化的震撼和隐痛。所以这个简易的信息资源指南放在书后，便于你离境或刚到时查阅。

我们在初到曼谷的人中进行了两次民意调查，中间相隔10年，尽管我们希望包括各个国家的人，但问卷的取样是随机的。我们要求外国的游客把在泰国最关注的事情按顺序排列。调查结果惊

护士

泰式别墅

人地相似，几乎所有人都认为健康和教育是第一位的。担心的事情是："医疗设施如何？"对带孩子的人来说，同样重要的问题是："孩子在哪里上学？"

虽然人们的关注没有什么改变，但是令人欣慰的是泰国的医疗设施现在是亚洲最好的。无论你身在泰国的哪个地方，在一小时的车程内都有一个设施精良的医院，可以提供及时的治疗。如果你在曼谷或清迈，国际学校可以提供大学之前的所有教育。在其他地方，对于14岁以上孩子的英语教育还十分有限。要注意的是，对于外国人，不论是教育还是医疗都是收费的，而且价格昂贵。

为了帮助新到泰国的外国人和正计划前来的人，一些有用的信息被列在这里。这些信息在本书出版时是最新的，当然一些机构可能改变名称、地址、服务和联系方式。

泰国电话区号

打电话去泰国，你要拨打下列号码：

所在国家编码+66+城市区号+电话号码

以曼谷为例，写成 66（02）号码。在泰国境内，去掉0，就是号码前加2。

使用下表来帮助你打电话，注意：紧急号码不用拨打城市区号，下列号码已经包括了区号，例如，如果你丢失了信用卡，就要拨打66（02）256-7326-7。如果在泰国你就不用拨打660了，直接拨打后面的号码即可，2代表曼谷，在曼谷城里也是一样的拨打方法。电话号码一般有八位，包括城市区码。如果给你的号码是7位或更少，就在前面加上下列区号即可：

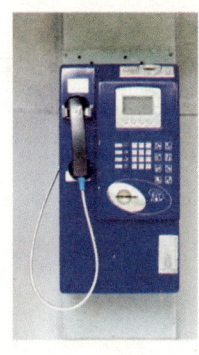

泰国公用电话

城市区号

城市	区号
曼谷	2
武里南	44
清莱	54
庄他武里	39
春武里府	38
董里海	74
甘烹碧	55
南邦	54
北榄坡	56
廊开	42
巴吞他尼	2
芭堤雅	38
佛丕府	32
彭世洛	55
普吉	76
呖武里	32
北标	36
宋卡	74
塔克	55

文化震撼之旅 ▸ 泰国

芽庄 ·································· 75
乌汶 ·································· 45
乌汶他尼 ···························· 42

急救中心和医院

英语的急救号码是被限制的，或根本没有，所以如果可能，最好请一位能说英语的泰国人或能说泰语的外国人。

一般紧急情况

打191，并说明是否需要警察、救护车或救火队，留下电话号码和住址。火警请拨199。

救护车

总机：1554

记下离家最近的号码（仅限曼谷，其他城市请见"医院"）。

- 曼谷中心医院
  电话：（02）310-3456
- BNH 医院
  电话：（02）632-0582-6
- 班路格医院
  电话：（02）667-2999
- 萨姆提瓦医院
  电话：（02）39211
- 圣路易斯医院
  电话：（02）675-5000
- 泰纳卡瑞医院
  电话：（02）361-2712-61
- 萨姆提瓦—泰纳卡瑞医院

电话：（02）731-7000

被蛇咬伤

使伤者保持安静，受伤部位低于心脏。用肥皂和水清洗伤口。打电话叫救护车或赶到最近的医院急诊科就诊，最好能把咬人的蛇（死或活）带来以利辨别。如果离朱拉隆功医院急诊部较近，就去那里。那里解毒药充分，全天营业。电话：（02）256-4214。

蛇

国内外医疗

泰国周边国家的人常常因为这里的医疗水平高、价格低而蜂拥而至，尤其是曼谷。如果必须出国治疗，可以通过接诊的医院安排，价格不菲。不过，保险可以解决部分机构的医疗费用，包括：

- 国际急救中心
  电话：（02）256-71469（全天营业）
- 太平洋东援助中心
  电话：（02）645-3877（全天营业）

医院（曼谷）

下列医院经常使用中文，经常和外国人打交道。泰国红十字会对它们评价很高，认为超过了欧洲和美国的医院。患者无须全科医生的信函，可以直接去医院就诊。实际上，有些医院就如同家庭的"一站式商店"。当今最好的医院有班路格（Bumrunggrad）医院和

BNH，它们都有最先进的设备、有海外留学背景的医生和一流的条件，医生会对患者解释疾病的性质和治疗方法。准备好对接待员阐述你哪里不舒服。

- 曼谷基督再临教区医院
  电话：（02）282-8181
- 曼谷护士之家医院
  电话：（02）63252
- 班路格医院
  电话：（02）667-1000
- 萨姆提瓦医院
  电话：（02）730-7000

医院（曼谷以外）
清迈
以下医院被泰国红十字会认为达到了欧美水平，提供救护车和急诊。

- 清迈 Ram 医院
  电话：（053）920-200
- 兰拿医院
  电话：（053）357-234-53

芭堤雅
下列医院评价较好。

- 芭堤雅国际医院
  电话：（038）428-374/427-5756

普吉
这里的医院提供良好的医疗，疑难杂症可以方便地送往曼谷或新加坡，有固定航班。

- 曼谷普吉医院
  电话：（076）254-421

乌隆（乌隆他尼）
- 易可乌当国际医院
  电话：（042）342-555，提供东北地区最好的医疗服务，科室齐全。

在这些大城市之外，也有好的公立和私立医院。府级医院通常周末停诊，但急诊可以提供医疗服务，也提供医疗咨询。许多医院和城市的大医院合作，如果需要可以进行转诊，可以在网上查到细节，输入泰国医院（城镇名）即可。

牙科、配镜和整形手术
上面提到的曼谷的所有医院和曼谷

泰国服饰

泰式包包

之外的一些医院都提供一站式服务，有很好的牙科和眼科，工作人员会说英语，有时说法语和德语。此外，在曼谷还有一位讲英语的儿童齿科专家，工作时间：5:30~7:30pm，电话：（02）573-6747。

除了曼谷和清迈，牙科设备不是太好，要注意器械卫生。和欧美的同类医院相比，牙科和眼科治疗水平相当，价格低廉。此外，泰国还有整形服务，可以去掉你鼻子上的疣或面颊上的胎记。如果你想增高或降低一点，都可以做到，而且价格绝对让你心动。

信用卡丢失

VISA卡和万事达卡：停卡请拨打：2256 7326-7

其他信用卡：与发卡公司联系获取细节，保留信用卡的全部信息。

公共服务

- 泰国电力集团

你拨打电话31424时，他们会给你一个当地号码。

- 曼谷水利急救部

电话：1125

- 曼谷水利总公司

电话：（02）504-8285

课程和教育
国际学校

为了帮助你寻找国际学校，我们提供下面的名录，没有逐个介绍，因为每一家学校都可以通过邮件、传真和因特网提供给你大量信息。有些是著名学校在海外的分校，有很多等候的申请人，学费较贵。等待学校的回答需要时间，不妨给所有心仪的学校群发邮件，学校会邀请你在指定开放时间去学校参观。一些学校提供奖学金，有些学费可以商量。但也有些隐性收费，比如课外活动、学校发展资金的自愿捐款等，也会算在你的账单里。尤其要注意考试的准备范围和往返于家校之间是否便利，尤其是学校有晚间活动的时候。

英国

- 曼谷帕坦那学校

电话：（02）399-3170

邮箱：registrar@patana.ac.th

网址：http://www.patana.ac.th

- 德威治国际学院

电话：（076）238-750

邮箱：info@dulwich-phuket.com

网址：http://www.dulwich.ac.th

- 花园国际学校（曼谷）

电话：（02）249-1943/240-1307

传真：（02）249-1943

附录

- 花园国际学校（拉扬）
  电话：（038）880-3603
  传真：（038）630-735
  邮箱：gisrayona2loxinfo.co.th
  网址：http://www.geotities.com/
  collegePark/Residence/6000/
- 哈罗国际学校
  电话：（02）672-0123-6
  传真：（02）672-0127
  邮箱：his@loxinfo.co.th
  网址：http://www.harrowschool.ac.th
- 摄政国际学校（曼谷和芭堤雅校区）
  电话：（02）690-3777分机202/303
  传真：（02）690-3778
  邮箱：enquiryz@isr.ac.th

泰国学生

  网址：http://www.isr.ac.th
- 现代国际学校
  电话：（02）258-8222/258-8216
  传真：（02）（02）258-8219
  邮箱：misb@samart.com
- 坡姆迪国际家庭学校
  电话：（02）258-7964-5
  传真：（02）258-7706
  邮箱：tlpihs@ksc.th.com
- 萨拉斯·艾克塔学校
  电话：（02）213-0117/212-0157
  传真：（02）674-0499
- 圣安德鲁斯国际学校（曼谷）
  电话：（02）381-2387-8/390-
  1780/391-4845
  传真：（02）391-5227
  邮箱：bangkok@st-andrews.ac
  网址：http://www.st-andrews.ac
- 圣安德鲁斯国际学校（Rayong）
  电话：（038）893-716-9
  传真：（038）893-720
  邮箱：rayong@st-andrews.ac
  网址：http://ww.st-andrews.ac

穿着传统服饰的大学生

- 圣约翰国际学校

  电话：（02）513-8575-90/513-0579

  传真：（02）513-5273

  邮箱：sjiadmin@stjohn.ac.th

- 圣迈克尔国际学校

  电话：（02）332-7890-9

  传真：（02）311-7412

- 翠而国际学校

  电话：（02）314-5250

  传真：（02）318-7194

英国和泰国合办

- 拉萨弥国际学校

  电话：（02）644-5291/644-5292

  传真：（02）640-9527

  邮箱：rasami@rasami.ac.th

  网址：http://www.rasami.ac.th

多数学校都达到了大学学士学位的水平，提供世界上110个国家（包括泰国）承认的大学入学国际证书。英国的GCSE和GCE也可以提供。如果有兴趣在泰国上大学，可拨打教育部大学部门的电话：2248 7991-6，分机301，会有讲英语的工作人员接待你。在这个网站 uska@is.mua.go.th有几个链接，提供包括工作在内的信息。如果有兴趣在国际学校任教，直接联系校方。

30多年前外国孩子在泰国接受教育是个令人头疼的问题，但今天这里的国际教育是亚洲最好的，而且选择之多可能令你难以抉择。你大概最关心距离远近、课程安排和费用。多数学校在市区以外，坐地铁是个明智选择。下面是一些知名的学校名单，包括中文学校、

云石寺风光

法语学校、德语学校、日语学校和韩语学校。

www.thailand.alloexpat.com/thailand_information/international_schools_thailand.

欢乐的泰国大学生

曼谷
- 曼谷美国学校
- 曼谷国际学校学前班
- 曼谷帕塔纳学校
- 曼谷英国学校
- 泰国布罗姆斯格罗夫国际学校
- 大黄蜂国际学校学前班
- 特许国际学校
- 协和国际学校
- 哈罗国际学校
- 艾卡麦早教中心
- IPC 国际幼儿园
- IPC 幼儿园分院
- 曼谷国际学校
- KIS 国际学校
- 南塔湾三语学校
- RC 国际学校 & 兰姆鲁迪学习中心
- 兰姆鲁迪国际学校
- 圣安德鲁斯学校
- 圣安德鲁斯学校邦那校区
- 圣安德鲁斯学校沙通校区
- 圣乔治国际学校
- 圣约翰国际学校
- 圣斯蒂芬国际学校
- 特雷尔国际学校
- 温莎国际学校

清迈
- 美国太平洋国际学校
- 炳廷素拉暖；兰纳国际学校

清莱
- AMEC 孟清莱学校

春武里
- 雷根特学校

甲米
- 奥南蒙特梭利学校

暖武里
- 魔法学前班
- 圣安德鲁斯国际学校撒马克校区

普吉
- 德威国际学校

罗永
- 圣安德鲁罗永府国际学校
- 圣安德鲁国际学校罗永府校区

泰国的大学

虽然多数泰国的大学以泰语授课，但图书馆里的图书几乎全部是外语的，所以不懂泰语或知之甚少的人也完全可以在泰国的大学里学习某些课程。研究生的毕业论文可以用英语完成（即使是泰国学生也是如此——不过现在没有这种要求了）。如果来泰国工作三四年，那么其配偶或大一点的子女在大学修一门课程，生活就会有完全不同的意义，而且学费也比在其本国要低。

有许多英国人还不知道，如果他们及子女离开英国一段时间，回国后再进入英国的大学就要缴纳全部费用（请向大使馆咨询）。下列网址提供大学的信息：

- 大学事务部
  http://www.inter.mua.go.th
- 亚洲理工大学
  http://www.asianust.ac.th
- 易三仓大学
  http://www.au.ac.th
- 曼谷大学国际学院
  http://www.bu.ac.th
- 朱拉隆功大学
  http://www.chula.ac.th
- 泰国农业大学
  http://www.ku.ac.th
- 孔敬大学
  http://www.kku.ac.th
- 蒙古特国王技术学院
  http://www.kmitnb.ac.th
- 玛希敦大学国际学院
  http://www.mahidol.ac.th
- 宋卡纳卡林大学
  http://www.psu.ac.th
- 蓝康恒大学
  http://www.ru.ac.th
- 斯坦福国际学院
  http://www.stamford.edu
- 圣约翰学院
  http://www.stjohn.ac.th
- 淡马锡大学
  http://www.tu.ac.th
- 韦伯斯特大学
  http://www.webster.edu

图书馆

曼谷有一些很好的图书馆，出租严肃片和音乐片，可以复印、上网，还有快餐厅，但曼谷以外则很少见。可以向

泰式花环

本国大使馆查询具体情况，有些小国的使馆提供此类服务，多数限定时间并且是义务的。曼谷最著名的图书馆列在下面。需要注意的是，几乎所有图书馆实行会员制，收取一定费用。图书馆是个好地方，可以培养自己的特殊兴趣、爱好，得知泰国的新闻，和朋友聚会，甚至躲避外面的酷热。

普吉岛风光

- 法国联盟

  电话：（02）213-2122-3

  集图书馆、语言学校、剧院、电影院和餐厅于一身，熙熙攘攘，是法国人和喜爱法国的人聚会的好地方。

- 美国大学校友会

  电话：（02）251-1607

  针对学生，以英语为主。

- 英国文化处

  电话：（02）252-6136-8/252-6111/252-6830-9

  课程齐全，设施完备，包括英国教育机会、函授课程和英泰事务的信息，短期游客可办理会员日卡。

- 日本文化中心

  电话：（02）260-8560-4

  日语、英语和泰语，免费观看日本电影。

- 内森·海斯图书馆

  电话：（02）233-1731

  网址：http://www.neilsonhayslibrary.com

  除周一外每日开放，许多曼谷以外的会员享有长达两个月的借阅期。

- 暹罗社区图书馆

  电话：（02）259-4999/260-2830-2

  传真：（02）258-3491

  邮箱：siams@telecom.scb.co.th

  网址：http://www.siam-society.org

  针对对泰国事务感兴趣的人，实行会员制。组织定期的谈话、讲座和文化节目。

泰国语言学校

- 美国大学校友会语言中心

  电话：（02）252-8170

- 朱拉隆功大学

  电话：（02）218-4888

  邮箱：tkongkar@chula.ac.th

  文学院，泰国研究室。

- 尼撒泰语学校

  电话：（02）286-9323

- 斯瑞·帕塔那泰语学校

  电话：（02）286-1936

- 联合语言学校

  电话：（02）252-8170

外国人俱乐部

在曼谷有各个国家的俱乐部，还有专门针对某种职业的外国人的俱乐部，比如外国函授俱乐部，名目繁多，无法一一赘述。一般实行收费的会员制，免费使用基本设施，有餐厅、图书馆、报纸和借阅母语碟片。一些大的酒店也有俱乐部，提供基本服务：周日丰盛午餐和游泳池。官方俱乐部的详情可向本国大使馆咨询，英文媒体上还有关于健身和其他俱乐部的消息。

大使馆

大使馆不是仅仅受理投诉，他们能够并且应该提供许多方面的咨询或服务：俱乐部、法律、参观监狱、商务合同、商会、出生、死亡、结婚、离婚、选举权、回国上大学收费要求、纳税等，有许多义务性的机构。

当然，这不是大使馆的主要工作，大使馆代表一个国家，为本国公民提供援助。大使的生活并不像人们想象的那样，从一个鸡尾酒会赶到下一个鸡尾酒会。许多大使馆有严格的财政限制，并要在一些方面以钱打通关节，比如贸易、出口、教育。许多服务需要按本国制定的标准付费，并负担各种费用。

很多外国人抱怨大使馆没有为他们做什么，但还是会去进行登记。居住登记有利于他们的利益，一旦需要可以得到快速援助，还可以邀请你参加诸如国庆节等活动，并通过电子邮箱获得免费情况报告。2004年的海啸给居住在这个地区的许多外国人的家属造成了巨大灾难，因为他们没有在大使馆登记，所以联系非常困难。登记不收取任何费用，只需填一张表格，查阅黄页，可得到你国大使馆的电话号码。

礼拜的场所

佛教

泰国95%的人是佛教徒，每个村镇都有佛寺，仅在曼谷就有400多个，所以佛教徒做礼拜的地方众多。非佛教徒，不论男女，都可以自由地参观佛

寺庙

寺。在曼谷和清迈许多有名的佛寺用英语开设佛教课程，欢迎参加。如果你想寻找一种不同于泰国的佛教，或者想剃度为僧，可联系世界佛教团体，电话：（02）251-1188。

中国佛教有别于泰国佛教，但很多泰国的华人同样去泰国佛寺礼拜，在许多城镇都有中国佛寺，尤其在曼谷的唐人街。

基督教

所有基督徒的命名都在曼谷和清迈举行，除非特别说明。教堂的宗教仪式使用泰语，包括天主教堂。英文报纸的周末版上刊登宗教仪式的信息。曼谷还有英语、法语、德语和瑞典语的宗教仪式。

伊斯兰教

在曼谷、清迈和一些小镇，穆斯林与泰国人水乳交融。在与马来西亚相邻的南方，有数百万穆斯林教徒居住，公用的语言是马来语。泰国的制度保证了穆斯林和其他宗教和平共处。向任何伊斯兰国家的大使馆查询都可获悉清真寺的位置，也可查黄页。

犹太教

犹太社区中心的电话：（02）662-0244，传真：(02)663-0245。

旧清真寺

印度教

有几个寺庙，最著名的是赛拉姆路和潘路交界处的弗拉斯里玛哈乌玛德庙。

锡克教

主要在曼谷，许多人去唐人街附近的斯里谷鲁兴萨巴庙。

更多阅读信息

用英文写的关于泰国的书籍比介绍其他亚洲国家的书要多许多，主题繁多，质量各异。近年来异军突起的是外国人写的关于泰国酒吧的书，你仿佛可以在书页上看到啤酒痕迹。绝大多数此类书籍封面上都是一个性感酒吧女郎，由作者自掏腰包在曼谷印刷。虽然有一定的影响力，但没有一本可以成为泰国的《苏丝黄的世界》。也有一些描写佛教的严肃书籍，不过写得很糟糕，既有外国僧侣所著，也有泰国僧人用特别的英文写成的。关于泰国烹饪的书浩如烟海。近期值得购买阅读的书有：

《边缘泰国》（Thailand Beyond the Fringe）作者：罗伯特·库泊。该书描绘了泰国以及在泰国的外国人的众生相，内容全面，语言幽默。

《初学泰语》（Thai for Beginners）作者：本杰万·贝克尔。迄今为止是关于泰语学习的最佳课本，含光碟。还有更高级的课本系列丛书，也有一些特殊场合会用到的书籍，如《情人泰语》（千万不要被这个书名吓住）。泰英字典通常收录不全，词汇量太小，查不到你要查的单词，但本杰万编写的字典则较为全面。

泰式传统风俗窗户

《在泰国退休》（Retiring in Thailand）作者：苏茜娜·特雷奇。该书顾名思义，是一本很好的退休指南。沃伦·菲洛（Warren Fellow）的《伤害》和桑德拉·格雷拉（Sandra Gregory）的《忘记女儿》都是犯罪故事，会使外国人在泰国谨言慎行，以免囹圄之灾。

写泰国的历史类书籍数量众多。其中比较好的有米尔顿·欧斯堡和查理斯·科仪思的历史书，因为两者都没有将泰国从印度支那的大环境中割裂出来。我个人最喜欢的是约翰·克耶的《我为湄公狂》，描写准确，风格迷人。

有一些泰国的小说已经有了英译本，库克瑞特的作品不可错过，同样经典的还有皮拉的《季风国度》（Monsoon Country）。

人与文化

Thailand: Its People, Its Society, Its Culture. Wendell Branchard. New Haven: HRAF Press, 1958.

- 虽然现在有些过时，但仍然是介绍泰国的最全面的书之一，你可以从中发现50年来泰国的变化。

The Hmong: A Guide to Traditional Lifestyles. Robert Cooper. Singapore: Times Editions, 1998.

- 全面介绍泰国最大最著名的山地少数民族的文化，内有很多作者喜爱的照片。

Phai Daeng(Red Bamboo). Kukrit Prmoj. Bangkok: Progress Publishing Co., 1961.
- 这本可读性很强的小说的作者为泰国前总理，他还是著名的 Si Pandin 的作者。

Everyday Life in Thailand: An Interpretation. Neils Mulder. Bangkok: Editions Duang Kamol, 1985.
- 本书针对专业人士，作者是泰国学者，如果你已经有了相当丰富的泰国的知识，这本书会使你百尺竿头，更进一步。

Phya Anuman Rajadhon.
- 集泰国文化之大成，以礼仪庆典为主。在任何书店和图书馆都可以见到。

Thai Ways: Denis Segaller. Bangkok: Post, 1993. 必读书，也可阅读他的另一本书 More Thai Ways (Post, 2000).
- 本书收集了1975年以来发表在 Bangkok World 上的关于泰国文化的文章。内容丰富，可谓开卷有益。

工作和贸易

Thais Mean Business. Robert Cooper.

普吉岛查隆寺宝塔

Singapore: Marshall Cavendish, 2004.
- 针对外国经理和商人，文笔幽默。

Mai Pen Rai Means Never Mind. Carol Hollinger. Bangkok. Asia Books, 2001 (4th edition).
- 以自传体的形式记叙了一个外国人在泰国生活和教书的经历，是目前最好的介绍泰国人的书，风趣幽默，永不过时。读了这本书，文化震撼也变成了乐趣。

Conflict and Communication. William Klausner. Bangkok: Post, 1977.
- 专门介绍外国人与泰国人的交往，可读性强，信息量大，是在泰国的外国人的必读书。

指南

以英语、法语和德语写成的指南类书籍数量众多，几乎都涉及了历史、民族等关于泰国的信息，各有侧重。年轻人青睐《孤独星球》（Lonely Planet），但是《启迪》（Insight）则以图片取胜，《指南概略》（Rough Guide）里的地图简便易读。通常每过三年就会更新一次，书中那些2005年的人口普查数据已经过时。不过网上每年都有非官方的修订信息，可以参考。

医疗保健

Healthy Living in Thailand. Thai Red Cross Society. Bangkok: Asia Books, 2001.

- 作者为泰国红十字会的医生，该书针对准备移居泰国以及在热带气候里健康生活的人们。提供了切实可行的忠告，包括接种、食物、营养、热带疾病等。也列出了泰国的医院目录，并给出了评价。

有用的网址

本书中已经在一些章节中提到了许多网址，虽然现在有数以千计的关于泰国的网站，但良莠不齐，下列网址值得信赖，但会经常更新。

- www.thailand.alloexpat.com
  提供众多链接。

- http://www.bangkokpost.com
  用英语提供每日的泰国地方新闻和商业新闻，还有娱乐和专题报道。对于能看懂泰语的人来说，相当于泰国报纸Matichon和电视TV3的综合。

- http://www.biz-in-thailand.net
  对商人很有帮助，为初来乍到的人和想在泰国经商的人提供有用的帮助。

- http://www.bangkokatoz.com
  关于曼谷的全面介绍，按照字母顺序排列，有声音资料帮助学习泰语单词的发音。还有社论、书评、图片、企业名录和一系列有用的网址。

- http://www.mahidol.ac.th/Thailand
  使用关键词查找你需要的信息。

- http://www.tat.or.th
  泰国旅游局的网站，提供关于地区、媒体和旅游统计数字的最新消息。

泰国普吉岛